2025年版

みんなが欲しかった!

社会福祉士の教科書

専門科目編

TAC社会福祉士
受験対策研究会

TAC出版
TAC PUBLISHING Group

はじめに

社会福祉士国家試験は、共通科目（精神保健福祉士国家試験と共通）12科目と専門科目７科目の計19科目によって構成されています。試験内容は、人体の構造から心理学、社会学や福祉の歴史、制度、社会福祉に関する法律の知識から経営理論など幅広く多岐にわたるため、効率の良い学習を行っていくことが大切です。

『みんなが欲しかった！　社会福祉士の教科書』シリーズも国家試験に沿って、共通科目編、専門科目編からなっています。編集にあたっては、資格試験対策書籍分野で高い実績と評価を誇るTAC出版の徹底した分析に基づき、合格必須ポイントをコンパクトにまとめあげています。さらに短期間で効率的な学習を進められるよう、フルカラーでレイアウトしています。特に、ポイントとなるのは次の３つです。

パッと重要ポイントが目に飛び込んでくるフルカラーレイアウト

単調なレイアウトのテキストをただ読むだけでは、学習時間を割いても効率が悪く、効果も限定的です。

⇒　**そこで試験における重要度を踏まえて、配色やレイアウトを工夫しました。**

スッと実戦知識が頭に入ってくる多彩なイラスト・図表

長い説明文を読むだけではなかなか理解できませんし、文章からだけでは把握しにくいものです。

⇒　**イラストや図表を多用し、そのイメージから視覚的に理解できるようにしました。**

グッとアウトプット力も身につく例題等の多機能アイテム

単に知識を得たからといって、国家試験の問題が解けるようになるわけではありません。

⇒　**厳選した過去問題や補足知識などの「アイテム」で、国家試験問題への対応力が身につきます。**

2025年２月実施予定の第37回国家試験は、新しい社会福祉士養成カリキュラムに基づいて実施される初めての試験となります。そこで本書は「令和６年度（第37回試験）から適用する社会福祉士試験科目別出題基準（予定版）」を徹底分析し、旧出題基準で実施された第22回から最新第36回までの国家試験出題内容と旧科目の内容を新出題基準に沿った項目にまとめ、第37回国家試験に対応できるように大改訂しています。

本書を通じて、ぜひ、社会福祉士国家試験の合格を勝ち取ってください。

2024年４月

TAC社会福祉士受験対策研究会

本書の使い方と効率的学習法

まずは学習準備♪

❶ まずはスタートアップ講座で試験範囲を見渡しましょう！

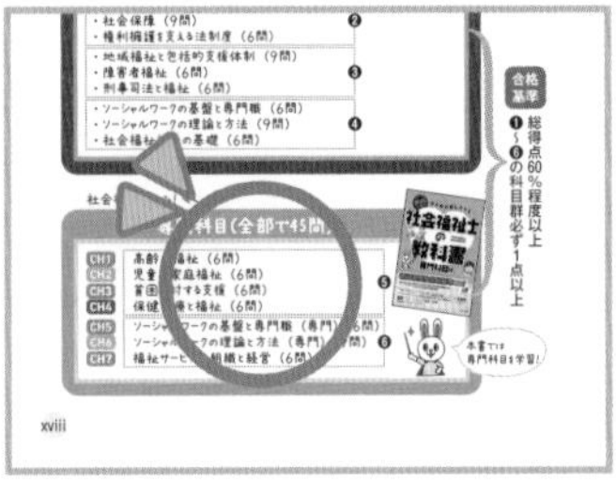

「スタートアップ講座」は、社会福祉士国家試験の学習を始めるにあたって、その学習範囲をざっくりと見渡すものです。

▶ 「スタートアップ講座」では、国家試験の学習範囲の全体像を、ざっくりとまとめています。全19科目のうち、専門科目に該当する７科目に及ぶ社会福祉士国家試験の全体像を確認していきましょう。ここで全体像を知っておけば、学習がスムーズになること間違いなし！　学習の第一歩となるものです。

いよいよ学習開始♪

❷ このSECTIONのポイントで学習リズムをつかみます！

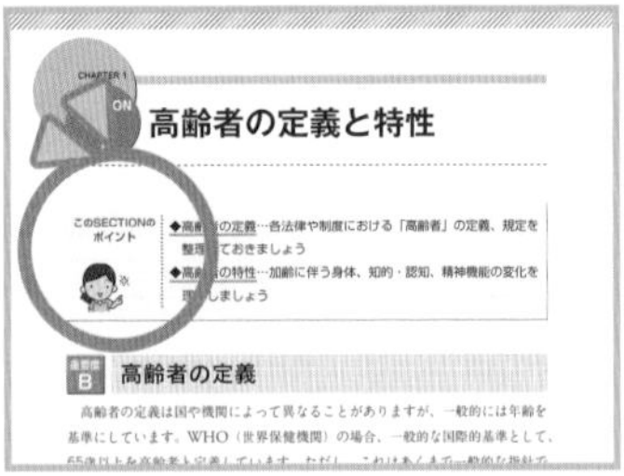

「このSECTIONのポイント」は、国家試験出題基準をベースにした各SECTIONの学習内容を示したものです。

▶ 「このSECTIONのポイント」では、各SECTIONでどのようなことを学ぶのかを、簡潔に説明しています。学習上のねらいが分かれば、学習リズムがつかみやすくなるはずです。

3 各項目の重要度は ABCのランクで一目瞭然♪

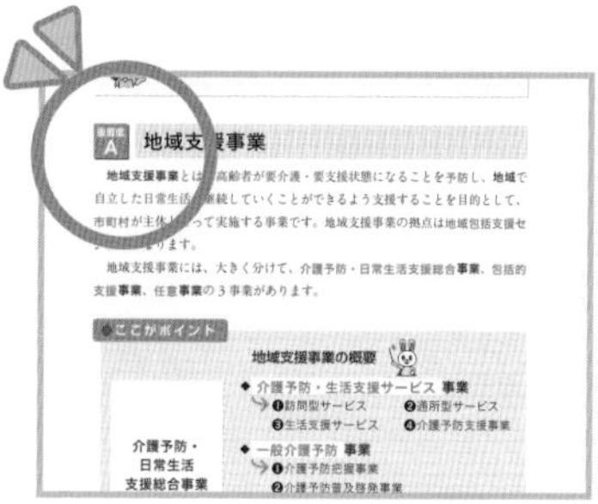

各項目の重要度を、出題頻度などを踏まえたうえで、A・B・Cの３段階で表示しています。

▶ 今、学習中の項目がどの程度重要なのかということは、気になるものです。国家試験の直前など時間的な制約があるときには、優先順位をつけて学習する必要があります。そこで各項目の重要度をA・B・Cの３段階で表示しました。学習の目安として活用してください。

Aランク	▶	重要なテーマです。何度も確認してマスターしましょう。
Bランク	▶	比較的重要なテーマです。しっかり押さえておきましょう。
Cランク	▶	確実な合格をめざすなら押さえておきたいテーマです。

4 学んだことを例題ですぐに確認しましょう♪

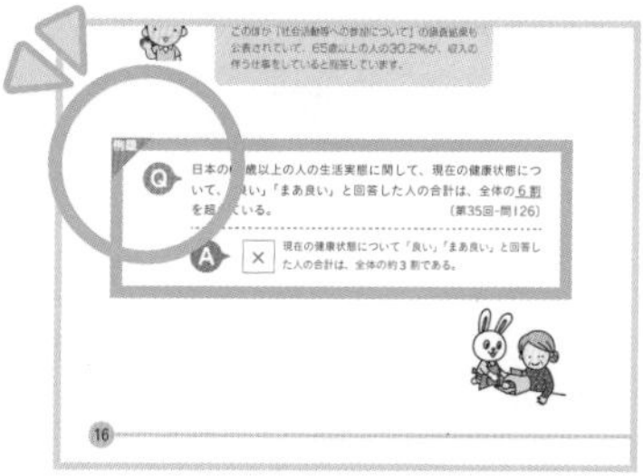

学習内容に即して、ピックアップした過去問題を「例題」として掲載しています。

▶ 「例題」は国家試験問題（過去問題）から、学習の確認に最適な問題をピックアップして掲載しています。学習で身につけた知識がしっかりと理解できているか、また、実際に国家試験ではどう問われるのかを知ることができます。もしも「例題」が解けなかったら、必ず本文に戻って確認して、しっかりとした知識の定着を図りましょう。

※例題の出題科目については、p.xxiの「新旧試験科目の読み替えについて」に基づいて掲載しています。

学習中はここに注目♪

5 理解度を高める機能をたくさん盛り込みました♪

ちょっとした説明の違いで、学習上の理解度はぐーんとアップします。そこで、**理解度を高める機能**をたくさん盛り込んでいます。

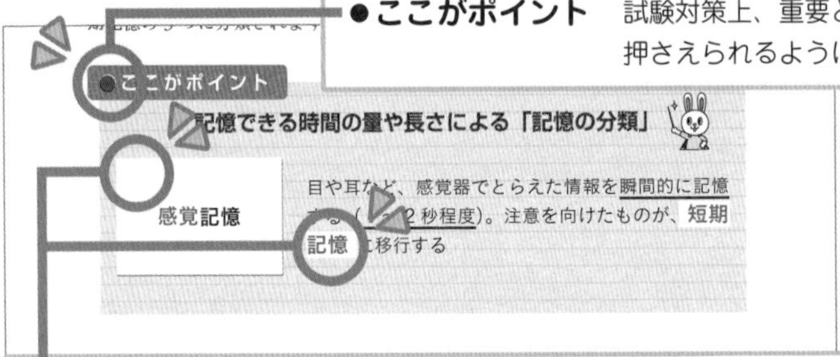

●ここがポイント　試験対策上、重要となることを短時間で押さえられるようにまとめたものです。

●キーワード　キーフレーズがぱっと目に飛び込んでくるよう色付きノートに〝白地のフセン〟を貼ったイメージでレイアウト！〝読む〟より〝見る〟感覚で、重要ポイントをマスターすることができます。

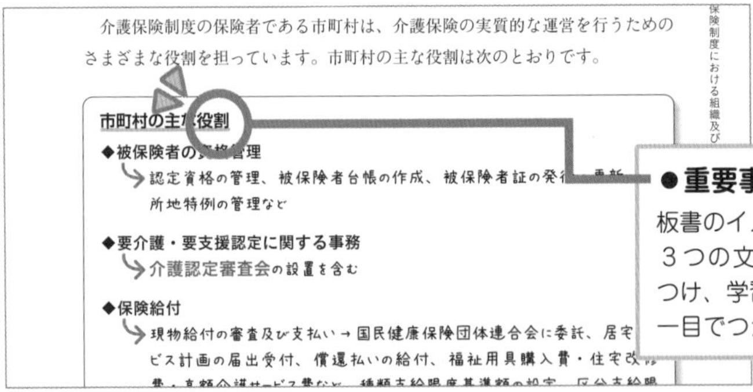

●重要事項のまとめ
板書のイメージでレイアウト。３つの文字書体でメリハリをつけ、学習状況に応じた情報を一目でつかむことができます。

●📖マーク
用語の説明や補足知識などをピックアップしたものです。本文と合わせて確認しましょう。

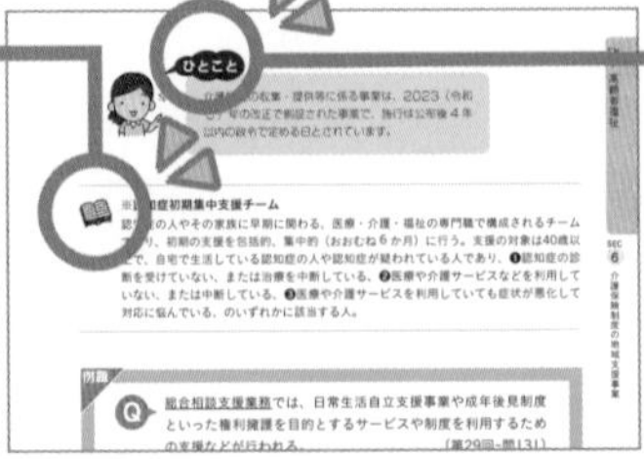

●ひとこと
プラスアルファの知識をまとめたものです。得点力のアップにつながります。

便利なツールを使いこなしましょう

6 赤チェックシートを有効活用しましょう！

本書には暗記学習に便利な「**赤チェックシート**」が付属しています。国家試験の得点に直結するキーワードは、この「**赤チェックシート**」で隠せるようになっていますので、しっかりと暗記して、知識の定着を図りましょう。

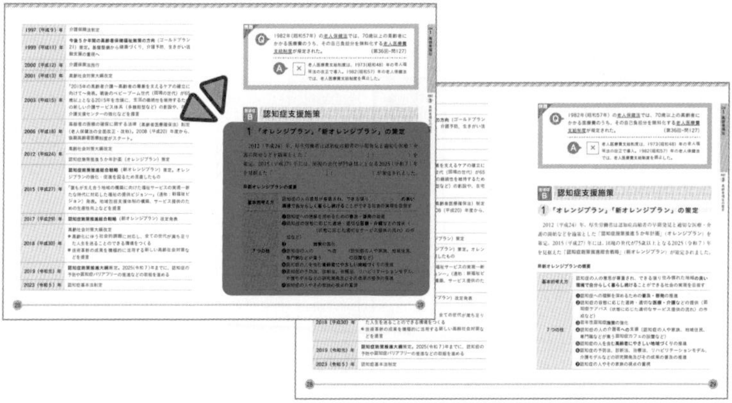

※ページサムネイルはいずれも作成サンプルです。

『みんなが欲しかった！ 社会福祉士の過去問題集』を併用すれば合格がより近くなります！

本書を使って学習を進めるなかで、**『みんなが欲しかった！　社会福祉士の過去問題集』**を併用すれば、インプットした知識が確実に身についているかどうかを、しっかりとアウトプットして確認できるので、学習効果が倍増します！　ぜひ合わせてご利用ください！

社会福祉士国家試験の概要

社会福祉士は「社会福祉士及び介護福祉士法」に基づく社会福祉専門職の国家資格です。社会福祉士になるためには、年１回行われる社会福祉士国家試験に合格し、所定の登録を行う必要があります。

受験資格

社会福祉士国家試験を受験するには、以下の資格取得ルート図のいずれかの過程を経る必要があります（取得見込み含む）。

〈資格取得ルート図〉

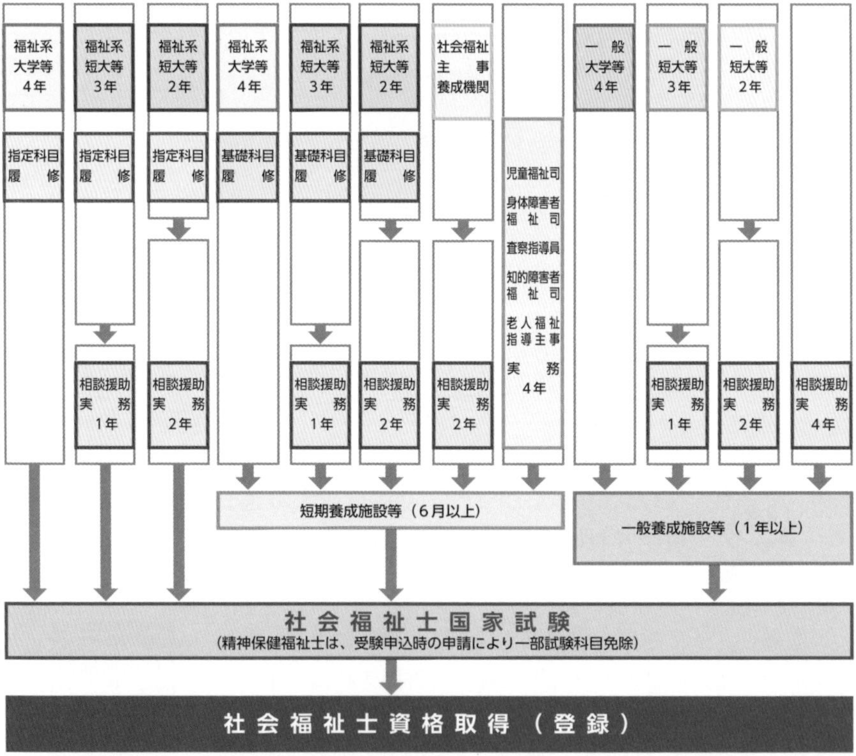

実務経験として認められる業務や施設については、細かく規定されていますので、「受験の手引」等で確認が必要です。

受験手続き

受験手続きは、公益財団法人社会福祉振興・試験センターに「受験の手引」を請求し、それに従って、受験申込書と必要書類を提出します。

公益財団法人社会福祉振興・試験センターは、厚生労働大臣指定試験機関・指定登録機関として、社会福祉士・精神保健福祉士・介護福祉士の国家試験の実施と登録の事務を行っています。

受験資格のほか、試験に関する詳細については、下記、公益財団法人社会福祉振興・試験センターへ直接お問い合わせください。

公益財団法人社会福祉振興・試験センター
ホームページのURL　▶　http://www.sssc.or.jp/
〒150-0002　東京都渋谷区渋谷1-5-6 SEMPOS（センポス）ビル
（国家試験情報専用電話案内）03-(3486)-7559（音声案内、24時間対応）
（試験室電話番号）03-(3486)-7521（平日 9:00～17:00）

試験のスケジュール〈令和５年度（第36回）実施例〉

受験申込受付期間	令和５年９月７日（木）～10月６日（金）（消印有効） ※過去の試験（第10回～35回）で、受験票を受け取った者のうち、受験資格が確定している者は、インターネットによる受験申し込みが可能
受験料	19,370円（社会福祉士のみ受験する場合）※1
受験票発送	令和５年12月８日（金）
試験日	令和６年２月４日（日）※2
試験地 （24試験地）	北海道、青森県、岩手県、宮城県、埼玉県、千葉県、東京都、神奈川県、新潟県、石川県、岐阜県、愛知県、京都府、大阪府、兵庫県、島根県、岡山県、広島県、香川県、愛媛県、福岡県、熊本県、鹿児島県、沖縄県
合格発表	令和６年３月５日（火）14時

※1　社会福祉士と精神保健福祉士と同時受験する場合36,360円、社会福祉士の共通科目免除により受験する場合16,230円
※2　令和６年度（第37回）の試験日は、令和７年２月上旬予定

試験の概要〈令和６年度（第37回）予定〉

社会福祉士国家試験は、午前の共通科目（12科目）と午後の専門科目（７科目）の計19科目で行われます。

出題形式はマークシートによる五肢択一を基本とする多肢選択形式で、合計129問が出題されます。

区　分	出題科目	出題数
[共通科目] 午前	医学概論 （別冊：CHAPTER１）	６問
	心理学と心理的支援 （別冊：CHAPTER２）	６問
	社会学と社会システム （別冊：CHAPTER３）	６問
	社会福祉の原理と政策 （別冊：CHAPTER４）	９問
	社会保障 （別冊：CHAPTER５）	９問
	権利擁護を支える法制度 （別冊：CHAPTER６）	６問
	地域福祉と包括的支援体制 （別冊：CHAPTER７）	９問
	障害者福祉 （別冊：CHAPTER８）	６問
	刑事司法と福祉 （別冊：CHAPTER９）	６問
	ソーシャルワークの基盤と専門職 （別冊：CHAPTER10）	６問
	ソーシャルワークの理論と方法 （別冊：CHAPTER11）	９問
	社会福祉調査の基礎 （別冊：CHAPTER12）	６問
[専門科目] 午後	高齢者福祉 （本書：CHAPTER１）	６問
	児童・家庭福祉 （本書：CHAPTER２）	６問
	貧困に対する支援 （本書：CHAPTER３）	６問
	保健医療と福祉 （本書：CHAPTER４）	６問
	ソーシャルワークの基盤と専門職（専門） （本書：CHAPTER５）	６問

	ソーシャルワークの理論と方法（専門） （本書：CHAPTER 6）	9問
	福祉サービスの組織と経営 （本書：CHAPTER 7）	6問
合　計		129問

共通科目は、精神保健福祉士国家試験と同じものなので、この資格をもっている人が社会福祉士国家試験を受験する場合は受験時の申請により共通科目が免除されます。

◉配点と合格基準

次の2つの条件を満たすことが合格の条件になります。

ア：問題の総得点の60％程度を基準として、問題の難易度で補正した点数以上の得点があった者

イ：アを満たした者のうち、以下の6の科目群（ただし※2に該当する者は2科目群）全てにおいて得点があった者。

①医学概論、心理学と心理的支援、社会学と社会システム　②社会福祉の原理と政策、社会保障、権利擁護を支える法制度　③地域福祉と包括的支援体制、障害者福祉、刑事司法と福祉　④ソーシャルワークの基盤と専門職、ソーシャルワークの理論と方法、社会福祉調査の基礎　⑤高齢者福祉、児童・家庭福祉、貧困に対する支援、保健医療と福祉　⑥ソーシャルワークの基盤と専門職（専門）、ソーシャルワークの理論と方法（専門）、福祉サービスの組織と経営

※1　配点は、1問1点の129点満点です。

※2　社会福祉士及び介護福祉士法施行規則第5条の2の規定による試験科目の一部免除を受けた者は、配点は1問1点の45点満点です。

過去の受験者数・合格者数・合格率の推移

	令和元年度（第32回）	令和2年度（第33回）	令和3年度（第34回）	令和4年度（第35回）	令和5年度（第36回）
受験者数	39,629人	35,287人	34,563人	36,974人	34,539人
合格者数	11,612人	10,333人	10,742人	16,338人	20,050人
合格率	29.3%	29.3%	31.1%	44.2%	58.1%

もくじ contents

CHAPTER 2 児童・家庭福祉 ／117

CHAPTER 3 貧困に対する支援 ／205

CHAPTER 4

保健医療と福祉 ／263

CHAPTER 5

ソーシャルワークの基盤と専門職（専門） ／321

CHAPTER 6

ソーシャルワークの理論と方法（専門） ／339

社会福祉士
スタートアップ講座

社会福祉士（専門科目）スタートアップ講座

社会福祉士国家試験の出題範囲は、社会福祉士と精神保健福祉士の国家試験に共通して出題される「共通科目」と、社会福祉士国家試験のみの出題となる「専門科目」の2つに分類することができます。本書では「専門科目」について学んでいきます。

共通科目については、『みんなが欲しかった！社会福祉士の教科書　共通科目編』で勉強しましょう！

社会福祉士国家試験・科目一覧

精神保健福祉士も同じ！

共通科目（全部で84問）

❶
- 医学概論（6問）
- 心理学と心理的支援（6問）
- 社会学と社会システム（6問）

❷
- 社会福祉の原理と政策（9問）
- 社会保障（9問）
- 権利擁護を支える法制度（6問）

❸
- 地域福祉と包括的支援体制（9問）
- 障害者福祉（6問）
- 刑事司法と福祉（6問）

❹
- ソーシャルワークの基盤と専門職（6問）
- ソーシャルワークの理論と方法（9問）
- 社会福祉調査の基礎（6問）

社会福祉士のみ！

専門科目（全部で45問）

❺
- CH1　高齢者福祉（6問）
- CH2　児童・家庭福祉（6問）
- CH3　貧困に対する支援（6問）
- CH4　保健医療と福祉（6問）

❻
- CH5　ソーシャルワークの基盤と専門職（専門）（6問）
- CH6　ソーシャルワークの理論と方法（専門）（9問）
- CH7　福祉サービスの組織と経営（6問）

本書では専門科目を学習！

合格基準

総得点60％程度以上
❶～❻の科目群必ず1点以上

では、専門科目について勉強をはじめていきます。本文の学習に入る前に、ここで各CHAPTERでどんな内容を勉強するのか、イラストをみながら、イメージでつかんできましょう。

CHAPTER1から4では、高齢者、ひとり親家庭や被虐待児を支援するサービスについて学ぶとともに、生活保護制度や生活困窮者自立支援法をはじめとする低所得者に対する支援、高額療養費などの保健医療サービスや医療保険制度、医療費の動向などについても学びます。

CHAPTER1
高齢者福祉

CHAPTER2
児童・家庭福祉

CHAPTER3
貧困に対する支援

CHAPTER4
保健医療と福祉

CHAPTER5～7では、社会福祉士の職域やミクロ・メゾ・マクロレベルにおけるソーシャルワークとソーシャルワークにおける援助関係の形成、社会福祉事業を行う社会福祉法人について詳細をおさえておきます。さらに、経営に関する理論なども学びます。

CHAPTER5
ソーシャルワークの基盤と専門職（専門）

CHAPTER6
ソーシャルワークの理論と方法（専門）

CHAPTER7
福祉サービスの組織と経営

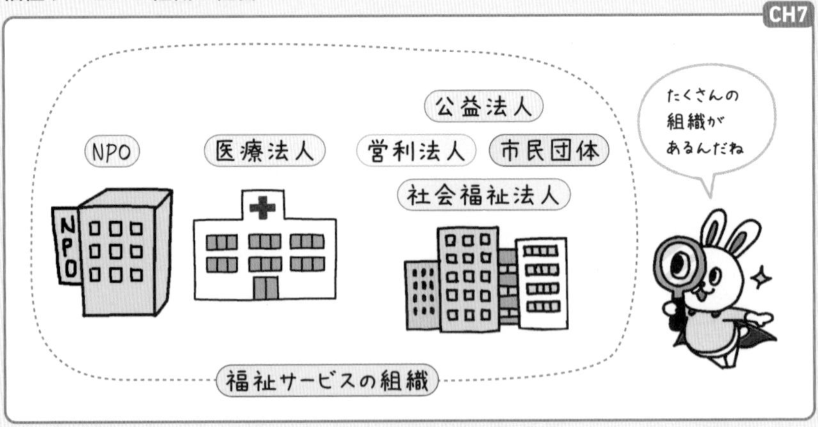

新旧試験科目の読み替えについて

2025年2月実施予定の第37回国家試験は、新しい社会福祉士養成カリキュラムに基づき、試験科目も変更となりますが、旧養成カリキュラム、旧試験科目で学習してこられた方も本書を手に取っておられることと存じます。新国家出題基準で追加された項目もありますが、ほとんどの内容は継承されています。新旧試験科目の対応を以下に示しますので、参考にして学習を進めてください。

	【新科目名】		【旧科目名】
共通科目	医学概論	←	人体の構造と機能及び疾病
共通科目	心理学と心理的支援	←	心理学理論と心理的支援
共通科目	社会学と社会システム	←	社会理論と社会システム
共通科目	社会福祉の原理と政策	←	現代社会と福祉
共通科目	社会保障	←	社会保障
共通科目	権利擁護を支える法制度	←	権利擁護と成年後見制度
共通科目	地域福祉と包括的支援体制	←	地域福祉の理論と方法＋福祉行財政と福祉計画
共通科目	障害者福祉	←	障害者に対する支援と障害者自立支援制度
共通科目	刑事司法と福祉	←	更生保護制度（旧専門科目）
共通科目	ソーシャルワークの基盤と専門職	←	相談援助の基盤と専門職（旧専門科目）
共通科目	ソーシャルワークの理論と方法	←	相談援助の理論と方法（旧専門科目）
共通科目	社会福祉調査の基礎	←	社会調査の基礎（旧専門科目）
専門科目	高齢者福祉	←	高齢者に対する支援と介護保険制度
専門科目	児童・家庭福祉	←	児童や家庭に対する支援と児童・家庭福祉制度
専門科目	貧困に対する支援	←	低所得者に対する支援と生活保護制度（旧共通科目）
専門科目	保健医療と福祉	←	保健医療サービス（旧共通科目）
専門科目	ソーシャルワークの基盤と専門職（専門）	←	相談援助の基盤と専門職（共通科目と専門科目に分散）
専門科目	ソーシャルワークの理論と方法（専門）	←	相談援助の理論と方法（共通科目と専門科目に分散）
専門科目	福祉サービスの組織と経営	←	福祉サービスの組織と経営

出題基準の変更とともに、合格基準も変更になっています。第36回国家試験までは、18の科目群（就労支援サービスと更生保護制度を合わせて1科目群とカウント）で、必ず得点することが条件でした。そのため、合格基準点をクリアしていても、0点科目があると不合格でしたが、第37回試験からは6科目群となり、大幅に緩和されました。出題数も150問から129問に減少しています。

苦手科目を克服することはもちろん大切ですが、得意科目を伸ばして得点を稼ぐことも合格に近づく1つの方法です。

各科目のイメージがつかめましたか？
では、科目ごとに学習のポイント、国家試験対策のコツをつかんでおきましょう。

CHAPTER1
高齢者福祉
（6問）

求められる知識は広範囲のため、高齢者福祉関連法についてしっかりと学習する必要があります。地域包括ケアの推進や介護保険法の改正等は、社会情勢や財政問題と密接に結びついていることを意識しましょう。

CHAPTER2
児童・家庭福祉
（6問）

まずは児童福祉法を手掛かりに関連する法律等の理解を深めましょう。また、過去問で取り上げられた調査については、近年の動向も押さえておきましょう。

CHAPTER3
貧困に対する支援（6問）

生活保護制度の理解を深めることを目標としましょう。なお、貧困を生み出す社会背景や支援の方法については、科目横断的に学習しましょう。

CHAPTER4
保健医療と福祉
（6問）

医療保険制度の概要と国民医療費の最新の動向をチェックしておきましょう。そのほか各医療施設の特徴について、また、多職種連携の方法や各専門職の役割、特に医療ソーシャルワーカーについておさえておきましょう。

CHAPTER5
ソーシャルワークの基盤と専門職（専門）（6問）

ミクロ・メゾ・マクロレベルにおけるソーシャルワークについて、その対象と介入方法、また、多職種連携の意義と内容について理解しましょう。

CHAPTER6
ソーシャルワークの理論と方法（専門）（9問）

援助関係の形成方法や面接技術や、各面接方法、アウトリーチについて、意義や方法、対象についておさえておきましょう。

CHAPTER7
福祉サービスの組織と経営（6問）

社会福祉法人制度やNPO法人制度については、定義や概要だけでなく、税制等についても押さえておく必要があります。また、組織や経営に関する理論については提唱者と内容を覚えておきましょう。

まずは科目ごとに学習を進めていくことが最優先となりますが、科目横断しているテーマを追って学習するのも、理解を深める助けになります！

本書は、2024年3月末現在の情報に基づき編集しています。最新の試験情報については**社会福祉振興・試験センターのホームページ**（http://www.sssc.or.jp/）を、その他の制度改正情報については**TAC出版ホームページ「正誤表・法改正情報」**（https://bookstore.tac-school.co.jp/err_res/）にてご確認ください。

CHAPTER

1

高齢者福祉

CHAPTER 1

SECTION 1 高齢者の定義と特性

このSECTIONのポイント

◆高齢者の定義…各法律や制度における「高齢者」の定義、規定を整理しておきましょう

◆高齢者の特性…加齢に伴う身体、知的・認知、精神機能の変化を理解しましょう

重要度B 高齢者の定義

高齢者の定義は国や機関によって異なることがありますが、一般的には年齢を基準にしています。WHO（世界保健機関）の場合、一般的な国際的基準として、**65歳以上**を高齢者と定義しています。ただし、これはあくまで一般的な指針であり、各国が独自の定義を採用していることもあります。

この定義に沿って、次の表のように、日本の高齢者福祉に関する法律においても、おおむね**65歳以上**の人を「高齢者」として、施策の対象としています。

■高齢者福祉関連法における、「高齢者」に関する規定

法律名	高齢者に関する規定
介護保険法	●第１号被保険者：65歳以上 ●第２号被保険者：40歳以上65歳未満
老人福祉法	原則として65歳以上が施策の対象 （軽費老人ホームの利用は60歳以上）
高齢者の医療の確保に関する法律 （高齢者医療確保法）	●前期高齢者：65歳以上75歳未満 ●後期高齢者：75歳以上
国民年金法	65歳以上の人に、老齢基礎年金を支給
厚生年金保険法	65歳以上の人に、老齢厚生年金を支給

高齢者虐待の防止、高齢者の養護者に対する支援等に関する法律（高齢者虐待防止法）	**65**歳以上の者を「高齢者」と定義
高年齢者等の雇用の安定等に関する法律（高年齢者雇用安定法）	事業主が定める定年年齢を**60**歳以上と規定。定年を**65**歳未満と定める事業主に、次のいずれかの措置の実施を義務づけ ❶**65**歳までの定年の引き上げ ❷継続雇用制度の導入（雇用している高年齢者の希望により**65**歳まで継続雇用） ❸**定年**の廃止
道路交通法	● 普通自動車対応免許を有する**70**歳以上の人に、高齢運転者標識の表示を義務づけ（努力義務） ● 運転免許の更新を受ける**75**歳以上の人に、認知機能検査を義務づけ

例題

Q 高齢者虐待防止法における「高齢者」とは、65歳以上で介護保険制度における要介護認定・要支援認定を受けた者と定義されている。 〔第36回-問135〕

A × 要介護認定の有無にかかわらず、**65**歳以上の者を「高齢者」と定義している。

重要度 **B**

高齢者の特性

1 生理的老化と病的老化

加齢による生理機能の変化を「老化」といいます。老化は「**生理的老化**」と「**病的老化**」に分けられます。

生理的老化と病的老化

□ **生理的老化**

- **20～30**歳頃から徐々に生じ、すべての人に起こる不可逆的な変化
- 特徴として、**普遍性**（誰にでも起こる）、**内在性**（老化の原因が個体自身の中に存在している）、**進行性**（老化は逆戻りできない）、**有害性**（生物にとって好ましくない）の４つが挙げられる

□ **病的老化**

- すべての人に必ず起こるとはいえない変化
- さまざまな疾患や外的環境によって寿命が短縮する。疾患が治ることによって回復する可能性があり、生理的老化と異なり**可逆的**

生理的老化には、次のような学説があります。

■**生理的老化の学説**

学説名	内容
エラー破局説	細胞内のDNAが損傷することで老化が生じると考える
消耗説	加齢による臓器や器官の萎縮や縮小に対して、それを補う再生機能が低下することで老化が生じると考える
フリーラジカル説	活性酸素による細胞の損傷で老化が生じると考える
機能衰退説	加齢によって臓器や器官が機能低下することで老化が生じると考える
老化プログラム説	人の**細胞分裂**の回数があらかじめ決まっていることで老化が生じると考える

2 加齢に伴う身体的機能の変化

老化は、身体的機能にさまざまな影響を及ぼします。

免疫機能が低下するため、感染症にかかりやすく、病気からの回復にも時間を要するようになります。

また、環境の変化に対する**適応力**も低下することで、暑さや寒さに対して、からだが正常に作用せず、体調を崩しやすくなります。

■加齢に伴う器官・部位別の変化

からだの器官・部位	変化の特徴
循環器系の変化	●酸素運搬能力の低下（**ヘモグロビン**量の減少） ●脈拍の乱れ、**血圧**の上昇 ●**動脈硬化**になりやすく、負荷に対応するため心臓の筋肉が肥大（**心肥大**）する
呼吸器系の変化	●**肺活量**の低下や**残気量**の増加による息切れ ●**誤嚥**の増加
消化器系の変化	●**唾液**の分泌量の減少 ●**消化液**の分泌量の減少と、腸の蠕動運動低下による**便秘**の増加
泌尿器系の変化	●尿の**濃縮力**の低下 ●**夜間**の頻尿（**排尿回数**の増加）
関節や骨の変化	●**関節液**の減少、**関節可動域**の縮小 ●**骨量**や**筋肉量**の減少、**骨密度**の低下 ●筋肉量の減少は、**上肢**よりも**下肢**のほうに顕著に現れる
皮膚の変化	●体内の水分量や皮脂が減少し、皮膚の表面が**乾燥**しやすい

3 加齢に伴う知的・認知機能の変化

老化によって変化していくのは、身体的機能だけではありません。知能、記憶、感覚機能といった、知的・認知機能の変化にも特徴があります。

◆知能の変化

知能は、記憶力・理解力・判断力などをもとに、物事を考え、問題を解決するために用いられる、総合的な能力です。生まれもった能力と関わる**流動**性知能と、日々の学習や経験などと関わる**結晶**性知能に分けられます。

2つの知能の特徴と老化による変化

□ **流動性知能**
新しいことを学んだり、新しい場面に適応するために活用される能力。記憶力や計算力など、生まれもった能力に左右されるため、老化**によって低下しやすい。**

□ **結晶性知能**
教育や学習、人生経験の積み重ねによって、成長していく能力。理解力や判断力などが含まれ、老化**による影響が少なく、長期にわたって維持される。**

ひとこと

流動性知能のピークは 30歳代 、**結晶性知能のピークは** 60歳代 といわれています。積み重ねてきた知識や経験は、老化による影響を受けにくいということが、ピークを迎える年齢層からも伝わってきます。

◆記憶の変化

記憶は、記銘（情報を覚える）→保持（情報を保存する）→想起（情報を取り出す）という3つのプロセスで成り立っています。

一方で記憶は、記憶できる時間の量や長さによって、感覚記憶、短期記憶、長期記憶の3つに分類されます。

●ここがポイント

記憶できる時間の量や長さによる「記憶の分類」

感覚**記憶**	目や耳など、感覚器でとらえた情報を瞬間的に記憶する（1～2秒程度）。注意を向けたものが、短期記憶 に移行する

短期記憶	感覚記憶のうち、注目した情報を一時的に記憶する（数十秒程度）。繰り返し再生することで、長期記憶に移行する
長期記憶 ✔CHECK!	短期記憶のうち、繰り返し再生された情報を記憶する。ほぼ無限大の量が、半永久的に記憶される

✔CHECK! 長期記憶の分類

手続き記憶（技術や技能についての記憶）、意味記憶（学習や作業により得られる知識の記憶）、エピソード記憶（個人的な体験や出来事に関する記憶）などに分類される。このうち、エピソード記憶が老化によって低下しやすい。

ひとこと

その場その場で覚えた一時的な記憶を、すぐに思い出せなくなった場合は、短期記憶**の障害**による可能性が高いです。

◆感覚機能の変化

感覚機能とは、視覚、聴覚、嗅覚、味覚、触覚（より大きなとらえ方として「皮膚感覚」がある）の五感を指します。触覚の低下などには個人差がありますが、一般的には、次のような変化がみられます。

■老化に伴う感覚機能の変化

感覚機能	変化の特徴
視覚	**近方視力**が低下し、老眼になる。また、**視野**がせまくなり、色や明るさにより識別する能力が低下する
聴覚	**高音域**の音が聞き取りにくくなる。また、音を識別する力が低下する
嗅覚	においを感じ取りにくくなる
味覚	味（特に**塩味**）に対する**感受性**が低下する
触覚（皮膚感覚）	**熱さ**・**冷たさ**、**痛み**などの感覚が低下する

4 加齢に伴う精神的機能の変化

老年期に差しかかった高齢者は、「老い」を自覚し、さまざまな喪失体験を経験していくことになります。また、身体的機能の低下によって活動量が減り、**意欲**の低下がみられる場合もあります。こうした要素と関わる精神的機能の変化として、老年期の精神疾患と、人格の変化について取り上げていきます。

◆老年期の精神疾患

老年期の精神疾患として代表的なものは、**老年期うつ病**です。

若い人と比べて、**抑うつ気分**は軽いですが、不眠やめまい、頭痛、食欲の低下、便秘などの**身体症状**の訴えが強く現れることが特徴です。そのため、**仮面うつ病**とも呼ばれています。

症状は、朝方から午前中にかけて悪化するなど、1日のなかでも**変動**があります。状態に応じて、適度に休息を促し、見守っていく姿勢が大切です。

ひとこと

老年期うつ病は、記憶障害や見当識障害などの症状を示し、認知症と間違われることもあるため、**仮性認知症**とも呼ばれます。

◆老年期における人格の変化

例えば、退職という喪失体験に直面したあとで、どのようにして自分自身の状態や状況に適応していくのかは、重要な視点です。

ライチャード（Reichard, S.）は、定年退職後の男性高齢者が、どのような人格の変化を迎えるのかを５類型に分類しました。

この５類型は、次の表のように、退職後の状況に適応していくことができるタイプと、適応していくことができないタイプにも、分けることができます。

■ライチャードによる人格の変化の５類型

分類	類型	特徴
状況に適応	円熟型	現実を受け入れ、積極的に社会活動に参加していくことができる
	安楽いす型	社会活動に対しては消極的で、依存心も強いが、穏やかに日々を過ごすことができる
	装甲型（自己防衛型）	老化への不安を押しとどめるために、社会活動を続け、若さを誇示して自己防衛を図る
状況に不適応	憤慨型（外罰型）	老化を受け入れず、過去の失敗について他人を責めることで、自分を守ろうとする
	自責型（内罰型）	過去の失敗について自分自身を責め、抑うつ状態になる

ひとこと

年を重ねることで、自分にとって満足感や充足感を抱けるような活動を選び、新たな関係よりも親しい人との関係を重視するような傾向があることを **社会情動的選択理論** と呼びます。

CHAPTER 1

SECTION 2

高齢者の生活実態とこれを取り巻く社会環境

このSECTIONのポイント

◆高齢者の生活実態とこれを取り巻く社会情勢…各種統計から高齢者の生活実態と社会情勢を、理解しましょう

◆高齢者の福祉需要…統計をもとに高齢者の福祉需要を理解しましょう

◆高齢者の介護需要…統計をもとに高齢者の介護需要を理解しましょう

◆高齢者の介護予防…介護予防の始まりと目的、その必要性などをおさえましょう

重要度A　高齢者の生活実態とこれを取り巻く社会情勢

1　高齢化の現状と将来推計

「令和５年版高齢社会白書」（内閣府）によると、日本における高齢化は進行し、2022（令和４）年10月１日現在、65歳以上の高齢者人口は**3624万人**となり、**高齢化率**※は**29.0％**と過去最高となりました。また、2018（平成30）年から、後期高齢者（75歳以上）人口が前期高齢者（65～74歳）人口を上回っており、今後も、この傾向が続くと予測されています。

高齢化率は今後も**上昇**し続け、2070（令和52）年には**38.7％**に達し、国民の約**2.6人に１人**が65歳以上、約**４人に１人**が75歳以上（25.1％）となる社会が到来すると予想されています。

※高齢化率

総人口に占める65歳以上人口の割合のこと。高齢化率が７％を超えると高齢化社会、14％を超えると高齢社会、21％を超えると超高齢社会という。日本は2007（平成19）年に高齢化率が21.5％になり、超高齢社会に突入した。

●ここがポイント

高齢者の人口比率

「令和５年版高齢社会白書」によると、

2022（令和４）年においては、高齢者１人を現役世代（15〜64歳）**2.0人**で支えている

↓

2070年には、高齢者１人を現役世代**1.3人**で支える社会が到来すると推計される

■年齢別にみた人口構成

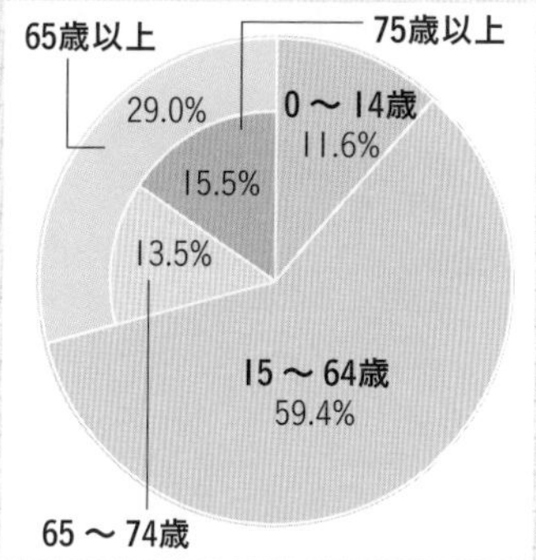

◆地域別の高齢化率

「令和５年版高齢社会白書」によると、2022（令和４）年現在、都道府県別で高齢化率が最も高いのは**秋田県**で、最も低いのは**東京都**です。

■高齢化率が高い都道府県

順位	都道府県名（高齢化率）
１位	秋田県（38.6％）
２位	高知県（36.1％）
３位	山口県（35.2％）

■高齢化率が低い都道府県

順位	都道府県名（高齢化率）
１位	東京都（22.8％）
２位	沖縄県（23.5％）
３位	愛知県（25.6％）

今後、高齢化率は**全ての都道府県で上昇する**と推測されており、日本の高齢化は大都市圏を含めて全国的な広がりになることが予測されています。

◆日本の平均寿命

「令和４年簡易生命表」（厚生労働省）によれば、日本の平均寿命（０歳の平均余命）は、**男性は81.05年**、**女性は87.09年**となっています。

平均寿命には、寝たきりや認知症など介護状態にある期間も含まれるため、近年では、平均寿命から介護を要する期間を差し引いた「**健康寿命**」を延ばすことに関心が高まっています。「健康寿命の令和元年値について」（厚生労働省）によれば、2019（令和元）年時点の男性の健康寿命は**72.68**年、女性の健康寿命は**75.38**年となっていて、男女共に伸びています。また、平均寿命と健康寿命の差は、男性**8.73**年、女性**12.06**年で、女性の方が大きくなっています。

ひとこと

平均寿命の**伸長**による65歳以上人口の増加と出生率の**低下**が、高齢化の要因といわれています。

2 高齢者の家族形態

「2022年国民生活基礎調査※」（厚生労働省）によると、65歳以上の高齢者のいる世帯は**2747万４千世帯**であり、全世帯の**50.6％**を占めています。世帯構造別にみてみると、❶「**夫婦のみの世帯**」が最も多く、❷「**単独世帯**」、❸「**親と未婚の子のみの世帯**」と続きます。

■65歳以上の高齢者のいる世帯の世帯構造

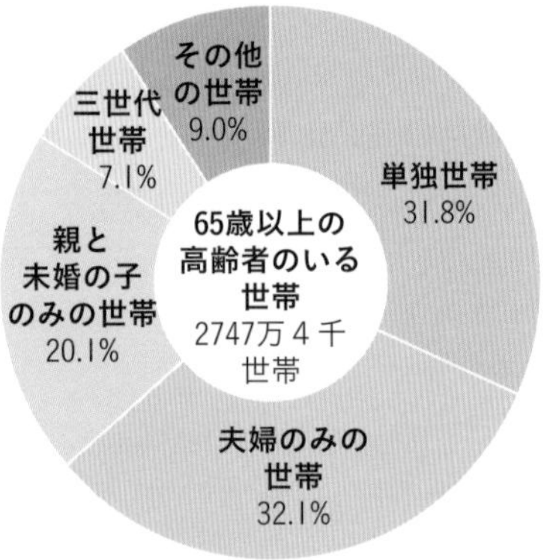

※国民生活基礎調査

全国の世帯及び世帯員を対象に、保健、医療、福祉、年金、所得など国民生活の基礎的事項に関する調査のこと。３年ごとに大規模調査を行い、中間の各年には、世帯の基本的事項と所得状況について簡易調査を行う（2020年調査は中止。直近の大規模調査は2022年）。

「令和５年版高齢社会白書」の推計によると、2040年の65歳以上の人口に占める一人暮らしの者の割合は、男性は**20.8**%、女性は**24.5**%と予測されています。

◆高齢者世帯の傾向

65歳以上の高齢者のみで構成、もしくはこれに**18歳**未満の**未婚**の者が加わった世帯を高齢者世帯といいます。「2022年国民生活基礎調査」によると、高齢者世帯は**1693万1千世帯**であり、全世帯の**31.2%**を占めています。

高齢者世帯は今後も増加することが予想されています。さらに子との同居率が**低下**し、夫婦のみの高齢者や一人暮らし高齢者の割合が**増加**しているため、**家族介護力**の低下も進んでいくとみられています。

3 介護の現状

■要介護者等との続柄別にみた主な介護者の構成割合

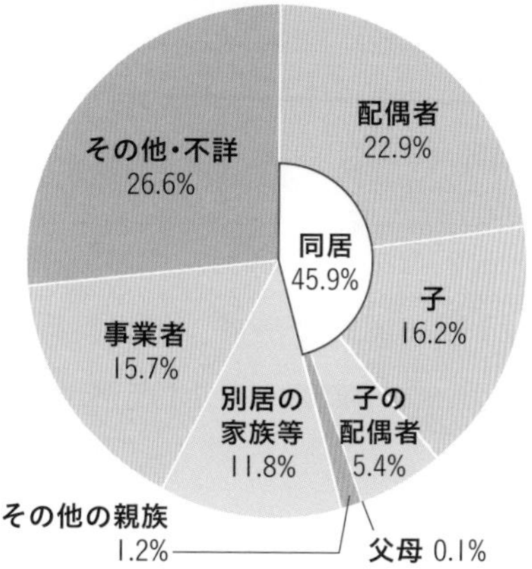

「2022年国民生活基礎調査」（厚生労働省）によると、高齢者介護における主な介護者の状況は、要介護者等と「**同居**」が最も多く、次いで「**事業者**」となっています。

同居の主な介護者の続柄をみると、多い順から❶「**配偶者**」、❷「**子**」、❸「**子の配偶者**」となっています。また、同居の主な介護者の年齢をみると、**60〜70歳代の介護者が多く**、介護者の高齢化が進んでいることがわかります。そのため、**老老介護**が大きな課題となっています。

なお、「令和３年版高齢社会白書」によると、55歳以上で介護を頼みたい人として最も多いのは、男性では「**配偶者**」で56.9%、女性では「**ヘルパーなど介護サービスの人**」で39.5%となっています。

4 高齢者の日常生活

「令和３年度　高齢者の日常生活・地域社会への参加に関する調査結果」（内閣府）から、高齢者の日常生活をみていきます。

◆生きがいを感じる程度

生きがい（喜びや楽しみ）を感じる程度について見てみると、いずれの項目でも年齢層、男女間に大きな差はみられず、「生きがいを感じている」とする人が**7割強**（72.3%）、「生きがいを感じていない」とする人が**2割強**（20.5%）という結果となっています。

■生きがい（喜びや楽しみ）を感じる程度について

		十分 感じている	多少 感じている	あまり 感じていない	まったく 感じていない	不明・ 無回答
65歳以上全体		22.9%	49.4%	17.8%	2.7%	7.2%
	男性	23.0%	50.1%	19.2%	2.1%	5.6%
	女性	22.9%	48.7%	16.4%	3.2%	8.7%
65～74歳	男性	24.2%	**52.9**%	17.2%	1.8%	3.9%
	女性	**25.7**%	51.0%	14.9%	1.8%	6.6%
75歳以上	男性	21.2%	46.3%	**22.0**%	2.6%	7.9%
	女性	20.0%	46.3%	18.1%	**4.6**%	11.0%

出典：内閣府「高齢者の日常生活・地域社会への参加に関する調査」より作成（以下、同）

なお、近所の人と「趣味をともにする」「お茶や食事を一緒にする」「外でちょっと立ち話をする」などの付き合いがある人のほうが、「生きがいを感じている」と回答する傾向が高い結果となっています。

◆ふだんの外出について

散歩なども含めて、ふだん外出するかを見ると、85.5%が「よく外出する」「たまに外出する」と回答しています。なかでも、65～74歳の人の男性の63.7%が「よく外出する」と回答した割合が最も高くなっています。また、**外出頻度が高い人**ほど「生きがいを感じている」と回答する傾向が高い結果となっています。

■ふだん（散歩なども含め）外出するか

		よく外出する	たまに外出する	あまり外出しない	ほとんど外出しない	不明・無回答
65歳以上全体		55.6%	29.9%	7.2%	5.6%	1.7%
	男性	60.6%	28.6%	6.3%	3.7%	0.9%
	女性	51.0%	31.2%	8.1%	7.4%	2.3%
65～74歳	男性	**63.7**%	27.1%	6.4%	2.3%	0.5%
	女性	56.7%	30.8%	7.5%	2.6%	2.4%
75歳以上	男性	56.3%	30.5%	6.2%	5.5%	1.4%
	女性	45.0%	**31.5**%	**8.7**%	**12.5**%	2.3%

◆情報機器の利用内容

情報機器の利用内容を見ると、「情報機器を使わない」と回答している65歳以上の人の割合は**17.0%**となっており、以前と比べてインターネット等を利用する人が**増加傾向**にあります。

◆健康について

現在の健康状態を見ると、「良い」「まあ良い」と回答した65歳以上の人の割合は**3割強**（31.2%）となっています。

■現在の健康状態

		良い	まあ良い	普通	あまり良くない	良くない	不明・無回答
65歳以上全体		11.8%	19.4%	40.9%	22.7%	4.8%	0.3%
	男性	12.3%	20.8%	41.2%	21.2%	4.2%	0.3%
	女性	11.4%	18.1%	40.8%	24.1%	5.4%	0.3%
65～74歳	男性	13.3%	21.1%	44.6%	18.1%	2.8%	0.2%
	女性	14.9%	20.6%	41.1%	20.7%	2.6%	0.2%
75歳以上	男性	11.0%	20.5%	36.5%	25.5%	6.0%	0.5%
	女性	7.7%	15.6%	40.4%	27.7%	8.3%	0.4%

ひとこと

このほか「社会活動等への参加について」の調査結果も公表されていて、65歳以上の人の30.2%が、収入の伴う仕事をしていると回答しています。

例題

Q 日本の65歳以上の人の生活実態に関して、現在の健康状態について、「良い」「まあ良い」と回答した人の合計は、全体の6割を超えている。 〔第35回-問126〕

A ✕ 現在の健康状態について「良い」「まあ良い」と回答した人の合計は、全体の約3割である。

5 高齢者の意識に関する国際比較

「令和３年版高齢社会白書」での「高齢者の生活と意識に関する国際比較調査」（日本、アメリカ、ドイツ、スウェーデン）によると、各国の60歳以上の人の主な収入源は、いずれの国も「公的な年金（国民年金、厚生年金など）」とする回答割合が最も高くなっています。次いで「仕事による収入」の回答割合が高くなっており、両者を合わせた回答割合は、日本が**88.2%**で最も高く、次いでドイツ86.1%、アメリカ70.8%、スウェーデン61.5%の順となっています。また、「今後、収入を伴う仕事をしたい（続けたい）」と答えた高齢者の割合も日本が**40.2%**で最も高く、最も低いスウェーデン（26.6%）の1.5倍であり、日本の高齢者の就労意欲が高いことがわかります。

友人や知人との交流については、日本は「病気の時に助け合う」「相談ごとがあった時、相談したり、相談されたりする」と答えた高齢者の割合が、４か国中どちらも**最低**で、それぞれ**5.0%**、**20.0%**となっています。しかし、「物をあげたりもらったりする」と答えた高齢者の割合は最も高く、**48.7%**となっています。

総合的にみると、老後生活に満足しているかという質問に対して、「満足している」「まあ満足している」と答えた高齢者の割合は、アメリカ94.6%、スウェーデン92.2%、ドイツ91.6%と、３か国が90%以上となっているのに対し、日本のみ**81.6%**という結果となっています。

例題

Q 「令和３年版高齢社会白書」（内閣府）における国際比較調査（日本、アメリカ、ドイツ、スウェーデン）で、「今後、収入を伴う仕事をしたい（続けたい）」と回答した高齢者の割合は、日本が最も少ない。〔第30回-問126・改〕

A × 「今後、収入を伴う仕事をしたい（続けたい）」と回答した高齢者の割合は、**日本が40.2%と最も多く**、次いでアメリカ**29.9**%、ドイツ**28.1**%、スウェーデン**26.6**%である。

重要度C 高齢者の福祉需要

1 高齢者の有訴者率の状況

「2022年国民生活基礎調査」によると、65歳以上の高齢者の**有訴者率**※は**418.2**となっており、高齢者の４割以上が何らかの自覚症状を訴えています。

※有訴者率
病気やケガなどで自覚症状のある者の、人口１千人当たりの割合のこと。なお、入院者は含まない。

2 高齢者の雇用の状況

『高年齢者等の雇用の安定等に関する法律』（**高年齢者雇用安定法**）では、定年の引上げの努力義務、**継続雇用制度の導入**、高年齢者などの**再就職の促進**、定年退職者その他の高年齢退職者に対する**就業機会の確保**などについて規定しています。

「令和５年『高年齢者の雇用状況』集計結果」によると、65歳までの雇用確保措置のある企業は99.9％であり、65歳定年企業は23.5％となっています。66歳以上まで働ける制度のある企業の割合は43.3％、70歳以上まで働ける制度のある企業の割合は41.6％、定年制の廃止企業の割合は3.9％という結果となっています。また、「令和５年版高齢社会白書」によると、2022（令和４）年における年齢階級別の高齢者の就業率は、60～64歳、65～69歳、70～74歳では、10年前の2012（平成24）年の就業率と比較して、それぞれ15.3ポイント、13.7ポイント、10.5ポイント、2.6ポイント伸びています。

ひとこと
「令和５年版高齢社会白書」によれば、非正規雇用の比率（役員を除く）を65～69歳でみると、男性で67.3％、女性で84.3％となっています。

重要度 C

高齢者の介護需要

1 要介護高齢者の実態

「令和３年度　介護保険事業状況報告」（厚生労働省）によると、要支援または要介護の認定を受けた人は、年々増加しています。2021（令和３）年度末には、**689.6**万人となっており、前年度末から7.8万人の増加となっています。

■要介護度別認定者数の推移（年度末現在）

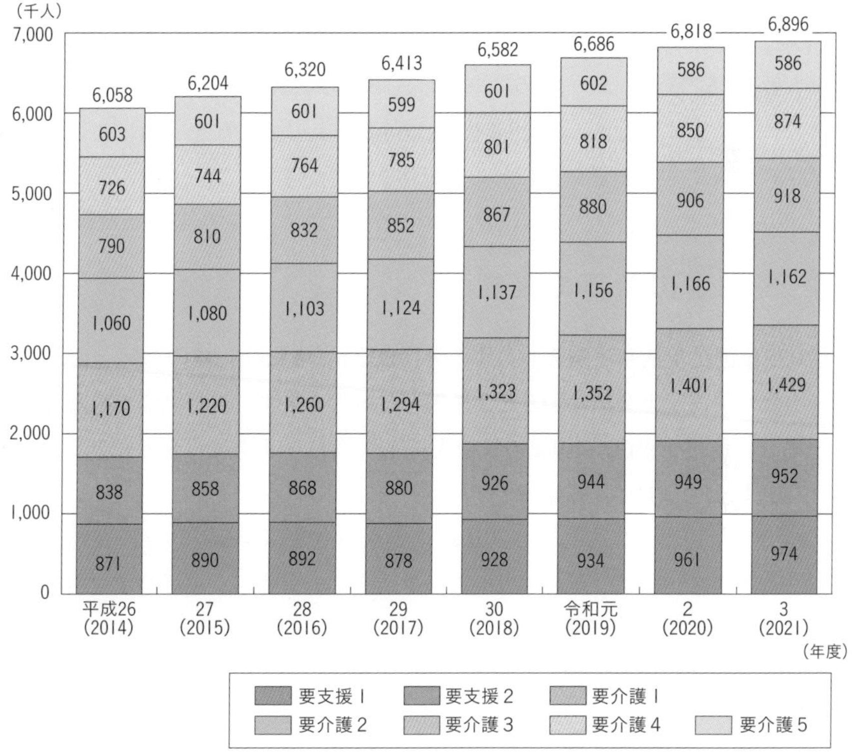

出典：厚生労働省「令和３年度　介護保険事業状況報告」より作成

◆介護が必要となった原因

「2022年国民生活基礎調査」によると、介護が必要となった主な原因を要介護

度別にみると、要支援者では「関節疾患」が19.3%で最も多く、次いで「高齢による衰弱」が17.4%となっています。要介護者では「**認知症**」が23.6%で最も多く、次いで「**脳血管疾患（脳卒中）**」が19.0%となっています。要支援者と要介護者を合わせた総数（**要介護者等**）では、「**認知症**」が16.6%で最も多く、次いで「**脳血管疾患（脳卒中）**」16.1%、「**骨折・転倒**」13.9%の順となっています。

2 認知症高齢者の実態

「平成29年版高齢社会白書」によると、**2012（平成24）年**の65歳以上の認知症患者数は**462万人**であり、65歳以上の高齢者の**7人に1人**が認知症であると推計されています。なお、2025年には、65歳以上の認知症患者数は約**700万人**となり、**5人に1人**が認知症になると見込まれています。

3 高齢者の所得の実態

「2022年国民生活基礎調査」によると、**2021（令和3）年**の高齢者世帯の1世帯当たり平均所得金額は**318万3千円**となっています。世帯主の年齢階級別にみた場合、世帯主が60～69歳の世帯人員1人当たり平均所得金額は259万7千円、70歳以上では194万6千円です。

所得の種類別に1世帯当たり平均所得金額の構成割合をみると、高齢者世帯では「**公的年金・恩給**」が最も多くなっています。公的年金・恩給を受給している高齢者世帯のなかで「公的年金・恩給の総所得に占める割合が100%の世帯」は44.0%となっています。

ひとこと

2人以上の世帯について、65歳以上の世帯の貯蓄現在高の中央値は1588万円で、全世帯の貯蓄現在高の中央値よりも約1.4倍の金額となっています。

重要度 B

高齢者の介護予防

1 介護予防の始まりと目的

2005（平成17）年の『**介護保険法**』改正によって**介護予防**という概念が登場し、高齢者の生活機能の維持・向上、廃用症候群（生活不活発病）※による機能低下の予防など、**介護予防**を目指した施策（予防給付）→詳細はp.42参照が創設されました。

※廃用症候群（生活不活発病）
過度に安静にしたり、長期間身体を動かさないでいたりすることで、さまざまな心身の機能が低下した状態のこと。

■介護予防の概要

介護予防導入の背景	●介護サービスを受ける要介護者の増加と**介護保険費用**の増加 ●**「要支援」「要介護Ⅰ」**という軽度の要介護者の増加 ●軽度の要介護者に対するサービスが状態の改善に結びついていないこと
介護予防の目的	●**要介護**状態の軽減・悪化の防止 ●高齢者が生きがいをもって、地域で**自立**した生活ができること
介護予防の対象者	●要支援者 ●要支援・要介護状態となるおそれのある高齢者

2 介護予防の必要性

加齢に伴う予備力低下のため、ストレスに対する回復力が低下した状態を**フレイル**といいます。健康と病気の中間の段階で、進行すると寝たきりや廃用症候群になるおそれがある要介護状態の前段階とされます。❶**体重**減少、❷**歩行速度**低下、❸筋力（**握力**）低下、❹**疲れやすい**、❺**身体活動**レベルの低下、のうち3項目以上あれば、フレイル、1～2項目であれば**プレフレイル**とみなされます。

フレイルは、適切な介入・支援があれば、健常に近い状態への改善や進行を遅らせることができる可能性があるため、適度な**運動**、適切な**食事**、**社会活動**への参加を通じて、フレイルに陥らないことが重要です。近年ではフレイル対策に対する取り組みが推進され、生活習慣病対策とともに**医療保険**で行われます。

ひとこと

加齢に伴う骨格筋量の減少を**サルコペニア**（加齢性筋肉減少症）といいます。近年では、筋量の減少に加えて、筋力や身体機能の低下を含めた概念で捉えられ、フレイルの要因の１つに挙げられます。

例題

Q フレイルとは、高齢期の筋量や筋力の低下、それに伴う身体機能低下で、サルコペニアの要因の一つである。

〔第32回-問129〕

A ×　**フレイル**とは、加齢に伴う予備力低下のため、ストレスに対する回復力が低下した状態をいう。記述は、**サルコペニア**の説明である。

3 介護予防の実際

2011（平成23）年の『介護保険法』改正で、地域支援事業 →詳細はp.60参照 の枠組みの中で**介護予防・日常生活支援総合事業**が創設されました。その後、発展的に見直しが行われ、2014（平成26）年の改正により、新しい**介護予防・日常生活支援総合事業** →詳細はp.61参照 が導入されています。

この事業は、**要支援者**と**要支援・要介護状態となるおそれのある高齢者**を対象にして、市町村の主体性を重視し、ボランティア、NPO、民間企業などの多様な地域のマンパワーや社会資源の活用などを図りながら、「**予防サービス**」「**生活支援サービス**」「**ケアマネジメント**」の全てにおいて総合的に実施する事業です。

高齢者福祉の歴史

このSECTIONのポイント

◆高齢者観の変遷…高齢者観の変遷を、関連する概念とともにみていきます
◆高齢者福祉制度の発展過程…老人福祉法の変遷とその過程をおさえておきましょう
◆認知症支援施策…認知症施策推進大綱と認知症基本法の概要をおさえておきましょう

重要度B 高齢者観の変遷

高齢者観は、時代によって変化しています。ここでは、エイジズム、サクセスフル・エイジング、プロダクティブ・エイジング、アクティブ・エイジングという概念から、高齢者観の変遷をみていきます。

◆エイジズム

以前は、年齢だけを理由にして、高齢者は弱い、無力であるという高齢者を差別的にとらえる**エイジズム**（**高齢者差別**）という偏見が存在しました。これは、アメリカの精神科医**バトラー**（Butler, R.）が提唱した用語で、仕事や社会での価値も低く見られていたことが一般的でした。

◆サクセスフル・エイジングとプロダクティブ・エイジング

エイジズムに対する意識が高まり、高齢者も個々の能力や経験を評価されるべきだとの考え方が広まり、サクセスフル・エイジング、プロダクティブ・エイジングという概念が登場しました。

●ここがポイント

サクセスフル・エイジングとプロダクティブ・エイジング

サクセスフル・エイジング	老年期を迎えた人が、幸福な人生を過ごせているかどうかを、本人の主観的な視点からとらえようとする考え方
プロダクティブ・エイジング	老年期に差しかかっても、自立して生産的な活動に関わるべきとする考え方。生産的な活動とは、ボランティアや家事などの「支払い」を求めない無償労働を中心とする

ひとこと

プロダクティブ・エイジングを最初に提唱したのも、バトラーです。エイジズムに対して、この考え方を示しました。プロダクティブ・エイジングには、自分自身で健康管理を行うセルフケアの視点も含まれています。

◆アクティブ・エイジング

以前は、高齢者は静かに余生を楽しむというステレオタイプが存在しました。それに対して**アクティブ・エイジング**では、高齢者が健康的で活動的なライフスタイルを維持することが重要視され、運動や学習、新しい経験に積極的に取り組むことが奨励されています。

ひとこと

これらの視点が組み合わさり、高齢者観が偏見や制約から解放され、より多様かつ肯定的なものへと変化しています。

重要度 B

高齢者福祉制度の発展過程

1 老人福祉法の変遷

『老人福祉法』の制定により、それまでの『**生活保護法**』に基づく**救貧施策**から、**保健・医療・福祉**にわたる高齢者の生活向上のための施策へと転換しました。

■老人福祉法の制定と変遷

	主な内容		高齢化率*
1963（昭和38）年 制定	在宅系	**老人家庭奉仕員派遣制度**（ホームヘルパー）、老人福祉センター、老人クラブへの助成制度、65歳以上の者に対する健康診査の実施	6％ 前後
	入所系	養護老人ホーム（生活保護法の養老施設から転換）、特別養護老人ホーム、軽費老人ホームなどの制度化	
1973（昭和48）年 改正	**老人医療費支給制度**（70歳以上の医療費を無料にする制度）開始		7％台 前半
1978（昭和53）年 改正	**短期入所生活介護事業**（ショートステイ）開始		8％台 後半
1979（昭和54）年 改正	**通所介護事業**（デイサービス）開始。**在宅三本柱**（ホームヘルパー、ショートステイ、デイサービス）体制の完成		8％台 後半
1983（昭和58）年 改正	●**老人保健法**の施行に伴い老人医療費支給制度を廃止（老人福祉法から老人医療施策が独立し老人保健法へ移行）		10％台 前半
1990（平成2）年 改正	●**「高齢者保健福祉推進十か年戦略」（ゴールドプラン）**の円滑な実施のため、市町村及び都道府県に「老人保健福祉計画」の策定を義務づけ ●特別養護老人ホーム等の入所決定事務・措置権を都道府県から市町村に移譲するなど、福祉サービスの実施主体を**市町村**に移行		12.1％

1994（平成６）年 改正	●**「新・高齢者保健福祉推進十か年戦略」**（新ゴールドプラン）策定。「利用者本位・自立主義」「総合的なサービスの提供」「地域主義」などが盛り込まれた。居宅介護支援センターが法定化された	13％後半
1997（平成９）年 改正	●介護保険法の制定に伴う改正。地方公共団体は老人福祉の増進を目的とする事業の促進を図ること、老人クラブなどの援助を行うこと、市町村に「市町村老人福祉計画」の作成を義務づけ	16％前半
2000（平成 12）年 改正	●介護保険法の施行に伴う改正。老人居宅生活支援事業に認知症対応型老人共同生活援助事業（グループホーム）や小規模多機能型居宅介護事業を追加	17.3％
2005（平成 17）年 改正	●市町村は、老人クラブや民生委員の活動との連携・調整をはかる体制整備に努めること、老人介護支援センターの設置者と職員の守秘義務を規定	20.2%
2011（平成 23）年 改正	●市町村は後見等の業務を適正に行うことができる人材の育成と活用に努め、都道府県はそのための助言・援助に努めることや有料老人ホームなどの利用者保護について規定	23％後半
2017（平成29）年 改正	●悪質な有料老人ホームに対する事業停止命令を新設	27.7%
2020（令和２）年 改正	●有料老人ホームの設置等に係る届出事項の簡素化	28.8％

＊高齢化率は「高齢社会白書」による

ひとこと

老人福祉法制定時には、特別養護老人ホームは、「65歳以上の者で、**身体上または精神上著しい障害**があるために常時の介護を必要とし、かつ、**居宅で介護を受けることが困難**な者」が入所の対象とされていました。

例題

Q 住まいと介護の双方のニーズを有する高齢者の増加に対応するため、2000年代の老人福祉法の改正によって軽費老人ホームが創設された。〔第35回-問127〕

A × 軽費老人ホームは、1963（昭和38）年の老人福祉法制定により創設された。

2 高齢化する社会に対応した施策等の変遷

1960年代以降、高齢化の進展に伴い、さまざまな計画の策定や施策が行われてきました。**地域包括ケアシステム**を推進する今日までの変遷を確認しましょう。

■高齢化への対応施策の変遷

1966（昭和41）年	**敬老の日**制定
1982（昭和57）年	**老人保健**法制定。老人医療費無料化が廃止。一部自己負担が導入
1986（昭和61）年	**長寿社会対策大綱**閣議決定。初めての高齢社会対策の指針
1988（昭和63）年	「長寿・福祉社会を実現するための施策の基本的考え方と目標について」（通称：**福祉ビジョン**）発表
1989（平成元）年	**「高齢者保健福祉推進十か年戦略」**（ゴールドプラン）策定。**在宅福祉**推進十カ年事業業、寝たきり老人**ゼロ作戦**、**施設対策**推進十カ年事業、**長寿科学研究**推進十カ年事業等の展開、在宅・施設サービス、人材確保の基盤整備の**数値目標**を掲げた
1994（平成6）年	**高齢者保健福祉推進10か年戦略の見直しについて**（**新ゴールドプラン**）策定。**21世紀福祉ビジョン**の提言を受け、基盤整備の**数値目標**を引上げ「新たな高齢者介護システムの構築を目指して」発表。自立支援を基本理念に、**社会保険**方式による新しい制度の導入を提言
1995（平成7）年	高齢社会対策基本法制定。〝**高齢社会対策大綱**の策定〟を規定
1996（平成8）年	高齢社会対策大綱策定

1997（平成９）年	介護保険法制定
1999（平成11）年	**今後５か年間の高齢者保健福祉施策の方向**（ゴールドプラン21）策定。基盤整備から健康づくり、介護予防、生きがい活動支援の重視へ
2000（平成12）年	介護保険法施行
2001（平成13）年	高齢社会対策大綱改定
2003（平成15）年	「2015年の高齢者介護～高齢者の尊厳を支えるケアの確立に向けて～発表。戦後のベビーブーム世代（団塊の世代）が65歳以上となる2015年を念頭に、生活の継続性を維持するための新しい介護サービス体系（多機能型など）の創設や、在宅介護支援センターの強化などを提言
2006（平成18）年	高齢者の医療の確保に関する法律（高齢者医療確保法）制定（老人保健法の全面改正・改称）。2008（平成20）年度から、後期高齢者医療制度がスタート。
2012（平成24）年	高齢社会対策大綱改定
	認知症施策推進５か年計画（オレンジプラン）策定
2015（平成27）年	**認知症施策推進総合戦略**（新オレンジプラン）策定。オレンジプランの強化・促進を図るため見直したもの
	「誰もが支え合う地域の構築に向けた福祉サービスの実現―新たな時代に対応した福祉の提供ビジョン―」（通称：新福祉ビジョン）発表。地域包括支援体制の構築、サービス提供のための生産性向上などを提言
2017（平成29）年	**認知症施策推進総合戦略**（新オレンジプラン）改定発表
2018（平成30）年	高齢社会対策大綱改定 ● 高齢化に伴う社会的課題に対応し、全ての世代が満ち足りた人生を送ることのできる環境をつくる ● 技術革新の成果を積極的に活用する新しい高齢社会対策などを提言
2019（令和元）年	**認知症施策推進大綱**策定。2025（令和７）年までに、認知症の予防や認知症バリアフリーの推進などの取組を進める
2023（令和５）年	認知症基本法制定

例題

Q 1982年（昭和57年）の老人保健法では、70歳以上の高齢者にかかる医療費のうち、その自己負担分を無料化する老人医療費支給制度が規定された。〔第36回-問127〕

A × 老人医療費支給制度は、1973（昭和48）年の老人福祉法の改正で導入。1982（昭和57）年の老人保健法では、老人医療費支給制度を廃止した。

重要度B 認知症支援施策

1 「オレンジプラン」「新オレンジプラン」の策定

2012（平成24）年、厚生労働省は認知症高齢者の早期発見と適切な医療・介護の開始などを施策とした「**認知症施策推進５か年計画**」（**オレンジプラン**）を策定。2015（平成27）年には、団塊の世代が75歳以上となる2025（令和７）年を見据えた「**認知症施策推進総合戦略**」（**新オレンジプラン**）が策定されました。

■新オレンジプランの概要

基本的考え方	認知症の人の意思が尊重され、できる限り**住み慣れた地域の良い環境で自分らしく暮らし続ける**ことができる社会の実現を目指す
７つの柱	❶認知症への理解を深めるための**普及・啓発**の推進 ❷認知症の容態に応じた適時・適切な**医療・介護**などの提供（**認知症ケアパス**〈状態に応じた適切なサービス提供の流れ〉の作成など） ❸**若年性認知症施策**の強化 ❹認知症の人の**介護者への支援**（認知症の人や家族、地域住民、専門職などが集う**認知症カフェ**の設置など） ❺認知症の人を含む**高齢者にやさしい地域づくり**の推進 ❻認知症の予防法、診断法、治療法、リハビリテーションモデル、介護モデルなどの研究開発及びその成果の普及の推進 ❼認知症の人やその家族の視点の重視

2 認知症施策推進大綱

2018（平成30）年12月には、認知症に関わる諸問題について、各関係機関が連携し、政府一体となって総合的に対策を推進することを目的として**認知症施策推進関係閣僚会議**が設置され、翌2019（令和元）年６月に「新オレンジプラン」の後継となる「認知症施策推進大綱」が策定されました。対象期間は、団塊の世代が75歳以上となる2025（令和７）年までとし、策定後３年をめどに、施策の進捗を確認するものとして、次のような基本的考え方と具体的な施策の５つの柱が示されています。

●ここがポイント

認知症施策推進大綱の基本的考え方

◆認知症の発症を遅らせ、認知症になっても希望をもって日常生活を過ごせる社会をめざし、認知症の人や家族の視点を重視しながら、**共生**と**予防**を車の両輪として施策を推進

✔CHECK! ❶

✔CHECK! ❷

認知症施策推進大綱の５つの柱

❶普及**啓発**・本人**発信**支援

❷**予防**

❸医療・ケア・介護サービス・**介護者**への支援

❹認知症バリアフリーの推進・ 若年性 認知症の人への支援・社会参加支援

❺研究開発・ 産業 促進・ 国際 展開

✔CHECK! ❶ 共生

「共生」とは、認知症の人が、 尊厳 と 希望 をもって認知症とともに生きる、また、認知症があってもなくても同じ社会でともに生きるという意味

✔CHECK! ❷ 予防

「予防」とは、「認知症にならない」という意味ではなく、「認知症になるのを 遅らせる 」「認知症になっても 進行 を緩やかにする」という意味

ひとこと

認知症施策推進大綱では、いくつかの自治体における認知症の人の事故を補償する**民間保険**への加入を支援する取組について事例を収集し、政策効果の分析を行うとしています。

3 認知症基本法

2023（令和５）年６月には、認知症の人を含めた国民一人一人がその個性と能力を十分に発揮し、相互に人格と個性を尊重しつつ支え合いながら共生する活力ある社会の実現を推進するため、『**共生社会の実現を推進するための認知症基本法**』（**認知症基本法**）が制定されました（2024〈令和６〉年１月１日施行)。

◆**基本理念**

認知症施策は、認知症の人が尊厳を保持しつつ希望を持って暮らすことができるよう、次の事項を基本理念として行われなければならないとされています。

■基本理念

❶全ての認知症の人が、基本的人権を享有する個人として、**自らの意思**によって日常生活及び社会生活を営むことができる。
❷国民が、共生社会の実現を推進するために必要な認知症に関する**正しい知識**及び認知症の人に関する**正しい理解**を深めることができる。
❸認知症の人にとって日常生活または社会生活を営むうえで障壁となるものを除去することにより、全ての認知症の人が、社会の対等な構成員として、地域において安全にかつ安心して自立した日常生活を営むことができるとともに、自己に直接関係する事項に関して**意見を表明する機会**及び社会のあらゆる分野における**活動に参画する機会の確保**を通じてその**個性と能力を十分に発揮**することができる。
❹認知症の人の**意向を十分に尊重**しつつ、良質かつ適切な**保健医療サービス**及び**福祉サービス**が切れ目なく提供される。
❺認知症の人のみならず**家族等に対する支援**により、認知症の人及び家族等が地域において安心して日常生活を営むことができる。
❻共生社会の実現に資する**研究**等を推進するとともに、認知症及び軽度の認知機能の障害に係る**予防**、**診断**及び**治療**並びに**リハビリテーション**及び**介護方法**、認知症の人が尊厳を保持しつつ希望を持って暮らすための社会参加の在り方及び認知症の人が他の人々と支え合いながら共生することができる**社会環境の整備**その他の事項に関する科学的知見に基づく研究等の成果を広く国民が享受できる環境を整備。
❼**教育**、**地域**づくり、**雇用**、**保健**、**医療**、**福祉**その他の各関連分野における総合的な取組として行われる。

ひとこと

この法律において「認知症」とは、「アルツハイマー病その他の神経変性疾患、脳血管疾患その他の疾患により日常生活に支障が生じる程度にまで認知機能が低下した状態として政令で定める状態をいう」と定義されています。

◆国・地方公共団体の責務等

国には、基本理念にのっとり、認知症施策を**総合的**かつ**計画的**に策定し、及び実施する責務が、地方公共団体には、基本理念にのっとり、**国との適切な役割分担**を踏まえて、その地方公共団体の地域の状況に応じた認知症施策を**総合的**かつ**計画的**に策定し、及び実施する責務を有するとされています。

ひとこと

国民の責務としては、共生社会の実現を推進するために必要な認知症に関する正しい**知識**及び認知症の人に関する正しい**理解**を深め、共生社会の実現に寄与するよう努めることが盛り込まれています。

◆認知症施策推進基本計画の策定

政府には、**認知症施策推進基本計画**の策定義務が、都道府県と市町村には、それぞれ**都道府県認知症施策推進計画**と**市町村認知症施策推進計画**の策定努力義務が課されています。

◆認知症施策推進本部の設置

認知症施策を推進するため、内閣に、内閣総理大臣を本部長とする、**認知症施策推進本部**が設置されています。また、認知症施策推進本部には、認知症の人及び家族等のうちから、**内閣総理大臣**が任命する委員で組織する**認知症施策推進関係者会議**が置かれています。

ひとこと

このほか、国民の間に広く認知症についての関心と理解を深めるため、**9**月**21**日を認知症の日、**9**月**1**日～**9**月**30**日を認知症月間とし、国及び地方公共団体は、認知症の日においてその趣旨にふさわしい事業を実施するよう努めるものとするとともに、認知症月間においてその趣旨にふさわしい行事が実施されるよう奨励しなければならないとされました。

CHAPTER 1

SECTION 4 介護保険法の概要

このSECTIONのポイント

◆介護保険法の概要…介護保険制度の目的と仕組みなどについて理解しましょう

重要度A 介護保険法の概要

1 介護保険制度創設の背景

介護保険制度は、「介護保険法」（1997〈平成９〉年制定）が**2000**（平成12）年に施行されたことによって、スタートしました。

制度が創設された背景には、次のような社会的要因があります。

介護保険制度創設の背景

- 少子高齢化の進展による、**老年人口**（65歳以上の人口）の増加
- 平均寿命の延伸と、介護の**長期化**や**重度化**
- 家族の**介護力**の低下（女性の社会進出、家族の高齢化など）

こうした問題を背景として、介護保険制度は、「高齢者の介護を家族だけでなく、社会全体で支え合う仕組み」=「**介護の社会化**」を目指して導入されました。

介護保険制度のポイントは、**❶高齢者の自立支援**、**❷利用者本位のサービス**、**❸社会保険方式の導入**です。

2 介護保険制度の目的

介護保険制度の目的である「介護の社会化」は、**『介護保険法』第1条**の条文にみることができます。

●ここがポイント

介護保険法の目的

要介護状態 となり、介護、機能訓練並びに看護及び療養上の管理などを必要とする者が **尊厳を保持** し、その有する能力に応じ自立した日常生活を営むことができるよう、**国民の共同連帯の理念** に基づき介護保険制度を設け、**国民の保健医療の向上** 及び **福祉の増進** を図る

◆介護サービス利用方式：「措置」から「契約」へ

介護保険制度以前の介護サービス提供の多くは、行政が行う**措置制度**に基づいてなされていました。措置制度ではサービスを選択するのは**行政**であり、利用者は決められたサービスしか受けられませんでした。介護保険制度では利用者の自己決定を尊重するため、措置ではなく、**利用者がサービス提供者と契約を結ぶ**形になりました。

■措置制度

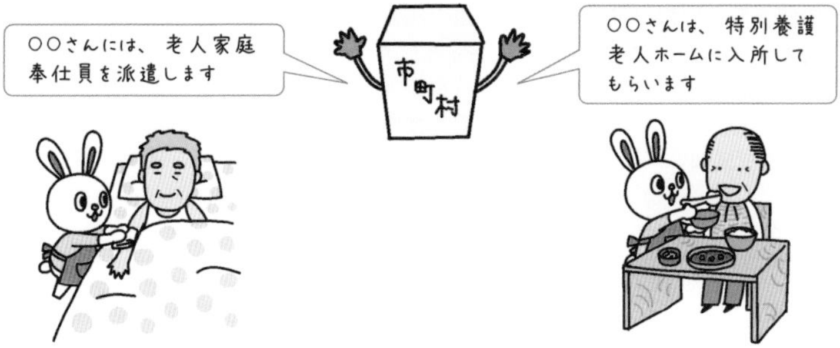

3 保険者と被保険者

◆保険者（保険を運営する人）

介護保険制度の保険者は**市町村**及び**特別区**（東京23区）です。小規模な市町村では、事務負担の効率化や経営の安定化のため、**広域連合**や**一部事務組合**などの特別地方公共団体である**広域自治体**が代わりに保険者となることができます。

保険者は、国の基本方針に即して、**3年**を１期とする**市町村介護保険事業計画**を策定しなければなりません。

◆被保険者（介護保険に加入する人）

介護保険の被保険者は、**第１号被保険者**と**第２号被保険者**の２種類に分けられています。**要件を満たす人は、必ず被保険者になる強制加入**となっています。

介護保険の被保険者

□ **第１号被保険者**
市町村の区域内に住所を有する**65歳以上**の者
●受給権者（保険給付の要件）
→ **要介護状態**・**要支援状態**にある人

□ **第２号被保険者**
市町村の区域内に住所を有する**40歳以上65歳未満の医療保険加入者**
●受給権者（保険給付の要件）
→ 政令で定める**特定疾病**※により、**要介護状態**・**要支援状態**にある人

※特定疾病
加齢に伴って生じやすい要介護状態の原因となる16の疾病を指す。
❶がん、❷関節リウマチ、❸筋萎縮性側索硬化症（ALS）、❹後縦靱帯骨化症、❺骨折を伴う骨粗鬆症、❻初老期における認知症、❼進行性核上性麻痺・大脳皮質基底核変性症及びパーキンソン病、❽脊髄小脳変性症、❾脊柱管狭窄症、❿早老症、⓫多系統萎縮症、⓬糖尿病性神経障害・糖尿病性腎症及び糖尿病性網膜症、⓭脳血管疾患、⓮閉塞性動脈硬化症、⓯慢性閉塞性肺疾患、⓰両側の膝関節または股関節に著しい変形を伴う変形性関節症

→要介護状態・要支援状態についてはp.45参照

また、日本国籍をもたないが長期にわたり日本に居住する在日外国人（**特別永住者**）や3か月を超えて日本に在留する外国人（**中長期在留者**）も被保険者となります。

◆被保険者の適用除外

次の施設の入所者は、40歳以上になっても被保険者となりません（介護保険の**適用除外**）。長期間継続して入所している人は、介護サービスを受ける可能性が低いこと、施設が介護サービスに該当するサービスを提供していること、などがその理由です。

介護保険の主な適用除外施設

- ★**指定障害者支援施設**（障害者総合支援法上の生活介護及び施設入所支援を受けている人）
- ★**障害者支援施設**（身体障害者福祉法、知的障害者福祉法に基づく措置により入所している人）
- ★**独立行政法人国立重度知的障害者総合施設のぞみの園が設置する施設**
- ★**救護施設**（生活保護法）
- ●**医療型障害児入所施設**（児童福祉法）
- ●**国立ハンセン病療養所等**（ハンセン病問題の解決の促進に関する法律）など

◆住所地特例

自宅の住所がある市町村とは異なる市町村の介護保険施設などに入所・入居することにより、施設所在地に住所を移した者は、**施設に移る前の住所地の市町村を保険者**とします。これを**住所地特例**といいます。

介護保険施設などの所在市町村に入所者が集中し、その市町村における保険料負担が急増することを防止するために設けられたもので、被保険者の居住する市町村が負担するという**住所地主義**を原則とする介護保険制度の例外的な仕組みです。

住所地特例の対象施設

- **介護保険施設**
- **特定施設**
  → 有料老人ホーム（サービス付き高齢者向け住宅で該当するものを含む）、養護老人ホーム、軽費老人ホーム
- **老人福祉法第20条に規定する養護老人ホーム**

また、2017（平成29）年の介護保険法改正により、一部の適用除外施設（前ページ★印）を退所して住所地特例対象施設に入所した人についても、適用除外施設入所前の市町村が保険者となります。

4 保険料の徴収方法

介護保険は、給付と負担の関係を明確にし、国民の理解を得られやすい仕組みが良いとされ、**社会保険方式**を採用しています。社会保険であるため**強制的**に保険料が徴収され、支払いの拒否はできません。

保険料の徴収方法は、**第1号被保険者**と**第2号被保険者**でそれぞれ異なります。

■介護保険の保険料の徴収方法

	第1号被保険者	第2号被保険者
保険料の徴収	市町村	医療保険者
徴収方法	**特別徴収**（年額18万円以上の年金受給者は年金から天引き）または**普通徴収**（無年金者や低年金者など）	医療保険者が**医療保険料**と一緒に徴収し、**社会保険診療報酬支払基金**に介護給付費・地域支援事業支援納付金として納付
算定方法	市町村ごとに設定する**基準額**を基に、**所得に応じた**段階で定額の保険料が設定される ●標準は**13段階**だが、それ以上とすることも可能 ●保険料は**3年ごと**に市町村が決める	介護保険料は、**健康保険**の保険料と同様で、**標準報酬月額**及び**標準賞与額**に介護保険料率をかけた額となる*

備考	被保険者が属する世帯の**世帯主**及び被保険者の**配偶者**は、保険料の**連帯納付義務**を負う	被保険者が医療保険料を滞納した場合、介護保険の給付の**一時差し止め**を行うことができる

＊医療保険者の介護納付金は加入者数による人頭割（加入者割）だったが、2017 年 8 月より医療保険者の報酬額に比例した総報酬割が、次のような予定で順次導入された
・2017 年 8 月～ 加入者割 1/2　総報酬割 1/2
・2019 年度 総報酬割 3/4
・2020 年度 全面実施

ひとこと

第 1 号被保険者の保険料の特別徴収の対象となる年金には、**老齢基礎年金**、**遺族基礎年金**及び**障害基礎年金**が含まれます。

例題

Q 第 1 号被保険者の保険料を、政令で定める基準に従い条例で定めるところにより算定された保険料率で算定するのは、介護保険法における国民健康保険団体連合会の役割である。

〔第30回-問133・改〕

A × 第 1 号被保険者の保険料を算定するのは、**各市町村**（**保険者**）である。

◆生活保護受給者と介護保険

生活保護受給者で**65歳以上**の者の介護保険料は、**生活扶助**の**介護保険料加算**から支給されます。要介護状態となった場合は、**第 1 号被保険者**として介護給付を受けることができます。

一方、生活保護受給者で**40歳以上65歳未満**の者が要介護状態となった場合は、医療保険に加入していないと**第 2 号被保険者**になれないため、介護給付を受けることができず、代わりに生活保護の**介護扶助**を利用します。

生活保護受給者の多くは、医療保険に加入しておらず、生活保護の医療扶助を利用しているため、介護保険においては介護扶助での利用となります。生活保護

における介護扶助は、介護保険制度の創設により、介護サービスを受ける権利を国民すべてに保障するという観点から、2000（平成12）年に創設されたものです。

■生活保護受給者と介護保険サービス

<table>
<tr><th colspan="2">生活保護受給者</th><th>介護保険の適用</th><th>介護保険料</th><th>要介護認定</th><th>利用者負担</th></tr>
<tr><td colspan="2">65歳以上</td><td>第1号被保険者</td><td>生活扶助の介護保険料加算から支給</td><td rowspan="2">介護保険法に基づき要介護認定</td><td rowspan="2">自己負担分（1割）は介護扶助から給付</td></tr>
<tr><td rowspan="2">40～64歳</td><td>医療保険加入</td><td>第2号被保険者</td><td>医療保険料と一緒に徴収</td></tr>
<tr><td>医療保険未加入</td><td>被保険者とならない</td><td>保険料は発生しない</td><td>生活保護法に基づき要介護認定</td><td>介護サービスに係る費用の全額について介護扶助により給付</td></tr>
</table>

例題

Q 第一号被保険者が被保護者（生活保護受給者）であって第一号保険料が普通徴収となる場合、その保険料は介護扶助として支給される。〔第35回-問131〕

A × 生活保護受給者である第1号被保険者の介護保険料は、生活保護の**生活扶助**（**介護保険料加算**）から支給される。

5 介護保険制度の財源

介護保険制度の財源は、次のようになります。

円グラフからもわかるように、介護保険の財源は、**公費**（**税金**）**50%**と、**加入者の保険料50%**で構成されています。

■介護給付費の負担割合（2024〈令和６〉～2026〈令和８〉年度）

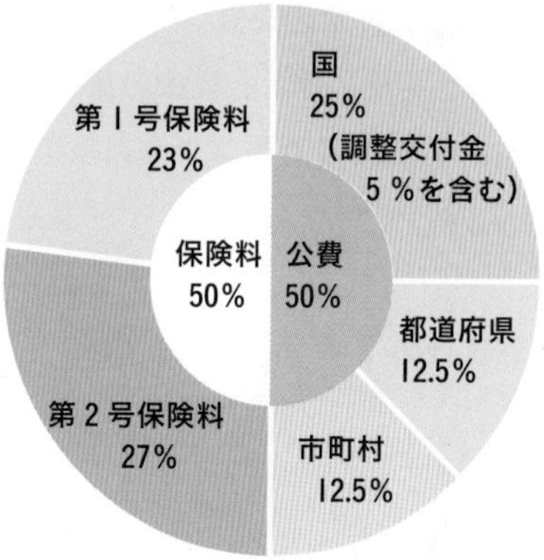

（注）施設等給付（介護保険施設、特定施設に関する給付費）については、国20%、都道府県17.5%、市町村12.5%

国の負担は、**定率**の国庫負担金と**調整交付金**です。定率部分は、すべての市町村（保険者）に一律に交付されますが、調整交付金は、各市町村の**後期**高齢者の割合、第１号被保険者所得格差、**災害**時の保険料減免などの特殊事情を考慮して市町村ごとに調整されて交付されます。

都道府県と市町村の負担は**定率**です。また、保険者である市町村は、介護保険に関する**事務**に要する費用を全額負担します。

◆地域支援事業の財源構成

地域支援事業（介護予防・日常生活支援総合事業、包括的支援事業、任意事業） →詳細はp.60参照 は、事業によって、財源構成が異なります。

■地域支援事業の財源構成

	財源構成
介護予防・日常生活支援総合事業	国25%、都道府県12.5%、市町村12.5%、第１号被保険者保険料23%、第２号被保険者保険料27%
包括的支援事業／任意事業	国38.5%、都道府県19.25%、市町村19.25%、第１号被保険者保険料23%

◆財政安定化基金

財政安定化基金は、市町村の介護保険財政の安定化を図るため、**都道府県**に設置され、❶保険料未納による収入不足に対する**交付金の交付**（２分の１を交付、２分の１を貸付）、❷給付費の増大に対する不足額に対する**資金の貸付**を行っています。貸付を受けた市町村は、借り入れをした次の計画（介護保険事業計画）期間に、第１号保険料を財源として、**3**年間の分割で返済します（償還期限までの間は無利子）。

基金の財源は、国、都道府県、市町村が**3分の1ずつ**負担します。

6 保険給付と利用者負担

介護保険制度の保険給付には、**介護給付**、**予防給付**、**市町村特別給付**があります。

■介護給付・予防給付・市町村特別給付の種類

	対象者	利用できるサービス
介護給付	要介護１～5	居宅サービス（12種類）、施設サービス（３種類）、地域密着型サービス（９種類）、居宅介護支援、**居宅介護住宅改修**
予防給付	要支援１・2	**介護予防**サービス（10種類）、**地域密着型介護予防**サービス（３種類）、**介護予防支援**、**介護予防住宅改修**
市町村特別給付	要介護者 要支援者	市町村が条例で定めた独自のサービス（配食サービス、移送サービスなど）

→介護保険で利用できるサービスについてはp.50参照

◆指定サービス

指定サービスとは、介護保険サービス事業者として、**都道府県知事**または**市町村長の指定**を受けた事業者が提供するサービスのことをいいます。

→指定サービス事業者についてはp.75参照

◆特例サービス

次に示す緊急でやむを得ない理由によって利用したサービスについて、**市町村**が認めた場合に限り、特例サービス費が支給されます。

特例サービス費は原則**償還払い方式**で支給されますが、市町村が手続きを定めることで**法定代理受領方式**（**現物給付**）とすることもできます。

特例サービスの条件

- ◆要介護（要支援）**認定申請前**に緊急その他やむを得ない理由により指定サービスを受けた場合
- ◆一定水準を満たすサービス提供を行う事業者（基準該当サービス事業者）から、指定サービスに相当するサービスを受けた場合
- ◆指定サービスの確保が著しく困難な離島などの地域で、指定サービスに相当するサービスを受けた場合

◆保険給付の方式

保険給付の方法は、**償還払い方式**と**法定代理受領方式**の２つがあります。介護保険サービスの多くは**現物給付**の**法定代理受領方式**をとっています。

保険給付の２つの方法

□ **償還払い方式**
利用者が利用したサービスの費用の全額をいったん事業者・施設に支払い、その後に保険給付の**請求**を行って、費用の全額または一部を**払い戻し**てもらう方法

□ **法定代理受領方式**
サービスを提供した事業者・施設が利用者に代わって保険給付を受け取る方法
→ 利用者は**利用者負担分**のみを支払い、サービスを**現物給付**で利用

◆介護保険サービス利用料の負担（利用者負担）

介護保険サービスを利用した場合の利用者負担は、原則として**１割**（一定以上所得者は**２割**、このうち「現役並み所得相当」がある場合は**３割**）です。

■収入による利用者負担の割合

分類		負担割合
年金収入等	340万円以上 ＊1	3割
年金収入等	280万円以上 ＊2	2割
年金収入等	280万円未満	1割

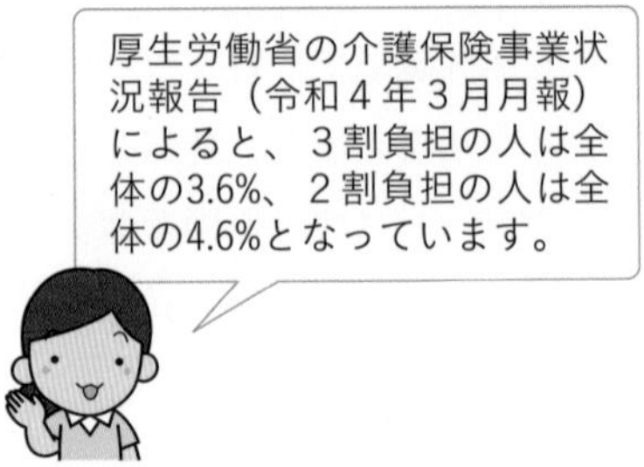

＊1 ①合計所得金額（給与収入や事業収入等から給与所得控除や必要経費を控除した額）が220万円以上かつ②年金収入＋その他の合計所得金額340万円以上（世帯に2人以上の第1号被保険者がいる場合は463万円以上）。

＊2 ①合計所得金額160万円以上かつ②年金収入＋その他の合計所得金額280万円以上（世帯に2人以上の第1号被保険者がいる場合は346万円以上）。

残りの**9割**（同**8割**、**7割**）については、半分を国や地方公共団体の公費、もう半分を保険料で賄うことになっています。

●ここがポイント

介護保険サービスの利用者負担

◆介護保険施設利用の場合は、費用の

1割
（一定以上所得者は**2割**、特に所得の高い者は**3割**）

そのほか、**居住費や食費、日常生活費**の負担も必要

◆**居宅介護支援**
介護予防支援 は10割給付で、利用者負担はなし

◆利用者負担が一定額を超える場合は、

要介護者には **高額介護サービス費**、

要支援者には **高額介護予防サービス費** が支給される

◆福祉用具購入費の支給限度基準額は **10万円** 、住宅改修費の支給限度基準額は **20万円** となっており、それぞれ利用者負担は

1割
（一定以上所得者は**2割**、特に所得の高い者は**3割**）

7 要介護認定の仕組みとプロセス

介護保険サービスを利用するためには、**要介護状態**または**要支援状態**と**認定**される必要があります。要介護認定は、**要支援1・2**と**要介護1～5**の**7**段階及び**非該当**に分かれており、非該当と認定された場合は介護保険サービスを利用することができません。

■**要介護・要支援状態区分と基準**

要介護状態	●要介護状態区分：**要介護1～5** ●身体上または精神上の障害があり、入浴、排泄、食事などの日常生活における基本的な動作の全部または一部について、**原則6か月**にわたり継続して**常時介護を要する**と見込まれる状態で、要介護状態区分に該当するもの
要支援状態	●要支援状態区分：**要支援1・2** ❶身体上もしくは精神上の障害があり、日常生活における基本的な動作の全部もしくは一部について、**原則6か月**にわたり継続して**常時介護を要する状態の軽減**もしくは**悪化の防止**に、特に資する支援を要すると見込まれる状態のもの ❷身体上もしくは精神上の障害があり、**原則6か月**にわたり継続して**日常生活を営むのに支障がある**と見込まれる状態で、要支援状態区分に該当するもの

ひとこと

非該当者は、市町村が行っている**地域支援事業**などにより、生活機能を維持するためのサービスや生活支援サービスが利用できる場合があります。

◆要介護認定の流れ

要介護認定を受けるためには、**市町村**に申請をする必要があります。その後、**訪問調査**（**認定調査**）、**一次判定**、**二次判定**を経て、市町村は、**介護認定審査会の判定結果に基づき要介護認定を行い**、申請者に結果を通知します。

認定結果の通知は、原則として**申請日から30日以内**に行います。認定は申請日にさかのぼって有効です。

認定の有効期間

- ●新規・区分変更申請 → **原則６か月**（状態に応じ３～12か月まで設定）
- ●更新申請 → **原則12か月**（状態に応じ３～48か月まで設定）

●ここがポイント

要介護認定・要支援認定の流れ

申請

被保険者やその家族が、市町村に認定のための**申請**（申請代行（または代理）も可）を行う。

✓CHECK! ❶

↓

認定調査

市町村の調査員が、被保険者の自宅を訪問。
基本調査（身体機能や生活機能などの調査）や、**特記事項**（基本調査の内容を補足する調査）などの聞き取りを行う

↓

一次判定	基本調査の内容を **コンピュータ** に入力し、判定する。介護の必要度が推計され、それに基づき要介護・要支援状態の区分がなされる
↓	
二次判定	市町村の設置する **介護認定審査会** が、一次判定の結果、主治医意見書、特記事項に基づき、判定する
↓	
認定と通知	二次判定の結果を受け、市町村が、**要介護１～５**、**要支援１・２**、**非該当** のうち、いずれかの認定を行い、被保険者に結果を **通知**（申請後 **30** 日以内）する

✓CHECK! ❷

✓CHECK! ❶ 申請の代行（または代理）、申請の却下

- 申請の代行ができるのは、**指定居宅介護支援事業者**、**地域密着型介護老人福祉** 施設、**介護保険** 施設、**地域包括支援センター**、成年後見人、家族・親族等（代理申請）、民生委員、社会保険労務士である
- 市町村は、被保険者が、正当な理由なしに、**認定調査** に応じないとき、または市町村が指定する医師等の **診断** を受けないときは、認定申請を却下することができる

✓CHECK! ❷ 申請処理期間の延期

- 申請処理期間は、原則30日以内だが、特別の理由がある場合、市町村は申請日から30日以内に、その理由と処理見込期間を被保険者に通知したうえで、延期することができる

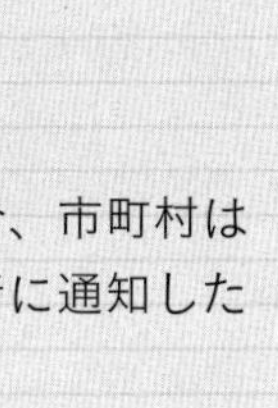

ひとこと

市町村は、被保険者が、認定した要介護・要支援状態に該当しなくなった場合などに、認定を取り消すことができます。

◆介護認定審査会

介護認定審査会は、介護保険サービスを受けようとする者の介護の必要性の有無や要介護（要支援）状態区分について**審査・判定**する機関です。審査は全国一律の基準に従って行われます。**市町村**が設置しますが、都道府県への業務委託や市町村の共同設置も可能です。

介護認定審査会は、被保険者の要介護状態の**軽減**または**悪化**の防止のために必要な療養に関する事項などの意見を**市町村**に述べることができます。

例題

Q 介護保険制度における市町村の役割は、要介護状態区分を定めることである。〔第30回-問127・改〕

A ×　市町村は、要介護状態区分の認定を行うが、その区分は**厚生労働省令**で定めることとなっている。

8 審査請求

要介護・要支援認定の結果や介護保険料額などの**処分（決定）に不服がある場合**は、その処分の取消しを求めて、**都道府県**に設置されている**介護保険審査会**に**審査請求**することができます。

審査請求は、**処分があったことを知った日の翌日から起算して3か月以内**に行わなければなりません。審査請求した処分に対する介護保険審査会の裁決に納得できない場合は、裁判所へ訴訟を提起することができます。

■審査請求の流れ

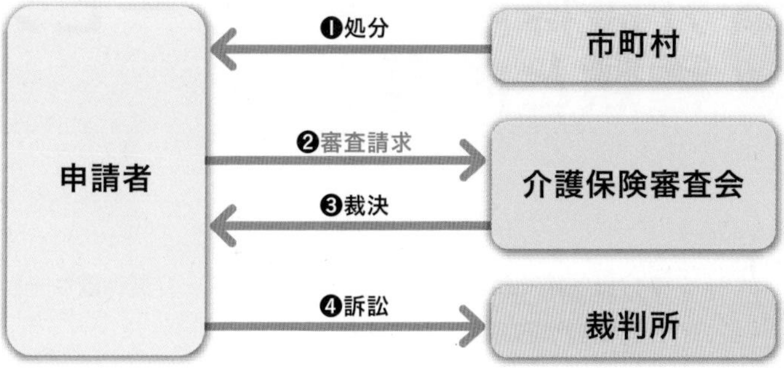

◆介護保険審査会

介護保険審査会は、要介護認定の処分に対する**不服申立て**について審査する機関であり、**被保険者**を代表する委員３人、**市町村**を代表する委員３人、**公益**を代表する委員３人以上の構成となっています。

例題

Q 都道府県は、介護サービス事業者を代表する委員、介護の専門職を代表する委員、医療の専門職を代表する委員で組織される介護保険審査会を設置する。　〔第34回－問131〕

A ✕　介護保険審査会は、**被保険者**を代表する委員**3**人、**市町村**を代表する委員**3**人、**公益**を代表する委員**3**人以上の構成で組織される。

9 苦情の処理

介護保険制度では、サービスなどについての苦情を処理する仕組みが制度的に位置づけられており、利用者やその家族は、**提供されたサービスに不満がある場合**には**サービス事業者・施設**、**居宅介護支援事業者**、**介護予防支援事業者**、**市町村**、**国民健康保険団体連合会**、**都道府県**などに申出や相談をすることができます。

CHAPTER 1

SECTION 5

介護保険制度のサービスの種類と内容

このSECTIONのポイント

◆介護保険制度におけるサービスの内容…介護保険サービスの種類と内容をおさえておきましょう

重要度A　介護保険制度におけるサービスの内容

1 介護保険サービスの種類

介護保険で受けられるサービスには、介護給付で受けられるサービスと予防給付で受けられるサービスがあります。

	介護給付のサービス	予防給付のサービス
都道府県が指定・監督を行うサービス	●居宅サービス 【訪問サービス】 ❶訪問介護 ❷訪問入浴介護 ❸訪問看護 ❹訪問リハビリテーション ❺居宅療養管理指導 【通所サービス】 ❻通所介護 ❼通所リハビリテーション 【短期入所サービス】 ❽短期入所生活介護 ❾短期入所療養介護	●介護予防サービス 【訪問サービス】 ❶介護予防訪問入浴介護 ❷介護予防訪問看護 ❸介護予防訪問リハビリテーション ❹介護予防居宅療養管理指導 【通所サービス】 ❺介護予防通所リハビリテーション 【短期入所サービス】 ❻介護予防短期入所生活介護 ❼介護予防短期入所療養介護

	❿特定施設入居者生活介護 ⓫福祉用具貸与 ⓬特定福祉用具販売	❽介護予防特定施設入居者生活介護 ❾介護予防福祉用具貸与 ❿特定介護予防福祉用具販売
	施設サービス ❶介護老人福祉施設 ❷介護老人保健施設 ❸介護医療院	
市町村が指定・監督を行うサービス	**居宅介護支援**	**介護予防支援**
	地域密着型サービス ❶定期巡回・随時対応型訪問介護看護 ❷夜間対応型訪問介護 ❸地域密着型通所介護 ❹認知症対応型通所介護 ❺小規模多機能型居宅介護 ❻認知症対応型共同生活介護 ❼地域密着型特定施設入居者生活介護 ❽地域密着型介護老人福祉施設入所者生活介護 ❾看護小規模多機能型居宅介護	**地域密着型介護予防サービス** ❶介護予防認知症対応型通所介護 ❷介護予防小規模多機能型居宅介護 ❸介護予防認知症対応型共同生活介護
その他	**住宅改修**	**介護予防住宅改修**

2 居宅サービスの種類

居宅サービスには、**訪問サービス**、**通所サービス**、**短期入所サービス**、**入居サービス**、**福祉用具関連サービス**があります。居宅サービスのそれぞれの内容は次のとおりです。

■居宅サービスの種類

	サービス	内容
訪問	訪問介護（ホームヘルプサービス）	**訪問介護員**が利用者の居宅を訪問し、入浴・食事・排泄などの介護（**身体介護**）や調理・掃除・洗濯などの**生活援助**、**通院のための乗車**または**降車の介助**を行う
	訪問入浴介護	介護職や看護職などが車などで利用者の居宅に浴槽を運び入れ、**入浴**の介護を行う
	訪問看護	**主治医**の指示により、**看護師**などが利用者の居宅を訪問し、療養上の世話や健康チェック、**診療の補助**を行う
	訪問リハビリテーション	**主治医**の指示により、**理学療法士**または**作業療法士**などが利用者の居宅を訪問し、**理学療法**や**作業療法**などのリハビリテーションを行う
	居宅療養管理指導	通院が困難な利用者の居宅を**医療従事者**（医師、歯科医師、歯科衛生士、薬剤師、管理栄養士など）が訪問し、**療養上の管理・指導**などを行う
通所	通所介護（デイサービス）	利用者が老人デイサービスセンターなどに通い、入浴・食事・排泄などの介護や機能訓練などを受ける
	通所リハビリテーション（デイケア）	**主治医**の指示により、利用者が介護老人保健施設や病院などに通い、**理学療法**や**作業療法**などのリハビリテーションを受ける
短期入所	短期入所生活介護（ショートステイ）	利用者が特別養護老人ホームなどに短期間**入所**し、入浴・食事・排泄などの介護や機能訓練などを受ける
	短期入所療養介護（ショートステイ）	利用者が介護老人保健施設や病院などに短期間**入所**し、**医学的管理下**で介護や機能訓練、医療などを受ける
入居	特定施設入居者生活介護	利用者が特定施設（**有料老人ホーム**、**養護老人ホーム**、**軽費老人ホーム**、**サービス付き高齢者向け住宅**など）に入居して、入浴・食事・排泄などの介護や機能訓練、療養上の世話などを受ける
福祉用具関連	福祉用具貸与	利用者に杖や歩行器などの**福祉用具**を**貸与**する
	特定福祉用具販売	利用者に排泄や入浴などに用いる、衛生上貸与に適さない**特定福祉用具**の**販売**を行う

ひとこと

介護保険制度における「居宅」とは、**居住している自宅と同義ではありません**。施設に入所せず、自宅での生活を中心に利用できるサービスは「居宅サービス」、さらに有料老人ホーム、軽費老人ホーム、養護老人ホーム、サービス付き高齢者向け住宅も「居宅」とされます。

例題

Q 居宅療養管理指導とは、居宅要介護者に対して心身機能の回復及び日常生活上の自立を図るために居宅において診療に基づき実施される理学療法や作業療法をいう。　〔第27回-問131〕

A ×　記述は、**訪問リハビリテーション**である。

◆福祉用具貸与

貸与される福祉用具は全部で**13種類**あり、要介護度や身体状況によって貸与される福祉用具が制限されています。なお、福祉用具貸与にあたっては、**福祉用具貸与計画**の作成が義務づけられています。

福祉用具貸与の種目

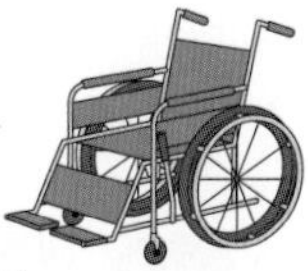

❶車いす（自走用標準型車いす、普通型電動車いす、介助用標準型車いす、介助用電動車いす）
❷車いす付属品　❸特殊寝台
❹特殊寝台付属品（スライディングボードや介助用ベルトなど）
❺床ずれ防止用具（エアマットなど）　❻体位変換器
❼手すり（取り付け工事を伴わないもの）
❽スロープ（取り付け工事を伴わない、持ち運びの容易なもの）
❾歩行器　❿歩行補助杖（松葉杖、多点杖など）
⓫認知症老人徘徊感知機器（外部との通信機能を除いた部分）
⓬移動用リフト（つり具の部分を除く）　⓭自動排泄処理装置

ひとこと

前ページの種目のうち、❼手すり、❽スロープ、❾歩行器、❿歩行補助杖、⓭自動排泄処理装置以外は要介護2以上が対象、⓭自動排泄処理装置で排便機能を有するものは要介護4以上が対象となります。

◆特定福祉用具販売

支給限度基準額は**年間10万円**で、購入費用の9**割**（一定以上所得者は8**割**。そのうち特に所得の高い層については7**割**）が居宅介護福祉用具購入費として支給されます（利用者負担は1**割**〈同2**割**。同3**割**〉）。

なお、特定福祉用具販売にあたっては、**特定福祉用具販売計画**の作成が義務づけられています。

特定福祉用具販売の種目

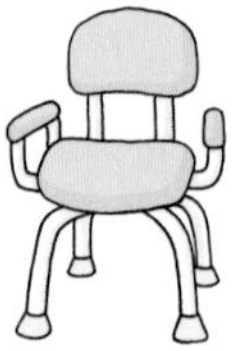

❶腰掛便座（和式便座に設置して腰掛式にするもの、水洗ポータブルトイレ）
❷自動排泄処理装置の交換可能部品（チューブなど）
❸排泄予測支援機器（膀胱内の状態を感知し、尿量を推定するものであって、排尿の機会を居宅要介護者等またはその介護を行う者に通知するもの）
❹入浴補助用具（入浴用いす、浴槽内いす、浴槽内すのこなど）
❺簡易浴槽（容易に移動でき、取水・排水の工事を伴わないもの）
❻移動用リフトのつり具部分

ひとこと

また、令和6年度介護報酬改定において、利用者負担を軽減し、制度の持続可能性の確保を図るとともに、福祉用具の適時・適切な利用、安全を確保する観点から、要介護度に関係なく給付が可能な福祉用具のうち、比較的廉価で、購入した方が利用者の負担が抑えられる者の割合が相対的に高い、固定用スロープ、歩行器（歩行車を除く）、単点杖（松葉づえを除く）及び多点杖について、貸与と販売の選択制が導入されました。

例題

Q 腰掛便座は、介護保険法に定める福祉用具貸与の種目である。
〔第36回-問130〕

A × 腰掛便座は、特定福祉用具販売の対象種目である。

3 地域密着型サービスの種類

地域密着型サービスは、要介護者の住み慣れた地域での生活を支えるために、**2006（平成18）年**の**介護保険制度改正**によって創設されたサービス類型です。

地域密着型サービスは、事業所所在地の**市町村**が指定・監督を行い、原則その**市町村の住民**を対象としていますが、特別な事情がある場合は、事業者所在地の**市町村**の**同意**により、他市町村の住民も地域密着型サービスを利用することが可能となっています。

■地域密着型サービスの種類

認知症対応型通所介護	**認知症**の利用者が老人デイサービスセンターなどに通って、入浴・食事・排泄などの介護や機能訓練などを行う
小規模多機能型居宅介護	居宅、またはサービス拠点で「**通い**」を中心に、利用者の希望などに応じて「**訪問**」や「**泊まり**」を組み合わせて、入浴・食事・排泄などの介護や機能訓練などを行う
認知症対応型共同生活介護（グループホーム）	**認知症**の利用者が、共同生活住居で**家庭的**な環境の下、入浴・食事・排泄などの介護や機能訓練などを行う
看護小規模多機能型居宅介護	居宅要介護者に対して、**小規模多機能型居宅介護**と**訪問看護**を組み合わせて提供するサービス
定期巡回・随時対応型訪問介護看護	24時間365日体制で、**訪問介護**と**訪問看護**を一体的にまたはそれぞれが密接に連携しながら、利用者の状況に応じて、定期巡回と随時の対応を行う

夜間対応型訪問介護	**夜間帯**に、定期巡回や利用者の求めに応じた随時訪問、通報に応じ調整・対応するオペレーションサービスを行う
地域密着型通所介護	**小規模（定員18名以下）**の通所介護
地域密着型特定施設入居者生活介護	**定員29名以下**の特定施設（**有料老人ホーム**、**養護老人ホーム**、**軽費老人ホーム**など）に入居している利用者に対して、入浴・食事・排泄などの介護や機能訓練などを行う
地域密着型介護老人福祉施設入所者生活介護	**定員29名以下**の**特別養護老人ホーム**に入所している利用者に対して、入浴・食事・排泄などの介護や機能訓練などを行う

ひとこと

厚生労働大臣が定めた基準額の範囲内であれば、各市町村が地域密着型介護サービス費を自由に設定することができます。

例題

Q 小規模多機能型居宅介護とは、通所介護、短期入所、訪問介護及び訪問リハビリテーションの4つのサービスを提供する事業である。〔第26回-問132〕

A ×

小規模多機能型居宅介護とは、**通所介護**を中心に、利用者の希望に応じて**短期入所**と**訪問介護**を組み合わせたサービスを提供する事業である。「訪問リハビリテーション」は含まれない。

4 居宅介護支援・介護予防支援

居宅介護支援は要介護者に、介護予防支援は要支援者を対象に、介護サービスの利用を支援するものです。利用者の心身の状況等にあわせて、必要なサービスと提供事業者を決めて**サービス計画**を立て、事業者との**連絡調整**等を行います。介護保険における**ケアマネジメント**を担うサービスです。費用は、10割が保険給付されるため、利用者の負担はありません。

■居宅介護支援・介護予防支援の概要

	居宅介護支援	介護予防支援
ケアプラン名	居宅サービス計画	介護予防サービス計画
作成者*1	介護支援専門員のみ	担当職員（介護支援専門員、社会福祉士、保健師など）
実施者	居宅介護支援事業者	介護予防支援事業者 (地域包括支援センター、 指定居宅介護支援事業者*2)
指定・監督	市町村 (2017〈平成29〉年度までは都道府県)	市町村

＊1　居宅サービス計画及び介護予防サービス計画は、利用者や家族が作成することも可能
＊2　2024（令和６）年４月１日より

ひとこと

介護支援専門員、担当職員は、それぞれ居宅サービス計画、介護予防サービス計画を作成するにあたっては、利用者の日常生活全般を支援する観点から、給付対象サービス以外のサービスや地域住民の自発的な活動によるサービス等の利用も含めて計画に位置づけ、総合的な計画となるよう努めなければなりません。

例題

Q 指定居宅介護支援事業者の介護支援専門員による居宅サービス計画作成業務の保険給付（居宅介護支援）では、利用者の自己負担割合が１割と定められている。〔第35回-問132〕

A ✕ 居宅介護支援の費用は、10割が保険給付される。

5 施設サービスの種類

施設サービスには、**介護老人福祉施設**、**介護老人保健施設**、**介護医療院**の3種類（経過措置として介護療養型医療施設）の介護保険施設から提供されるサービスがあります。施設サービスを受けるにあたっては、**施設サービス計画**に基づいたサービス提供が行われます。

■施設サービスの内容

介護老人福祉施設	サービス内容 ●「老人福祉法」の規定する**特別養護老人ホーム**（入所定員30人以上）が、介護保険施設として**都道府県知事**の指定を受けたもの ●入浴、排泄、食事等の介護その他の日常生活上の世話、機能訓練、健康管理、療養上の世話を行う 
介護老人保健施設	サービス内容 ●看護、医学的管理のもとで介護・機能訓練その他必要な医療や、日常生活上の世話を行う ●通所リハビリテーションや短期入所療養介護を実施する施設でもあり、居宅生活への**復帰**をめざす場としての機能をもつ 入所要件 要介護1以上
介護医療院	サービス内容 ●長期にわたり療養が必要である要介護者を対象に、**療養上**の管理、看護、医学的管理のもとでの介護・機能訓練その他必要な医療や、日常生活上の世話を行う ●介護医療院は2017（平成29）年の「介護保険法」改正により、2018（平成30）年4月から創設 入所要件 要介護1以上

例題

Q 介護老人福祉施設は、老人福祉法に規定する特別養護老人ホーム（定員30名以上）のうち都道府県知事の指定を受けたものであって、入所する要介護者に対し日常生活上の世話などを行う。

〔第27回−問131〕

A ○ 介護老人福祉施設では、入浴・排泄・食事などの**介護**、**その他の日常生活上の世話**や**機能訓練**、**健康管理**、**療養上の世話**を行う。

6 住宅改修の種類

居宅介護住宅改修及び**介護予防住宅改修**とは、要介護者、要支援者が自宅に手すりの取付けなどの住宅改修を行うとき、改修に要した費用の**9割**（一定以上所得者は**8割**。そのうち特に所得の高い層については**7割**）が**償還払い方式**で支給されることをいいます。

住宅改修の支給限度基準額は**20万円**で、その支給対象は次のとおりです。

住宅改修の支給対象

❶**手すり**の取付け
❷**段差**の解消
❸**滑りの防止**及び**移動の円滑化**などのための床または通路面の材料の変更
❹**引き戸**などへの扉の取替え
❺**洋式便器**などへの便器の取替え
❻その他前各号の住宅改修に付帯して必要となる住宅改修

ひとこと

介護保険制度における住宅改修は、原則として1回限りですが、**転居**や**要介護度の著しい重度化**などの場合に、再支給が認められています。

CHAPTER 1

SECTION 6 介護保険制度の地域支援事業

このSECTIONのポイント

◆地域支援事業…事業の概要と地域包括ケアシステムを理解しましょう

重要度A 地域支援事業

地域支援事業とは、高齢者が要介護・要支援状態になることを**予防**し、**地域**で自立した日常生活を継続していくことができるよう支援することを目的として、**市町村**が主体となって実施する事業です。地域支援事業の拠点は**地域包括支援センター**になります。

地域支援事業には、大きく分けて、**介護予防・日常生活支援総合事業**、**包括的支援事業**、**任意事業**の3事業があります。

●ここがポイント

地域支援事業の概要

介護予防・日常生活支援総合事業

◆ **介護予防・生活支援サービス事業**
- ❶訪問型サービス
- ❷通所型サービス
- ❸生活支援サービス
- ❹介護予防支援事業

◆ **一般介護予防事業**
- ❶介護予防把握事業
- ❷介護予防普及啓発事業
- ❸地域介護予防活動支援事業
- ❹一般介護予防事業評価事業
- ❺地域リハビリテーション活動支援事業

包括的支援事業	◆第１号介護予防支援事業（居宅要支援被保険者に係るものを除く） ◆総合相談支援業務 ◆権利擁護業務 ◆包括的・継続的ケアマネジメント支援業務 ◆在宅医療・介護連携推進事業 ◆生活支援体制整備事業 ◆認知症総合支援事業 ◆介護情報の収集・提供等に係る事業
任意事業	◆介護給付費等適正化事業 ◆家族介護支援事業 ◆その他の事業（成年後見制度利用支援事業、介護サービス相談員派遣等事業など）

1 介護予防・日常生活支援総合事業

2011（平成23）年の『介護保険法』改正により、**介護予防・日常生活支援総合事業**が創設されました。この事業では、ボランティアやNPOなどの地域のさまざまな人・機関が関わり、多様なサービスを充実させることで、高齢者の社会参加や、地域の支え合い体制づくりを推進していくことを目指しています。

2014（平成26）年には事業の内容が再編され、要支援者などに対して、必要な支援を行う**介護予防・生活支援サービス事業**と、住民主体の介護予防活動の育成及び支援などを行う**一般介護予防事業**で構成されることになりました。

ひとこと

介護予防・生活支援サービス事業では、市町村が独自に単価・利用者負担を設定するため、**利用者負担は地域によって異なります。**

■介護予防・生活支援サービス事業の内容

対象者 要支援者及び基本チェックリスト該当者

	サービス種別	サービス内容
訪問型サービス（第一号訪問事業）	訪問介護	訪問介護員による身体介護、生活援助
	訪問型サービスA（緩和した基準によるサービス）	生活援助等
	訪問型サービスB（住民主体による支援）	住民主体の自主活動として行う生活援助等
	訪問型サービスC（短期集中予防サービス）	保健師等による居宅での相談指導等
	訪問型サービスD（移動支援）	移送前後の生活支援
通所型サービス（第一号通所事業）	通所介護	●通所介護と同様のサービス ●生活機能の向上のための機能訓練
	通所型サービスA（緩和した基準によるサービス）	ミニデイサービス、運動・レクリエーション 等
	通所型サービスB（住民主体による支援）	体操、運動等の活動など、自主的な通いの場
	通所型サービスC（短期集中予防サービス）	生活機能を改善するための運動器の機能向上や栄養改善等のプログラム
その他の生活支援サービス（第一号生活支援事業）	—	●栄養改善を目的とした配食 ●住民ボランティアによる一人暮らし高齢者などへの見守りを提供 ●訪問型サービス、通所型サービスに準じる自立支援に資する生活支援（訪問型サービス・通所型サービスの一体的提供等）
介護予防ケアマネジメント（第一号介護予防支援事業）	ケアマネジメントA	介護予防支援と同様のケアマネジメント
	ケアマネジメントB	サービス担当者会議やモニタリングを省略したケアマネジメント
	ケアマネジメントC	基本的にサービス利用開始時のみ行うケアマネジメント

■一般介護予防事業の内容

対象者　第１号**被保険者**及びその支援のための活動に関わる者

介護予防把握事業	収集した情報などの活用により、**閉じこもり**など何らかの支援を要する者を把握し、介護予防活動へつなげる
介護予防普及啓発事業	**介護予防活動**の普及・啓発を行う
地域介護予防活動支援事業	**住民主体**の介護予防活動の育成・支援を行う
一般介護予防事業評価事業	**介護保険事業計画**に定める目標値の達成状況などを検証し、一般介護予防事業の評価を行う
地域リハビリテーション活動支援事業	介護予防の取組を機能強化するため、通所、訪問、地域ケア会議、住民主体の通いの場などへの**リハビリテーション専門職**などによる助言などを実施

例題

Q　介護保険制度の地域支援事業における介護予防・生活支援サービス事業は、被保険者のうち、居宅で生活している要介護者及び要支援者が幅広く対象となっている。　〔第32回-問133〕

A　×　介護予防生活支援サービス事業の対象者は、要支援認定を受けた者及び基本チェックリスト該当者である。

2 包括的支援事業

包括的支援事業は、**市町村**の委託を受け、**地域包括支援センター**が行います。ただし、2014（平成26）年の法改正で追加された**在宅医療・介護連携推進事業**、**生活支援体制整備事業**、**認知症総合支援事業**については、地域包括センター以外にも委託が可能、また、2023（令和５）年の法改正で、**総合相談支援業務**についても指定居宅介護支援事業者その他の厚生労働省令で定める者に委託することが可能とされました。なお、**地域ケア会議推進事業**は、法律上は包括的支援事業の位置づけではありませんが、「地域支援事業実施要綱」においては、包括的支

援事業として事業を実施するとされています。

■包括的支援事業

第1号介護予防支援事業（要支援者以外）	サービスを利用するために**地域包括支援センター**がケアプランを作成（指定居宅介護支援事業所に委託可能）
総合相談支援業務	**状況を把握**し、地域におけるサービスや機関の情報提供、連絡調整、介護を行う家族に対する支援（任意事業の家族介護支援事業を連携して支援）などを行う
権利擁護業務	虐待防止と早期発見、その他消費者被害の防止や対応など被保険者の権利を擁護するための活動を行う
包括的・継続的ケアマネジメント支援業務	**包括的**かつ**継続的**なサービスを提供できる地域の体制を構築する支援と、介護支援専門員へのサポートを行う
在宅医療・介護連携推進事業	地域の医療・介護関係者による会議、研修等により、**在宅医療**と**介護**の一体的な提供ができる体制づくりの推進を図る
生活支援体制整備事業	生活支援**コーディネーター**（地域支え合い推進員）、就労**的活動支援コーディネーター**（就労**的活動支援員**）、地域住民、ボランティア、NPOなど、多様な主体を活用した重層的な生活支援体制の構築の推進を図る
認知症総合支援事業	認知症の早期診断、早期対応、症状の悪化防止などを目的に、認知症あるいはその疑いのある者への総合的な支援。認知症初期集中支援チーム※による訪問支援、本人・家族の相談に応じ、地域の支援機関との連携等を支援する認知症地域支援推進員の設置、チームオレンジコーディネーターを配置し、認知症サポーターを中心とする支援と認知症の人や家族の支援ニーズをつなぐチームオレンジを整備して、共生の地域づくりなどを進める
介護情報の収集・提供等に係る事業	被保険者の保健医療の向上と福祉の増進を図るため、被保険者、介護サービス事業者その他の関係者が被保険者に係る情報を共有し、活用することを促進する事業（次ページ「ひとこと」参照）
地域ケア会議推進事業	個別ケースを検討する会議から地域課題の解決を検討する場まで一体的に取組み、地域を包括的に支援する

ひとこと

介護情報の収集・提供等に係る事業は、2023（令和５）年の改正で創設された事業で、施行は公布後４年以内の政令で定める日とされています。

※認知症初期集中支援チーム

認知症の人やその家族に早期に関わる、医療・介護・福祉の専門職で構成されるチームであり、初期の支援を包括的、集中的（おおむね６か月）に行う。支援の対象は40歳以上で、自宅で生活している認知症の人や認知症が疑われている人であり、❶認知症の診断を受けていない、または治療を中断している、❷医療や介護サービスなどを利用していない、または中断している、❸医療や介護サービスを利用していても症状が悪化して対応に悩んでいる、のいずれかに該当する人。

例題

Q　総合相談支援業務では、日常生活自立支援事業や成年後見制度といった権利擁護を目的とするサービスや制度を利用するための支援などが行われる。〔第29回−問131〕

A　×　総合相談支援業務では、保健医療の向上や福祉の増進を図るための総合的な支援が行われる。記述は、**権利擁護業務**で行われる内容である。

3 地域包括ケアシステム

地域包括ケアシステムとは、地域の実情に応じて、高齢者が可能な限り**住み慣れた地域**でその有する能力に応じ**自立**した日常生活を営むことができるよう、医療、介護、介護予防、住まい及び自立した日常生活の支援が包括的に確保される体制のことをいいます。

国民の医療や介護需要の増大、認知症高齢者の増加などの状況に対応するため、厚生労働省は2025（令和７）年を目途に、**高齢者の尊厳の保持**と**自立生活の支援**を目的とした、**地域の包括的な支援・サービス提供体制**（**地域包括ケアシステ**

ム）構築の実現を目指しています。

市町村では、2025（令和７）年に向けて、**３年**ごとの**介護保険事業計画**の策定・実施を通じて、地域の自主性や主体性に基づき、その地域の特性に応じた地域包括ケアシステムを構築すべく動き始めています。

■地域包括ケアシステムのイメージ

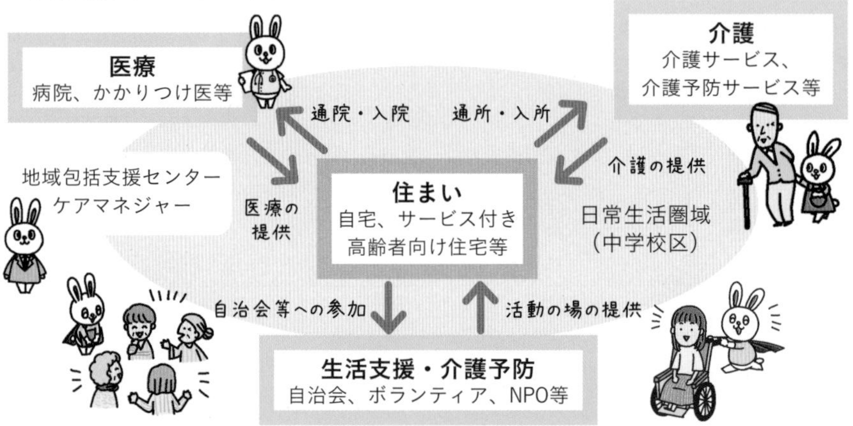

◆医療介護総合確保法

2014（平成26）年、『地域における医療及び介護の総合的な確保を推進するための関係法律の整備等に関する法律』（医療介護総合確保法）が制定されました。

この法律では、高齢者をはじめとする国民の健康の保持及び福祉の増進を図り、国民が生きがいをもって健康で安らかな生活を営むことができる地域社会の形成を目的に、地域において**効率的かつ質の高い医療提供体制**を構築するとともに、地域包括ケアシステムを構築することを通じ、地域における**医療**及び**介護**の総合的な確保を促進する措置を行うことが定められています。

CHAPTER 1
SECTION 7 介護報酬

このSECTIONのポイント

- ◆介護報酬の概要…介護報酬の算定構造などを理解しましょう
- ◆支給限度基準額…支給限度基準額が適用されるサービスを覚えましょう
- ◆利用者負担の軽減…利用者負担の各軽減策についておさえましょう

重要度A 介護報酬の概要

1 介護報酬の算定基準

◆介護報酬とは

介護報酬は介護サービスの価格であり、保険給付と利用者負担によってまかなわれます。サービス提供事業所は、介護報酬の保険給付分を保険者に、利用者負担分を利用者にそれぞれ請求し、受け取ります。

◆介護報酬の算定構造

介護サービスの費用（**介護給付費**）の算定には、**厚生労働大臣**が定める基準が使われます。サービスの**種類**ごとに、内容、要介護・要支援状態区分、事業所**所在地**などをもとに定められ、この基準に基づいて個々の介護報酬が計算されます。地域密着型サービスと地域密着型介護予防サービスについては、基準を限度として**市町村**が独自に定めることもできます。

基準は、「単位」で表され、これを**介護給付費単位数表**とよびます。この単位数表で単位を求め、１単位の単価をかけて金額に換算します。１単位の単価は**10**円を基本とし、事業所所在地とサービスの種類により一定割合を乗じます。

3年ごとに改定され、改定にあたっては、厚生労働大臣はあらかじめ**社会保障審議会**の意見を聴くこととされています。

例題

Q 介護報酬の算定基準を定める場合、厚生労働大臣はあらかじめ財務大臣及び総務大臣の意見を聴かなければならないこととなっている。〔第33回-問131〕

A × 介護報酬の算定基準を定める場合、厚生労働大臣は、あらかじめ**社会保障審議会**の意見を聴かなければならない。

2 請求と支払い

介護サービス事業者や施設は、月ごとに提供したサービスの単位数を計算し、その**1割**（一定以上所得者は**2割**。そのうち特に所得の高い層については**3割**）を**利用者本人**、残り**9割**（同**8割**。同**7割**）を**国民健康保険団体連合会**（国保連）**を通して市町村に請求**し、支払いを受けます。

3 介護報酬の消滅時効等

保険給付を受けるのは、保険料を支払っている被保険者の権利です。これを**受給権**といいますが、**受給権**は譲渡したり、担保に供したりすることはできないとされています。また、**受給権**を差し押さえることもできません。ただし、被保険者が償還払いで介護給付費を請求する場合、被保険者がサービス費用を支払った**翌日**から起算して**2**年で、時効により権利は消滅します。また、サービス提供事業者が介護報酬を請求する権利は、サービス提供月の**翌々々月の1日**から起算して**2**年で消滅します。

上記の消滅時効に対し、市町村が介護報酬を過払いした場合の返還請求権の消滅時効は**5**年とされています。

重要度B 支給限度基準額

介護保険のサービスは無限に提供できるものではありません。事業者や施設には限りがあり、無制限にサービス受給を認めれば、一部の人にサービスが偏ったり、給付と負担のバランスが不適切になったりするおそれがあります。そのため、保険給付には**支給限度基準額**が設けられています。この基準額を超えたサービスについては、**全額**が自己負担になります。

要介護・要支援状態区分ごとに設けられた上限額を**区分支給限度基準額**といいます。区分に含まれるサービスには、次の種類があり、支給限度基準額の範囲内で複数のサービスを選択することができます。

区分支給限度基準額

サービスの種類

❶訪問介護
❷(介護予防) 訪問入浴介護
❸(介護予防) 訪問看護
❹(介護予防) 訪問リハビリテーション
❺通所介護
❻(介護予防) 通所リハビリテーション
❼(介護予防) 短期入所生活介護
❽(介護予防) 短期入所療養介護
❾特定施設入居者生活介護（短期利用に限る）
❿(介護予防) 福祉用具貸与
⓫定期巡回・随時対応型訪問介護看護
⓬夜間対応型訪問介護
⓭地域密着型通所介護
⓮(介護予防) 認知症対応型通所介護
⓯(介護予防) 小規模多機能型居宅介護
⓰(介護予防) 認知症対応型共同生活介護（短期利用に限る）
⓱地域密着型特定施設入居者生活介護（短期利用に限る）
⓲看護小規模多機能型居宅介護

適用外のサービス

- 居宅療養管理指導（介護予防も含む）

- 特定施設入居者生活介護（利用期間を定めないもの）
- 介護予防特定施設入居者生活介護
- 認知症対応型共同生活介護（利用期間を定めないもの）
- 介護予防認知症対応型共同生活介護
- 地域密着型特定施設入居者生活介護（利用期間を定めないもの）
- 地域密着型介護老人福祉施設入所者生活介護

区分支給限度基準額は、１か月を単位に限度額を管理します（限度額管理期間）。月の途中に要介護度が変わった利用者の区分支給限度基準額は、**重い**方の要介護度の区分支給限度基準額が適用されます。

また、福祉用具購入費と住宅改修費は、区分支給限度額とは別に、**厚生労働大臣**により支給限度基準額が定められています。福祉用具購入費支給限度基準額（介護予防含む）は、同一年度で**10**万円、住宅改修費支給限度基準額（介護予防含む）は、居住する住宅あたり**20**万円と設定されています。

なお、区分支給限度基準額、福祉用具購入費支給限度基準額、住宅改修費支給限度基準額については、市町村が条例で、厚生労働大臣が定める額を上回る支給限度基準額を定めることができます（**上乗せサービス**）。また、市町村のサービス基盤の状況により、市町村は、区分支給限度基準額の範囲内で独自にサービスの種類ごとの上限額（**種類支給限度基準額**）を条例で定めることができます。

重要度C　利用者負担の軽減

利用者の支払った費用が自己負担限度額を超えた場合に、所得額に応じて給付が行われる利用者負担の軽減制度があります。

具体的には、介護給付の**高額介護サービス費**、**高額医療合算介護サービス費**、**特定入所者介護サービス費**などがあり、それぞれ同様のサービスが予防給付にも含まれています。

■高額介護サービス費、高額医療合算介護サービス費、特定入所者介護サービス費

高額介護サービス費 高額介護予防サービス費	介護サービス費が自己負担限度額を超えた場合に、**償還払い**によって、市町村から差額が給付される制度
高額医療合算介護サービス費 高額医療合算介護予防サービス費	介護サービス費と医療費の合計が自己負担限度額を超えた場合に、**償還払い**によって、市町村から差額が給付される制度（医療保険における**高額療養費**を差し引いても、限度額を超えていることが条件）
特定入所者介護サービス費 特定入所者介護予防サービス費 （補足給付）	**特定入所者**（市町村民税の非課税世帯や生活保護受給者など）が、**特定介護サービス**（施設サービスや短期入所サービスなど）を受けたときに、食事や居住に要した費用が自己負担限度額を超えた場合に、市町村から差額が給付される制度。原則として**現物給付**とされている

例題

Q 特定入所者介護サービス費は、介護保険施設入所者のうちの「低所得者」に対し、保険給付にかかる定率負担の軽減を図るものとなっている。 〔第33回-問131〕

A × 特定入所者介護サービス費は、低所得者が施設サービスや短期入所サービスを利用した際の**居住費・滞在費・食費**が対象。これらの費用は保険給付の対象外となることから、低所得者には負担限度額が設定され、超えた分が現物給付される。

CHAPTER 1
SECTION 8

介護保険制度における組織及び団体の役割

このSECTIONのポイント

- ◆国の役割…基本方針や枠組みを定める国の役割を知っておきましょう
- ◆市町村の役割…実質的な運営を担う市町村の役割をおさえておきましょう
- ◆都道府県の役割…市町村の支援を行う都道府県の主な役割をおさえましょう
- ◆指定サービス事業者の役割…介護サービスを提供する指定サービス事業者の指定要件や責務について理解しましょう
- ◆国民健康保険団体連合会の役割…介護保険制度における国民健康保険団体連合会の主な役割を理解しましょう
- ◆介護保険制度における公私の役割関係…地域包括ケアシステムにおいて「自助・互助・共助・公助」のそれぞれの取組が必要なことを理解しましょう

重要度C 国の役割

国は、法令の制定など介護保険制度における基本方針や基本的枠組みを決める役割を担っています。国の主な役割は次のとおりです。

国の主な役割

◆介護保険制度の運営に必要な基準の設定

→要介護・要支援認定の基準、介護報酬や区分支給限度基準額の設定、サービス提供事業者・施設の基準など

◆介護サービス基盤の整備

◆介護保険に係る財政負担
定率負担、調整交付金の交付、財政安定化基金への拠出など

◆市町村、都道府県、社会保険診療報酬支払基金などに対する助言・監督・指導

重要度B 市町村の役割

介護保険制度の保険者である市町村は、介護保険の実質的な運営を行うためのさまざまな役割を担っています。市町村の主な役割は次のとおりです。

市町村の主な役割

◆被保険者の資格管理
認定資格の管理、被保険者台帳の作成、被保険者証の発行・更新、住所地特例の管理など

◆要介護・要支援認定に関する事務
介護認定審査会の設置を含む

◆保険給付
現物給付の審査及び支払い→国民健康保険団体連合会に委託、居宅サービス計画の届出受付、償還払いの給付、福祉用具購入費・住宅改修費・高額介護サービス費など、種類支給限度基準額の設定、区分支給限度基準額の上乗せ、市町村特別給付など

◆保険料の徴収
第1号被保険者の保険料の徴収など

◆介護保険に係る財政運営
特別会計を設置して行う

◆保健福祉事業の実施

◆市町村介護保険事業計画の策定

→ 3年ごと

◆地域支援事業の実施

◆地域包括支援センターの設置・運営・情報の公表

◆地域密着型サービス事業者などの指定・指導・監督

重要度 B

都道府県の役割

都道府県は、介護保険制度の保険者である市町村の支援を行うことが主な役割です。

都道府県の主な役割

◆保険者の支援・指導

→ 市町村による介護認定審査会の共同設置などの支援、都道府県介護認定審査会の設置・運営、市町村介護保険事業計画作成への助言など

◆介護サービス基盤の整備

→ サービス提供事業者・施設の指定・許可・指導・監督など

◆介護サービス情報の公表

→ 指定情報公表センターの指定

◆介護保険審査会の設置・運営

◆介護保険に係る財政支援

→ 定率負担、財政安定化基金の設置・運営など

◆介護支援専門員の養成・登録など

◆都道府県介護保険事業支援計画の策定

→ 3年ごと

◆国民健康保険団体連合会の指導・監督

重要度 B　指定サービス事業者の役割

介護保険制度における居宅サービスや施設サービスを提供する事業者のうち、介護保険の適用を受けるサービスを提供する事業者のことを**指定サービス事業者**といいます。**指定サービス事業者**になるには、手続き上、**都道府県知事**または**市町村長**に**申請**をし、**指定**を受ける必要があります。指定を受ける際には指定要件が満たされているかどうかが確認され、指定はサービスの種類ごと、事業所ごとに行われます。

■**指定サービス事業者の指定、指定要件、役割など**

	内容	
指定	**都道府県知事**指定 （**6年**ごとに更新）	**市町村長**指定 （**6年**ごとに更新）
事業者	指定居宅サービス事業者、指定介護予防サービス事業者、介護保険施設	指定地域密着型サービス事業者、指定地域密着型介護予防サービス事業者、指定居宅介護支援事業者、指定介護予防支援事業者
指定要件	**法人**であり、**人員基準**や**運営・設備基準**を満たすこと （指定の取消しを受けた事業者については、指定の取消しの日から起算して、5年を経過すれば指定を受けることができる）	
役割	介護保険法に基づく指定基準に沿って、在宅の要介護者・要支援者に対する居宅サービス、介護予防サービスを行うこと	
責務	●利用者の心身の状況などに応じて適切なサービスを提供するとともに、自らその提供するサービスの質の**評価**を行ったりして、常にサービスを受ける者の立場に立ってサービスを提供するように努めなければならない ●利用者から提示された被保険者証に、**介護認定審査会意見**が記載されている場合は、これに配慮してサービスの提供に努めなければならない ●市町村、他の居宅サービス事業者、保健医療サービスや福祉サービスを提供する者との**連携**に努めなければならない ●**事業の廃止**または**休止**の届出をした場合は、引き続きこれまでのサービスに相当するサービスの提供を希望する利用者に対し、必要なサービスなどが継続的に提供されるよう関係者との連絡調整その他の便宜の提供を行わなければならない	

例題

Q 介護保険法における指定居宅サービス事業者（地域密着型サービスを除く）は、市町村長が指定を行う。〔第30回-問132・改〕

A × 介護保険法における指定居宅サービス事業者（地域密着型サービスを除く）は、**都道府県知事**が指定を行う。

重要度B 国民健康保険団体連合会の役割

国民健康保険団体連合会とは、『国民健康保険法』第83条に基づいて設立された公法人です。国民健康保険の保険者が共同で設置した団体であり、**各都道府県に1団体設立**されています。

なお、**国民健康保険団体連合会**を統括する団体として**国民健康保険中央会**があります。

国民健康保険団体連合会の主な役割

- **市町村**の委託を受けて、**介護給付費**の審査及び支払いを行うとともに、**介護予防・日常生活支援総合事業**の費用の支払いを行う
  - → 介護給付費の審査のために、**介護給付費審査委員会**を設置
- 介護サービスなどの質の向上に関する**調査**
- **苦情処理業務**
  - → 利用者や家族などからの苦情に基づいて、事実確認を行い、当該サービス事業者・施設に対して**指導及び助言**を行う

重要度B 介護保険制度における公私の役割関係

厚生労働省が推進する**地域包括ケアシステム**においては、高齢者が可能な限り住み慣れた地域で生活を継続することができるよう**包括的な支援・サービス提供体制の構築**を目指しています。そのためには、「**自助・互助・共助・公助**」のそれぞれで役割分担しながら取り組んでいくことが必要であるとしています。

CHAPTER 1

SECTION 9 老人福祉法

このSECTIONのポイント

◆老人福祉法…目的と理念などについて理解し、規定される事業や施設については、介護保険サービスとの違いや関係をおさえておきましょう

重要度B 老人福祉法

1 老人福祉法の概要

1963（昭和38）年、老人の心身の健康の保持と生活の安定のために必要な措置を講じ、老人の福祉を図ることを目的として、**『老人福祉法』**が制定されました。

→老人福祉法の変遷についてはp.25参照

●ここがポイント

老人福祉法の概要

基本的理念（第2、3条）	◆老人は、多年にわたり社会の進展に寄与してきた者として、かつ、豊富な知識と経験を有する者として敬愛されるとともに、**生きがい**を持てる健全で安らかな生活を保障されるものとする ◆老人は老齢に伴って生ずる心身の変化を自覚して、常に心身の健康を保持し、又は、その知識と経験を活用して、**社会的活動**に参加するように努めるものとする

基本的理念（第２、３条）	◆老人は、その希望と能力とに応じ、適当な **仕事** に従事する機会その他 **社会的活動** に参加する機会を与えられるものとする
老人福祉増進の責務（第４条）	◆国及び地方公共団体は、老人の **福祉** を増進する責務を有する ◆国及び地方公共団体は、老人の福祉に関係のある施策を講ずるに当たっては、**基本的理念** が具現されるように配慮しなければならない ◆老人の生活に直接影響を及ぼす事業を営む者は、その事業の運営に当たっては、老人の **福祉** が増進されるように努めなければならない

ひとこと

老人福祉法では、９月15日を**老人の日**、９月15～21日を**老人週間**としています。

2 老人福祉法に基づく措置

『老人福祉法』では、**市町村**による福祉の措置として、居宅における介護などの提供や老人ホームなどへの入所などを定めています。

◆居宅における介護などの措置

65歳以上の者で、身体上または精神上の障害があるために日常生活を営むのに支障がある者が、やむを得ない事由により介護保険によるサービスを利用することが著しく困難な場合には、**市町村**の措置により**老人居宅生活支援事業**を利用できます。

→老人居宅生活支援事業についてはp.80参照

◆老人ホームへの入所などの措置

養護老人ホームへの入所の措置

→ 市町村は、**65歳以上**の者であって
→ **環境上の理由**※及び**経済的理由**※により**居宅において養護を受けることが困難な者**を
→ 当該市町村の設置する**養護老人ホーム**に入所させ、または当該市町村以外の者の設置する**養護老人ホーム**に入所を委託する

特別養護老人ホームへの入所の措置

→ 市町村は、**65歳以上**の者であって
→ 身体上または精神上著しい障害があるために**常時介護を必要**とし、**かつ、居宅においてこれを受けることが困難な者**が
→ やむを得ない事由により介護保険法に規定する地域密着型介護老人福祉施設または介護老人福祉施設に入所することが著しく困難であると認めるときは
→ その者を当該市町村の設置する**特別養護老人ホーム**に入所させ、または当該市町村以外の者の設置する**特別養護老人ホーム**に入所を委託する

※環境上の理由／経済的理由
環境上の理由とは、健康状態、家族や住居の状況などから在宅で生活することが困難な者であると認められることをいう。
経済的理由とは、❶生活保護を受けていること、❷前年度の所得による市町村民税の所得割の額がないこと、❸災害その他の事情によって世帯の生活の状態が困窮していることのいずれかに該当することをいう。

◆福祉の措置の実施者

65歳以上の者（65歳未満で特に必要があると認められる者も含む）またはその者を養護する者に対する福祉の措置は、**65歳以上の者が居住地を有するとき**は、その**居住地の市町村**が、**居住地を有しないまたはその居住地が明らかでないとき**は、その**現在地の市町村**が措置を行います。

市町村は、措置にあたり、❶必要な実情の把握、❷必要な情報の提供及び相談、❸必要な調査及び指導の業務を行うことになっています。

例題

Q やむを得ない事由で介護保険法の保険給付などが利用できない場合、市町村が採ることのできる福祉の措置の一つとして、居宅における介護等が規定されている。 〔第35回-問134〕

A ○ 市町村の措置による**老人居宅生活支援事業**の利用や**特別養護老人ホーム**への入所等が規定されている。

3 老人居宅生活支援事業と老人福祉施設及びその他の施設

『老人福祉法』では、次の6つの事業が**老人居宅生活支援事業**として規定されています。

老人居宅生活支援事業

❶**老人居宅介護等**事業
❷**老人デイサービス**事業
❸**老人短期入所**事業
❹**小規模多機能型居宅介護**事業
❺**認知症対応型老人共同生活援助**事業
❻**複合型サービス福祉**事業

また、老人福祉施設などについては、次のように規定されています。

■老人福祉施設

老人デイサービスセンター	**65歳以上**で、身体上または精神上の障害があるために日常生活を営むのに支障がある者が**通い**、入浴・食事・排泄などの介護や機能訓練などを行う施設
老人短期入所施設	**65歳以上**で、養護者の疾病その他の理由により、居宅において介護を受けることが**一時的**に困難になった者を**短期間入所**させて養護する施設
養護老人ホーム	**65歳以上**で、**環境上の理由**や**経済的理由**により居宅で養護を受けることが困難な者を入所させ、入所者の心身の状況などに応じて、社会復帰の促進及び自立のために必要な指導や訓練などを行う施設

特別養護老人ホーム	**65歳以上**の、**常時介護**が必要で、居宅での生活が困難な者を入所させて養護する施設
軽費老人ホーム	無料または低額な料金で入所させ、食事の提供や日常生活上必要な便宜を供与する施設 → 原則、**60歳以上**の者を対象とするが、60歳以上の配偶者と共に利用する場合は**60歳未満**でも利用できる
老人福祉センター	無料または低額な料金で各種相談に応じるとともに、健康の増進や教養の向上及びレクリエーションなどのための便宜を供与する施設
老人介護支援センター	**高齢者**や**養護者**、**地域住民**などからの相談に応じ、必要な助言を行うとともに、居宅で介護を受ける高齢者や養護者と市町村や老人居宅生活支援事業を行う者などとの**連絡調整**などを行う施設

ひとこと

養護老人ホームの居室１室当たりの定員は**原則として１人**ですが、処遇上必要と認められる場合には**２人**とすることができます。

■老人福祉施設以外の施設

有料老人ホーム	高齢者を**入居**させ、入浴・食事・排泄などの介護や食事の提供などを行う施設であって、老人福祉施設や認知症対応型老人共同生活援助事業を行う住居などの施設でないもの
老人休養ホーム	景勝地や温泉地などの休養地に、高齢者の保健・休養や安らぎ、憩いの場として設置された**宿泊施設**
老人憩いの家	**地域**の高齢者に対して、無料または低額な料金で、教養の向上やレクリエーションなどのための場所を提供し、高齢者の心身の健康を図る施設
生活支援ハウス（高齢者生活福祉センター）	高齢者に対して、**介護支援機能**、**居住機能**及び地域における**交流機能**を総合的に提供する複合施設

◆老人福祉施設の設置者

老人福祉施設の設置者については、次のように規定されています。

■老人福祉施設の設置者

設置者	設置することができる施設
都道府県	老人福祉施設
国及び都道府県以外の者	●老人デイサービスセンター、老人短期入所施設、老人介護支援センター（厚生労働省令で定める事項を都道府県知事に届け出る） ●軽費老人ホームまたは老人福祉センター（『社会福祉法』の定めるところによる）
市町村及び地方独立行政法人	養護老人ホームまたは特別養護老人ホーム（厚生労働省令で定める事項を都道府県知事に届け出る）
社会福祉法人	養護老人ホームまたは特別養護老人ホーム（都道府県知事の認可を受ける）

◆市町村老人福祉計画

『老人福祉法』において、市町村は、老人福祉事業（**老人居宅生活支援事業**及び**老人福祉施設**による事業）の供給体制の確保に関する計画（**市町村老人福祉計画**）を策定することが義務づけられています。なお、市町村老人福祉計画は**市町村介護保険事業計画**と一体のものとして作成されることになっており、地域包括ケア計画とも呼ばれます。

◆都道府県老人福祉計画

『老人福祉法』において、都道府県は、**市町村老人福祉計画**の達成に資するため、各市町村を通ずる広域的な見地から、老人福祉事業の供給体制の確保に関する計画（**都道府県老人福祉計画**）を策定することが義務づけられています。なお、都道府県老人福祉計画は**都道府県介護保険事業支援計画**と一体のものとして作成されることになっています。

CHAPTER 1

SECTION 10

高齢者虐待防止法

このSECTIONのポイント

◆**高齢者虐待防止法の目的と高齢者虐待の定義**…高齢者虐待防止法の目的、虐待の種類についておさえておきましょう

◆**虐待予防の取組**…高齢者虐待防止法で定められた高齢者の保護や支援についておさえておきましょう

◆**虐待発見時の対応**…虐待発見時の対応の流れを理解しましょう

重要度B　高齢者虐待防止法の目的と高齢者虐待の定義

1　高齢者虐待防止法の目的

2005（平成17）年に『高齢者虐待の防止、高齢者の養護者に対する支援等に関する法律』（**高齢者虐待防止法**）が制定されました。

この法律は、高齢者の**尊厳の保持**にとって高齢者に対する虐待を防止することが重要であると考え、高齢者虐待の防止に関する国・地方公共団体や国民の責務、虐待を受けた高齢者の保護、養護者に対する支援などを定め、高齢者の権利利益を守ることを目的としています。

『高齢者虐待防止法』では、高齢者に対する、**養護者及び養介護施設従事者等**による虐待行為を**高齢者虐待**と定義しています。

高齢者虐待防止法の用語の定義

- **高齢者**…**65歳以上**の者
- **養護者**…高齢者を現に養護する者であって**養介護施設従事者等**以外の者
- **養介護施設従事者等**…養介護施設※または養介護事業※の業務に従事する者

※養介護施設／養介護事業

養介護施設とは、老人福祉法による老人福祉施設・有料老人ホーム、介護保険法による介護老人福祉施設・介護老人保健施設・介護医療院・地域密着型介護老人福祉施設・地域包括支援センターのこと。

養介護事業とは、老人福祉法による老人居宅生活支援事業、介護保険法による居宅サービス事業・地域密着型サービス事業・居宅介護支援事業・介護予防サービス事業・地域密着型介護予防サービス事業・介護予防支援事業のこと。

◆障害者虐待防止法の成立に伴う法改正

2011（平成23）年の『障害者虐待の防止、障害者の養護者に対する支援等に関する法律』（障害者虐待防止法）の制定に伴い、『高齢者虐待防止法』の一部が改正され、2012（平成24）年10月１日より、『老人福祉法』及び『介護保険法』に規定される**養介護施設・養介護事業を利用する65歳未満の障害者**も高齢者とみなされることになりました。

2 高齢者虐待の種類

『高齢者虐待防止法』では、高齢者虐待を、**身体的虐待、ネグレクト（介護等放棄）、心理的虐待、性的虐待、経済的虐待**の５つの行為に分類しています。

●ここがポイント

虐待の種類

身体的虐待	身体に外傷が生じ、または生じるおそれのある暴行を加えること
ネグレクト（介護等放棄）	著しい減食や長時間の放置、養護者以外の同居人による虐待行為の放置など、養護を著しく怠ること
心理的虐待	著しい暴言や著しく拒絶的な対応などの心理的外傷を与える言動を行うこと

性的虐待	わいせつな行為をしたり、させたりすること
経済的虐待	財産を不当に処分したり、不当に財産上の利益を得たりすること、日常生活に必要な 金銭 を渡さない・使わせないこと

重要度B 虐待予防の取組

1 高齢者虐待の防止と養護者に対する支援

『**高齢者虐待防止法**』では、高齢者虐待の防止、高齢者虐待を受けた高齢者の迅速かつ適切な保護及び適切な養護者に対する支援について、次のように規定しています。

■養護者による高齢者虐待への対応

相談・指導・助言	市町村は、**高齢者**や**養護者**に対して、相談、指導、助言を行う
高齢者虐待の通報	高齢者虐待を発見した者は、 ❶高齢者の**生命**または**身体**に**重大な危険**が生じている場合は、速やかに**市町村に通報しなければならない【義務】** ❷上記❶以外の場合は、速やかに**市町村に通報するよう努めなければならない【努力義務】**
高齢者の保護	緊急に対応が必要であると認められた場合には、高齢者を一時的に**保護**するために老人短期入所施設などに入所させ、必要な**居室**を確保する
専門的に従事する職員の確保	**市町村**は、養護者による高齢者虐待の防止、高齢者虐待を受けた高齢者の保護、養護者に対する支援を実施するために、これらの事務に専門的に従事する**職員**を確保するよう努めなければならない

連携協力体制の整備	市町村は、高齢者虐待の対応にあたって、**老人介護支援センター**や**地域包括支援センター**などとの**連携協力体制**を整備しなければならない
事務の委託	**市町村**は、高齢者や養護者への相談・指導・助言、高齢者虐待に係る通報または届出の受理、事実確認などの業務を、地域包括支援センターなどの**高齢者虐待対応協力者**のうち適当と認められるものに**事務委託**することができる
対応窓口や協力者の周知	**市町村**は、養護者による虐待の防止、虐待の通報または届出の受理、養護者による高齢者虐待を受けた高齢者の保護、養護者に対する支援などに関する事務について対応する窓口や高齢者虐待対応協力者を明示し、**周知**させなければならない
面会の制限	虐待を受けた高齢者を老人福祉法による措置により養介護施設に入所させた場合、**市町村長**・**養介護施設長**は、虐待を行った養護者と高齢者との**面会を制限**することができる

養介護施設、養介護施設従事者等による高齢者虐待への対応

◆**研修**の実施

◆利用者とその家族からの**苦情処理**体制の整備

◆養介護施設従事者等による高齢者虐待発見時の**市町村**への通報義務

→生命または身体への重大な危険の有無にかかわらず、速やかに通報しなければならない

◆**都道府県知事**による情報公開

→養介護施設従事者等による高齢者虐待の状況や対応措置などを毎年度公表する

2 高齢者虐待の現状

◆相談・通報件数と虐待判断件数

「令和４年度『高齢者虐待の防止、高齢者の養護者に対する支援等に関する法律』に基づく対応状況等に関する調査結果」（厚生労働省）によると、2022（令和４）年度の「高齢者虐待に関する相談・通報件数」及び「高齢者虐待と認め

られた件数（虐待判断件数）」を前年度と比較すると、養護者による相談・通報件数は1913件の**増加**、虐待判断件数は243件の**増加**、養介護施設従事者等による相談・通報件数は405件の**増加**、虐待判断件数は856件の**増加**となっています。

■高齢者虐待の相談・通報件数と虐待判断件数の推移

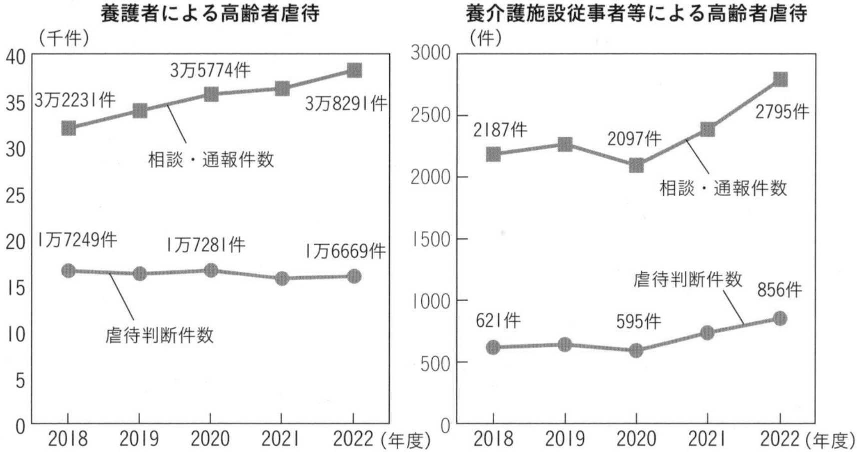

出典：厚生労働省「令和４年度高齢者虐待の防止、高齢者の養護者に対する支援等に関する法律に基づく対応状況等に関する調査結果」より作成

◆高齢者虐待の種別

同調査によると、養護者による高齢者虐待の種別では、❶**身体的虐待**65.3%、❷**心理的虐待**39.0%、❸**介護等放棄（ネグレクト）**19.7%、❹**経済的虐待**14.9%、❺**性的虐待**0.4%の順、養介護施設従事者等によるものでは、❶**身体的虐待**57.6%、❷**心理的虐待**33.0%、❸**介護等放棄（ネグレクト）**23.2%、❹**経済的虐待**3.9%、❺**性的虐待**3.5%の順となっています。

◆施設・事業所別にみた養介護施設従事者等による高齢者虐待

「令和４年度『高齢者虐待の防止、高齢者の養護者に対する支援等に関する法律』に基づく対応状況等に関する調査結果」によると、**2022（令和４）年度**の養介護施設従事者等による高齢者虐待について、**虐待の事実が認められた施設・事業所の種別**でみると、❶**特別養護老人ホーム（介護老人福祉施設）**32.0%、❷**有料老人ホーム**25.8%、❸**認知症対応型共同生活介護（グループホーム）**

11.9%、❹**介護老人保健施設**10.5%の順となっています。このうち、4分の1強（27.1%）の施設・事業所が、過去に何らかの**指導**等（虐待以外の事案に関する指導等を含む）を受けています。

虐待の発生要因については、「教育・知識・介護技術等に関する問題」が**56.1**%で最も多く、「職員のストレスや感情コントロールの問題」が23.0%、「虐待を助長する組織風土や職員間の関係の悪さ、管理体制等」が22.5%、「倫理観や理念の欠如」が17.9%、「人員不足や人員配置の問題及び関連する多忙さ」が11.6%となっています。

被虐待高齢者のうち、認知症日常生活自立度「Ⅱ」以上の人が全体の8割以上（80.4%）を占めています。

◆被虐待者の年齢と性別

虐待を受けた人の年齢では、養護者による高齢者虐待では、**80～84**歳が25.3%で最も多く、次いで**85～89**歳が20.7%、養介護施設従事者等によるものでは、**85～89**歳が23.8%で最も多く、次いで**90～94**歳が23.5%となっています。性別は、養護者によるものが75.8%、養介護施設従事者等が71.7%、といずれも女性が圧倒的に多くなっています。

ひとこと

虐待を行った養護者は、息子が最も多く、次いで夫、娘の順となっています。

例題

Q 「令和4年度「高齢者虐待調査結果」によると、「養介護施設従事者等」による高齢者虐待の発生要因として最も多いものは、「倫理観や理念の欠如」である。〔第32回－問135・改〕

A ×

養介護施設従事者等による高齢者虐待の発生要因については、「**教育・知識・介護技術**等に関する問題」が最も多い。

重要度 B　虐待発見時の対応

家庭における虐待への対応の流れは次のようになります。通報に代えて本人が**市町村**へ届け出ることも可能です。

■虐待発見時の対応の流れ

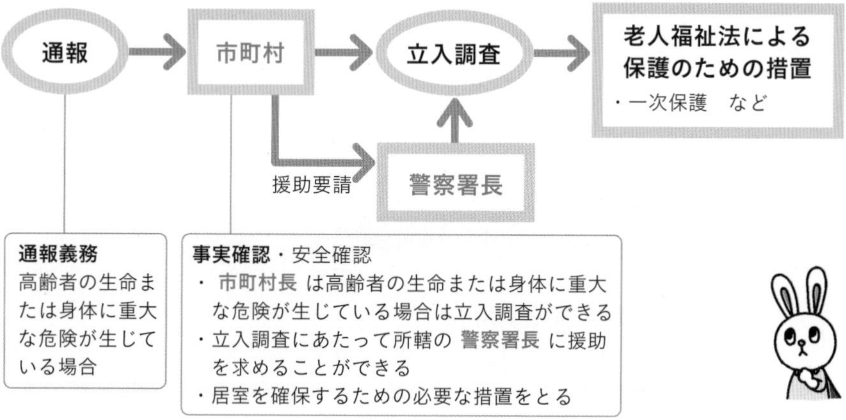

施設などでの虐待への対応は、

❶施設内で虐待を受けた高齢者を発見した場合の施設等職員の**通報義務**（生命または身体に重大な危険が生じている場合に**限らない**）

❷通報を受けた**市町村**は都道府県に**報告**

❸通報・報告を受けた**市町村長**または都道府県知事は、老人福祉法または介護保険法による**監督**権限を行使する

となります。

高齢者虐待防止法において、養介護施設、病院、保健所その他高齢者の福祉に業務上関係のある団体及び養介護施設従事者等、医師、保健師、弁護士その他高齢者の福祉に職務上関係のある者は、高齢者虐待を発見しやすい立場にあることを自覚し、高齢者虐待の**早期発見**に努めなければならないことが規定されています。

CHAPTER 1
SECTION 11

バリアフリー法

このSECTIONのポイント

◆バリアフリー法の概要…法制定の変遷、概要などをおさえましょう

重要度C　バリアフリー法の概要

1　バリアフリー法の制定

1994（平成６）年に制定された**『高齢者、身体障害者等が円滑に利用できる特定建築物の建築の促進に関する法律』**（**ハートビル法**）と、2000（平成12）年に制定された**『高齢者、身体障害者等の公共交通機関を利用した移動の円滑化の促進に関する法律』**（**交通バリアフリー法**）を統合・拡充させて、2006（平成18）年に**『高齢者、障害者等の移動等の円滑化の促進に関する法律』**（**バリアフリー法**）が制定されました。

『バリアフリー法』の制定により、従来、個々に行われていた建築物と公共交通機関のバリアフリー施策を一体的に進めることとなりました。また、『ハートビル法』と『交通バリアフリー法』では、法の対象を「高齢者」と「身体障害者」としていましたが、『バリアフリー法』では、「高齢者、**障害者等**」とし、高齢者または障害者で日常生活または社会生活に身体の機能上の制限を受けるものその他日常生活または社会生活に身体の機能上の制限を受ける者、として、身体障害者だけでなく知的障害者、精神障害者まで対象を拡大しました。

●ここがポイント

バリアフリー法制定の流れ

ハートビル法

建築物のバリアフリー化を促進するための法律

＋

交通バリアフリー法

公共交通機関の**旅客施設**や**車両**、**道路**などのバリアフリー化を促進するための法律

↓

バリアフリー法

建築物、旅客施設、車両、道路、**路外駐車場**、**都市公園**のバリアフリー化を促進するための法律

◆**特定建築物**（生活関連施設のうち、多くの人が利用する建築物）
→移動等円滑化基準（バリアフリー基準）に適合させる**努力義務**

◆**特別特定建築物**（病院、百貨店、官公署などの不特定多数の者または主として高齢者や障害者などが利用する建築物）
→移動等円滑化基準（バリアフリー基準）に適合させる**義務**

ひとこと

バリアフリー法の制定で、高齢者や障害者などの輸送を目的とした、車いすや寝台のまま乗降できる用具を備えた車両（**福祉タクシー**）が、新たに同法における「車両等」に位置づけられました。

例題

Q 「バリアフリー新法」は、「高齢者、障害者等」として障害を身体障害に限らない表現となったが、実質的には円滑な移動に障害のある身体障害者のみが対象とされている。

〔第22回-問128・改〕

A ×　『ハートビル法』と『交通バリアフリー法』では、「高齢者」と「身体障害者」が対象であったが、『バリアフリー法』では、身体障害者だけでなく知的障害者、精神障害者まで対象を拡大した。

2 バリアフリー法の概要

『バリアフリー法』は、高齢者、障害者などの**移動上及び施設の利用上の利便性及び安全性の向上**の促進を図り、**公共の福祉の増進**に資することを目的としています。また、2018（平成30）年 5 月に改正法が成立したことにより**基本理念**が明記され、国が高齢者、障害者等の関係者で構成する会議を設置し、定期的に移動等円滑化の進展の状況を把握し、評価する努力義務などが盛り込まれました。

■バリアフリー法の概要

基本理念	この法律に基づく措置は、「**共生社会の実現**」「**社会的障壁の除去**」に資することを旨として行われなければならない
基本方針	**主務大臣**は、移動等円滑化を**総合的かつ計画的**に推進するため、移動等円滑化の促進に関する基本方針を定める
国の責務	●高齢者、障害者等、地方公共団体、施設設置管理者などの関係者と協力して、基本方針及びこれに基づく施設設置管理者の講ずべき措置の内容その他の移動等円滑化の促進のための施策の内容について、**移動等円滑化**の進展の状況等を勘案しつつ、関係行政機関及びこれらの者で構成する会議における定期的な**評価**その他これらの者の意見を反映させるために必要な措置を講じた上で、適時に、かつ、適切な方法により検討を加え、その結果に基づいて必要な措置を講ずるよう努めなければならない

国の責務	●教育活動、広報活動などを通じて、移動等円滑化の促進に関する**国民**の理解を深めるとともに、高齢者、障害者等が**公共交通機関**を利用する際に必要な支援その他の移動等円滑化の実施に関する**国民**の協力を求めるよう努めなければならない
地方公共団体の責務	**国**の施策に準じて、移動等円滑化を促進するために必要な措置を講ずるよう努めなければならない
施設設置管理者等の責務	施設設置管理者その他の高齢者、障害者等が日常生活又は社会生活において利用する施設を**設置**し、又は**管理**する者は、移動等円滑化のために必要な措置を講ずるよう努めなければならない
国民の責務	高齢者、障害者などの**自立**した日常生活及び社会生活を確保することの重要性について理解を深めるとともに、これらの者が**公共交通機関**を利用する際に、必要な支援をし、円滑な移動及び施設の利用を確保するために必要な協力をするよう努めなければならない

また、公共交通事業者等に対して、高齢者、障害者等に対し、公共交通機関を利用する際の**介助**、旅客施設における**誘導**、移動するために必要となる**情報**の適切な提供、その職員に対し、移動等円滑化を図るために必要な**教育訓練**などの努力義務を課しています。

ひとこと

施策内容の評価等を行う会議は、関係行政機関及び高齢者、障害者等、地方公共団体、施設設置管理者その他の関係者で構成されます。高齢者や障害者など、当事者が含まれていることがポイントです。

◆バリアフリー化の対象と基準適合義務

バリアフリーの対象物は、日常生活で利用する施設（道路、駐車場、公園など）を含め、生活空間全体で、それらのバリアフリー化を図るための具体的な措置を講ずることを規定しています。

具体的には

●駅を中心とした地区

●高齢者や障害者などが利用する施設が集中する地区（**重点整備地区**）

について、全体のバリアフリー化を促進させるものです。

また、公共機関の旅客施設や車両、道路、路外駐車場、都市公園、建築物については、新設・改良時のバリアフリー化基準（**移動等円滑化基準**）の適合義務が定められています。

◆移動等円滑化基本構想・移動等円滑化促進方針

市町村は、**基本方針**※に基づき、単独でまたは共同して、当該市町村の区域内の重点整備地区について、移動等円滑化に係る事業の重点的かつ一体的な推進に関する基本的な構想（**移動等円滑化基本構想**）を作成するよう努めるものとされています。

ひとこと

移動等円滑化基本構想については、作成後、おおむね**5**年ごとに特定事業等の実施状況について調査、分析、評価を行うよう努め、必要に応じて基本構想を変更します。

さらに、2018（平成30）年の法改正で、市町村に基本方針に基づいて、当該市町村の区域内の**移動等円滑化促進地区**について、**移動等円滑化の促進に関する方針**（**移動等円滑化促進方針**）の**策定努力義務**が課されました。移動等円滑化促進地区とは、次の要件に該当する地区をいいます。

移動等円滑化促進地区

- **生活関連施設**（**高齢者**、**障害者**等が日常生活または社会生活において利用する旅客施設、官公庁施設、福祉施設その他の施設）の所在地を含み、かつ、生活関連施設相互間の移動が通常**徒歩**で行われる地区
- **生活関連施設**及び**生活関連経路**（生活関連施設相互間の経路）を構成する一般交通用施設（道路、駅前広場、通路その他の一般交通の用に供する施設をいう）について移動等円滑化を促進することが特に必要であると認められる地区
- 当該地区において移動等円滑化を促進することが、**総合的な都市機能の増進**を図る上で有効かつ適切であると認められる地区

また、市町村が移動等円滑化促進方針を作成しようとするときは、あらかじめ、**住民**、生活関連施設を利用する**高齢者**、**障害者**等その他利害関係者、関係する**施設設置管理者**及び**都道府県公安委員会**の意見を反映させるために必要な措置を講ずることや、移動等円滑化促進方針を作成したときは、**遅滞なく公表**することなどが規定されました。

※基本方針
移動等円滑化を総合的かつ計画的に推進するため、主務大臣が定める、「移動等円滑化の促進に関する基本方針」をいう。具体的には、移動等円滑化の意義及び目標に関する事項や、移動等円滑化のために施設設置管理者が講ずべき措置に関する基本的な事項など。

ひとこと
バリアフリー法は2020（令和２）年にも改正法が成立し、小学校では2020（令和２）年度から、中学校で2021（令和３）年度から「心のバリアフリー」教育が実施されています。

例題

Q 厚生労働大臣は、旅客施設を中心とする地区や高齢者等が利用する施設が集まった地区について、移動等円滑化基本構想を作成しなければならない。〔第34回－問132〕

A ×　**市町村**が、国が定める**基本方針**に基づき、単独でまたは共同して移動等円滑化促進方針または移動等円滑化基本構想を作成するよう努めるものとされている（**努力義務**）。

CHAPTER 1

SECTION 12

高齢者住まい法

このSECTIONのポイント

◆高齢者住まい法の概要…法の概要、サービス付き高齢者向け住宅の登録制度などについて理解しましょう

重要度B 高齢者住まい法の概要

1 高齢者の居住の安定確保に関する法律（高齢者住まい法）

2001（平成13）年に**『高齢者の居住の安定確保に関する法律』**（**高齢者住まい法**）が制定されました。この法律は、次の３つの措置を講ずることにより、高齢者の居住の安定の確保を図り、福祉の増進に役立てることを目的としています。

高齢者住まい法の３つの措置

- 高齢者が日常生活を営むために必要な福祉サービスの提供を受けることができる、良好な居住環境を備えた高齢者向けの賃貸住宅などの**登録制度**の設置
- 良好な居住環境を備えた高齢者向けの賃貸住宅の**供給促進**
- 高齢者に適した良好な居住環境が確保され、高齢者が安定的に居住することができる賃貸住宅について**終身建物賃貸借制度**の設置

また、これらの措置とともに**民間賃貸住宅市場**の整備も行われました。

◆国の責務

国土交通大臣及び**厚生労働大臣**は、高齢者に対する賃貸住宅及び老人ホームの供給の目標の設定や供給の促進に関する基本的な事項、高齢者居宅生活支援体制

の確保に関する基本的な事項などを含む**基本方針**を定めなければなりません。

◆都道府県高齢者居住安定確保計画・市町村高齢者居住安定確保計画の策定

都道府県は、基本方針に基づき、高齢者の居住の安定の確保に関する計画（**都道府県高齢者居住安定確保計画**）を定めることができます。

また、**市町村**は、基本方針（または都道府県高齢者居住安定確保計画）に基づき、**市町村高齢者居住安定確保計画**を定めることができます。

どちらの計画も、高齢者に対する賃貸住宅及び老人ホームの供給の目標と、その目標達成に必要な事項を明示するものです。定めることは義務規定ではありません。

◆2011（平成23）年の法改正の内容

2011（平成23）年の法改正によって、高齢者専用賃貸住宅（高専賃）、高齢者円滑入居賃貸住宅（高円賃）、高齢者向け優良賃貸住宅（高優賃）を廃止し、新たに創設された**サービス付き高齢者向け住宅**に一本化しました。

また、**終身建物賃貸借制度**の見直し及び高齢者住居支援センターの指定制度の廃止なども行われました。

2 サービス付き高齢者向け住宅の登録制度

サービス付き高齢者向け住宅は、介護・医療と連携し、高齢者の安心を支えるサービスを提供するバリアフリー構造の住宅であり、事業者の申請に基づき、**都道府県知事、政令指定都市・中核市の長**が登録を行います。

◆有料老人ホームとサービス付き高齢者向け住宅

有料老人ホームは、サービス付き高齢者向け住宅として登録することができます。また、登録されたものは、『老人福祉法』に基づく事業内容の届出、届出内容の変更、事業の廃止、休止の**届出**が不要となります。

一般的な有料老人ホームとサービス付き高齢者向け住宅の最も大きな違いは、契約形態にあります。

■有料老人ホームとサービス付き高齢者向け住宅の比較

	有料老人ホーム（高齢者向けの居住施設）		サービス付き高齢者向け住宅（高齢者向けの賃貸住宅）	
	介護付	住宅型	施設系	住宅型
特徴	介護サービス	生活支援サービス	居間・食堂・台所・浴室などは共同	各部屋に浴室・トイレ・台所などを設置
サービス	食事・介護・家事・健康管理のいずれか		必須　状況把握（安否確認）・生活相談 ※日中はケアの専門家が常駐 ※事業者によっては介護・医療・生活支援サービスを提供している	
規模・構造	施設ごとに異なる		●床面積は原則$25m^2$以上（ただし、居間・食堂・台所その他の住宅の部分が高齢者が共同して利用するため十分な面積を有する場合は18㎡以上） ●台所、トイレ、洗面、浴室設備などの設置 ●バリアフリー構造	
介護保険サービス	「特定施設入居者介護」の利用	施設・住宅に併設された事業者や外部事業者による「居宅サービス」が利用可能		
契約	主に利用権**方式**		主に賃貸借**形式**	
	●事業者は入居者に対し契約前に書面を交付して必要な説明を行わなければならない ●契約は書面による契約を締結する ●保全措置を講じる			

ひとこと

2015（平成27）年以降、サービス付き高齢者向け住宅のうち、有料老人ホームに該当するものは、全て**住所地特例**が適用されています。

3 終身建物賃貸借制度

終身建物賃貸借制度は、バリアフリー化された賃貸住宅に、**高齢者が死亡するまで終身にわたり安心して居住することができる仕組み**として『高齢者住まい法』に基づいて設けられた制度です。

この制度では、都道府県知事、政令指定都市・中核市の長が認可した住宅において、借家人が生きている限り居住することができ、**死亡時に契約が終了**する、借家人本人「一代限り」の借家契約を結ぶことができます。

入居対象となるのは、❶**60歳以上**、❷入居者本人が**単身**であるか、同居者が配偶者（配偶者は**60歳未満**でも可）もしくは**60歳以上**の親族という 2 つの要件を満たした人です。

ひとこと

このほか、高齢者向けの公的賃貸住宅として、1987（昭和62）年に制度化された「シルバーハウジングプロジェクト」により供給される**シルバーハウジング**があります。居住している高齢者に対しては、**生活援助員**による日常生活支援サービスが提供されます。

例題

Q サービス付き高齢者向け住宅は、入居者に対し、介護保険制度における居宅介護サービス若しくは地域密着型サービスの提供が義務づけられている。〔第33回-問135〕

A × サービス付き高齢者向け住宅は、入居者に対し、高齢者住まい法に基づき、**状況把握（安否確認）**サービスと**生活相談**サービスを必ず実施する必要がある。

CHAPTER 1

SECTION 13

育児・介護休業法

このSECTIONのポイント

- ◆育児・介護休業法の概要…法の目的をおさえましょう
- ◆育児休業・介護休業制度の概要…両制度の休業期間や給付金についておさえておきましょう
- ◆仕事と育児・介護の両立支援策…子の看護休暇、介護休暇をはじめとする両立支援策の概要をおさえましょう

重要度C 育児・介護休業法の概要

育児休業、介護休業等育児又は家族介護を行う労働者の福祉に関する法律（**育児・介護休業法**）は、育児や介護を行うものが、仕事と家庭を両立できるように、1991（平成3）年に制定されました。

育児・介護休業法の目的

- **育児休業**および**介護休業**に関する制度ならびに**子の看護休暇**および**介護休暇**に関する制度を設ける
- 子の養育および家族の介護を容易にするため**所定労働時間**等に関し事業主が講ずべき措置を定める
- 子の養育または家族の介護を行う労働者等に対する支援措置を講ずる

↓

- 子の養育または家族の介護を行う労働者等の**雇用**の継続および**再就職**の促進を図る
- 労働者等の職業生活と家庭生活との両立に寄与することを通じて、労働者等の福祉の増進を図り、あわせて**経済**および**社会**の発展に資する

ひとこと

育児・介護休業法に関する問い合わせに対応しているのは、各都道府県の**労働局雇用環境・均等部**です。

重要度C 育児休業・介護休業制度の概要

◆育児休業

育児休業は、基本的にすべての労働者を対象に、労働者が原則として1歳に満たない子を養育するために取得する休業で、原則として子が1歳に達する日までとることができます（2回まで分割して取得可能）。父母がともに育児休業を取得する場合は、1歳2か月までの間に1年間育児休業を取得することが可能です（**パパ・ママ育休プラス**）。さらに、1歳に達しても保育所に入れないなど一定の要件を満たす場合は1歳6か月まで、1歳6か月を過ぎても入れない場合は、最長2歳まで延長することができます。

■パパ・ママ育休プラス

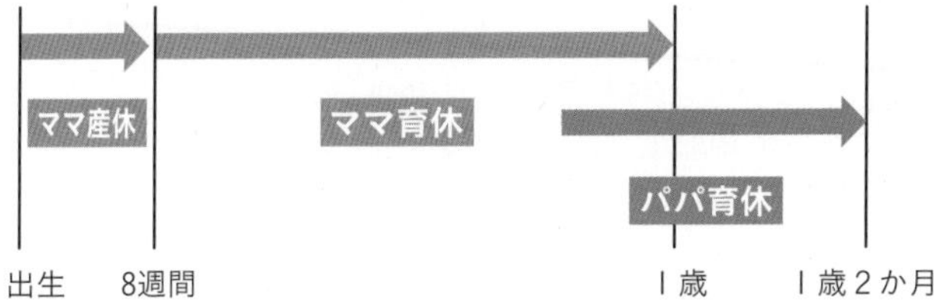

■育児休業期間の延長

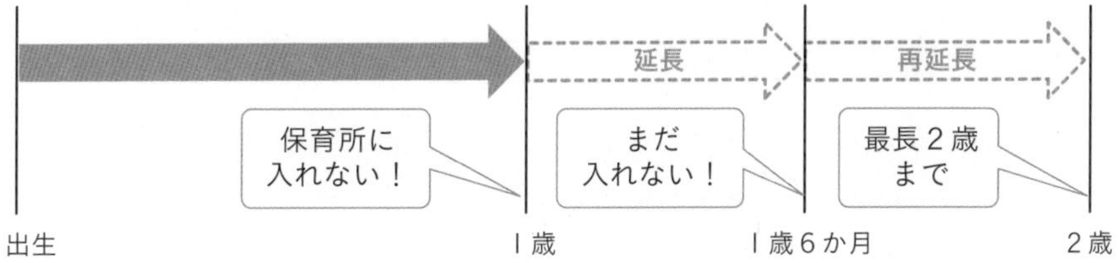

育児休業期間中は、雇用保険から**育児休業給付金**として、育児休業開始から6か月までは給与の**67%**、以降は給与の**50%**が支給されます。

◆出生時育児休業

2021（令和３）年の法改正で、男性労働者が事業主に原則**２**週間前までに申請することで、子の出生から**８**週間を経過する日の翌日までに、**４**週間まで取得できる**出生時育児休業（産後パパ育休）**が創設されました（**２**回まで分割して取得可能）。これにより、雇用保険における育児休業給付に**出生時育児休業給付金**が追加されました。

◆介護休業

介護休業は、基本的にすべての労働者を対象に、労働者が要介護状態にある対象家族を介護するために取得する休業です。対象となる家族の範囲は、**配偶者（事実婚含む）**、**父母**、**子**、**配偶者の父母**、**祖父母**、**兄弟姉妹**および**孫**です。

介護休業期間は、対象家族１人につき通算**93**日まで、**３**回を上限として分割取得することが可能です。

介護休業期間中は、雇用保険から**介護休業給付金**として、介護休業開始時の給与の**67**％が支給されます。

ひとこと

従来、有期雇用労働者の育児休業・介護休業の取得要件は、「事業主に引き続き雇用された期間が１年以上である者」でしたが、2021（令和３）年の法改正により、この要件は廃止されました。ただし、労使協定により対象外にできる労働者が決められています。

重要度C　仕事と育児・介護の両立支援策

育児休業、介護休業以外で、育児・介護休業法に規定されている、おもな仕事と介護の両立支援策には、以下のものがあります。

■育児・介護休業法のおもな支援策

子の看護休暇	小学校就学前の子がいる場合に、病気やけがをした子の看護、予防接種や健康診断を目的として、年5日（子が2人以上いる場合は10日）まで取得することができる（時間単位で取得可能）
介護休暇	要介護状態にある家族1人につき、年5日（対象家族が2人以上いる場合は10日）まで取得することができる（時間単位で取得可能）。対象家族の介護のほか、通院の付き添いなども含まれる
所定外労働の制限（残業の免除）	3歳に満たない子を養育する労働者が子を養育するため、または要介護状態にある対象家族を介護する労働者がその家族を介護するために請求した場合には、事業主は所定労働時間を超えて労働させてはならない
時間外労働の制限	小学校就学前の子を養育する労働者がその子を養育するため、または要介護状態にある対象家族を介護する労働者がその家族を介護するために請求した場合には、事業主は制限時間（1か月24時間、1年150時間）を超えて時間外労働をさせてはならない
深夜業の制限	小学校就学前の子を養育する労働者がその子を養育するため、または要介護状態にある対象家族を介護する労働者がその家族を介護するために請求した場合には、事業主は午後10時～午前5時（深夜）において労働させてはならない
所定労働時間短縮の措置	3歳に満たない子を養育する労働者に関して、1日の所定労働時間を原則として6時間とする短時間勤務制度を設けなければならない
不利益取扱いの禁止	上記の支援策の申出、取得等を理由とする解雇その他不利益な取扱い※は禁止
ハラスメントの防止	育児休業・介護休業等の理由とする、上司・同僚による就業環境を害する行為を防止するための措置を講じなければならない

※不利益な取扱い

雇い止め、契約更新回数の引き下げ、退職や正社員を非正規社員とするような契約内容変更の強要、降格、減給、賞与等における不利益な算定、不利益な配置変更、不利益な自宅待機命令、昇進・昇格の人事考課で不利益な評価を行う、仕事をさせない、もっぱら雑務をさせるなど就業環境を害する行為をするなど。

CHAPTER 1

SECTION 14

高齢者と家族等の支援における関係機関と専門職の役割

このSECTIONのポイント

- ◆地域包括支援センター…設置主体や職員配置基準などについて理解しましょう
- ◆地域包括支援センターの活動の実際…地域包括支援センターが行う業務内容を具体的におさえておきましょう
- ◆介護支援専門員の役割…介護支援専門員の役割とあわせて、資格要件などもおさえておきましょう
- ◆訪問介護員の役割…訪問介護員の主な役割と配置についておさえましょう
- ◆介護職員の役割…訪問介護を除き、介護を行う介護職員は未経験者も従事することができることを知っておきましょう
- ◆福祉用具専門相談員の役割…福祉用具の貸与・販売の際に助言を行う福祉用具専門相談員の配置や該当資格等について理解しましょう
- ◆介護サービス相談員、認知症サポーター、認知症地域支援推進員の役割…役割と資格要件をおさえておきましょう
- ◆認定調査員、介護認定審査会の委員の役割…役割や任期などをおさえておきましょう

重要度B　地域包括支援センター

1　地域包括支援センターの概要

地域包括支援センターは、**2005（平成17）年**の「介護保険法」改正によって創設された、地域包括ケアシステムの中核となる機関です。

設置主体は市町村または市町村の委託を受けた法人で、人口2～3万人程度を目安に1つのセンターが設置されます。

地域包括支援センターには、職員配置基準があります。第1号被保険者（65歳以上の高齢者）3000～6000人ごとに、社会福祉士、主任介護支援専門員（主任ケアマネジャー）、保健師（またはこれらに準ずる者）を、常勤専従で各1名配置することになっています。

●ここがポイント

地域包括支援センターの組織体系

設置主体	◆ 市町村、市町村**から包括的支援事業の**委託**を受けた法人**（老人介護支援センターの設置者、一部事務組合または広域連合、医療法人、社会福祉法人、公益法人、NPO法人など） →各市町村に1**か所以上**設置可能（上限は定められていない）
設置区域	◆市町村の人口規模、業務量、運営財源や専門職の人材確保の状況、地域における日常生活圏域との整合性に配慮し、効果的・効率的に業務が行えるよう、市町村の判断により担当圏域を設定する
職員体制	◆ 社会福祉士、保健師、主任介護支援専門員（これらに準ずる者を含む）を配置 →それぞれ第1号被保険者の数に応じて配置

また、『介護保険法』では地域包括支援センターの設置者について、❶自ら事業の質の評価を行い、質の向上を図らなければならない、❷包括的支援事業に関して市町村の条例で定める基準を遵守しなければならない、❸正当な理由なしに、その業務に関して知り得た秘密を漏らしてはならない（職員またはこれらの職にあった者も含む）ことを規定しています。

■地域包括支援センターの評価の流れ

評価義務

国が評価基準を定める ▶ 地域包括支援センターが自己評価 ▶ 市町村が地域包括支援センターの業務評価 ▶

事業の質向上の義務

評価結果に基づき人員体制等の強化 ▶ 評価結果を公表する

例題

Q 都道府県は、老人福祉圏域ごとに地域包括支援センターを設置する。 〔第34回-問131〕

A × 地域包括支援センターは、**市町村の判断**により担当圏域を設定し設置する。

2 地域包括支援センター運営協議会

市町村は、地域包括支援センターの適切な運営、公正・中立性の確保その他センターの円滑かつ適正な運営を図るため、原則、**市町村ごとに1つの地域包括支援センター運営協議会を設置**しなければなりません。運営協議会の構成員は、次に掲げる者を標準として、地域の実情に応じて**市町村長**が選定します。

地域包括支援センター運営協議会の構成員

◆介護サービス及び介護予防サービスに関する事業者及び職能団体
→ **医師、歯科医師、看護師、介護支援専門員、機能訓練指導員**など

◆介護サービス及び介護予防サービスの利用者、介護保険の被保険者

◆介護保険以外の地域の社会的資源や地域における権利擁護、相談事業などを担う関係者

◆地域ケアに関する学識経験を有する者

重要度A 地域包括支援センターの活動の実際

地域包括支援センターは、市町村からの**地域支援事業**の委託や**指定介護予防支援事業者**の指定を受けて、包括的支援事業 →詳細はp.63参照、多職種協働による地域包括支援ネットワークの構築、地域ケア会議の実施、指定介護予防支援などの業務を行います。

1 多職種協働による地域包括支援ネットワークの構築

地域包括支援センターは、包括的支援事業を効果的に実施するため、地域の保健・福祉・医療サービスやボランティア、インフォーマルサービスなど、さまざまな社会資源が有機的に連携できるよう、**多職種協働**による「**地域包括支援ネットワーク**」を構築することを業務としています。

2 地域ケア会議の実施

地域ケア会議は、行政職員や地域の関係者から構成される合議体です。**地域包括支援センター**または**市町村**が主催し、設置・運営します。2015（平成27）年度より、地域ケア会議は介護保険法上の制度として位置づけられ、市町村での設置・運営が**努力義務**として規定されました。

地域ケア会議には、次のような機能があります。

地域ケア会議の機能

❶個別課題の解決

→ 支援困難事例などの個別課題を取り上げ、**多職種の協働**による支援を通じて解決につなげる

❷地域包括支援ネットワークの構築

→ 会議を通じて支援が必要な人を支えるための関係者による**ネットワーク**を構築する

❸地域課題の発見

→ 個別課題の**解決事例**を蓄積することにより、地域課題の発見につなげる

❹地域づくり・資源開発
→住民との**役割分担**を図りながら地域に必要な資源を創出する

❺政策の形成
→地域課題に対応する**有効なサービス**の基盤整備などを事業化、施策化するなど、政策の形成につなげる

3 指定介護予防支援

指定介護予防支援では、介護保険における予防給付の対象となる要支援者が介護予防サービスなどを適切に利用できるように、心身の状態やおかれている環境などに応じて、**介護予防サービス計画**を作成したり、介護予防サービス計画に基づく**指定介護予防サービス**などの提供が確保されるように、介護予防サービス事業者などの関係機関との連絡調整などを行います。

なお、介護予防支援事業者の指定申請ができるのは、従来は地域包括支援センターだけでしたが、2023（令和５）年の介護保険法改正により、**指定居宅介護支援事業者**もできるようになりました。

重要度B 介護支援専門員の役割

介護支援専門員は、要介護者・要支援者からの相談に応じるとともに、要介護者などが適切な介護サービス・介護予防サービスが利用できるように、**市町村やサービス事業者との連絡調整やケアプランの作成、サービス担当者会議の進行**などを行います。

サービス担当者会議とは、**介護支援専門員**が利用者本人や家族、主治医、介護サービス提供事業者などを招集して、介護支援専門員が作成した**居宅サービス計画**の内容について、利用者や家族の意向を確認したり、医師や事業者から専門的な意見を求めたりすることで、居宅サービス計画の内容を高めることを目的に行われる会議です。関係者が集まり、顔合わせをすることで、サービス提供にあたっての共通理解を図ったり、利用者や家族の不安や疑問を解消することができ、その後の担当者間の**連携**がスムーズになります。

なお、サービス担当者会議に参加した者には、個人情報に関する**守秘義務**が課せられています。

サービス担当者会議の主な開催時期

- 居宅サービス計画を新規で作成する場合
- 居宅サービス計画を**変更**する場合
- 要介護認定を受けている利用者が**要介護更新認定**を受けた場合
- 要介護認定を受けている利用者が要介護状態区分の**変更認定**を受けた場合

また、介護支援専門員は、実施状況の把握（**モニタリング**）のため、原則として少なくとも**1か月に1回**は利用者の居宅を訪問して利用者に**面接**し、少なくとも**1か月に1回**はモニタリングの結果を**記録**する必要があります。

■**介護支援専門員の資格要件と配置義務**

資格要件	厚生労働省令で定める実務経験（**5年以上**）がある者で、**都道府県知事**が行う**介護支援専門員実務研修受講**試験に合格し、**介護支援専門員実務研修**の課程を修了した者
配置義務	●居宅介護支援事業所（介護予防含む） ●特定施設（介護予防含む） ●小規模多機能型居宅介護（介護予防含む） ●認知症対応型共同生活介護（介護予防含む） ●地域密着型特定施設入居者生活介護 ●地域密着型介護老人福祉施設入所者生活介護 ●介護老人福祉施設　●介護老人保健施設　●介護医療院

例題

Q 介護支援専門員は、少なくとも一月に1回、サービス担当者会議を開催しなければならない。〔第31回-問131〕

A ×　サービス担当者会議の開催は、原則として、**ケアプラン**作成・変更時、**要介護認定**更新時、要介護認定区分変更時などに義務づけられており、月に1回という規定はない。

1 介護支援専門員の専門性の向上に向けた見直し

2005（平成17）年の『介護保険法』改正によって、介護支援専門員の専門性の確立という観点から、次のように見直しが行われました。

- 介護支援専門員証の**更新制度**の導入と**更新時の研修**の義務づけ（有効期間5年）
- **主任介護支援専門員**の創設

■主任介護支援専門員について

役割	介護保険サービスや他の保健・医療・福祉サービスを提供する者との**連絡調整**、他の**介護支援専門員に対する助言・指導**などを行い、ケアマネジメントが適切かつ円滑に提供されるようにする
資格要件	●専任の介護支援専門員として**5年以上**の実務経験がある者 ●ケアマネジメントリーダー養成研修修了者または認定ケアマネジャーであって、専任の介護支援専門員として**3年以上**の実務経験がある者など
配置義務	●**地域包括支援センター** ●居宅介護支援費に関する特定事業所加算を取得する事業所

例題

Q 介護支援専門員の登録は、社会福祉士の場合、実務経験の有無を問わず、介護支援専門員実務研修受講試験に合格した者について行われる。〔第28回-問134〕

A × 介護支援専門員実務研修受講試験を受けるまでに、社会福祉士は**5年以上の実務経験**が必要である。

重要度B 訪問介護員の役割

訪問介護員の主な役割は次のとおりです。なお、訪問介護員として、訪問介護に従事できる者は、❶**介護福祉士**、❷**実務者研修または初任者研修の課程を修了**

し、証明書の交付を受けた者です（生活援助を行う訪問介護員等は、「生活援助従事者研修課程」の修了者でも可能）。

訪問介護員の主な役割

◆要介護者・要支援者などに、入浴・食事・排泄などの介護その他の日常生活上の世話を行う

◆常に利用者の心身の状況やその置かれている環境等の的確な把握に努め、利用者またはその家族に対し、適切な**相談**及び**助言**を行う

◆一定の研修を受け、事業所が都道府県知事の登録を受けた場合には、医師の指示の下に、**喀痰吸引**（口腔内、鼻腔内、気管カニューレ内部）と**経管栄養**（胃ろうまたは腸ろう、経鼻経管栄養）を行うことができる

ひとこと

「介護サービス施設・事業所調査」（厚生労働省）によると、2022（令和４）年10月１日現在、訪問介護員が従事する訪問介護事業所の経営主体は、**営利法人**が最も多く、次いで**社会福祉法人**、**医療法人**となっています。

◆サービス提供責任者の配置

訪問介護事業者は、指定訪問介護事業所ごとに、常勤の訪問介護員などのうち、利用者の数が**40**またはその端数を増すごとに**１名以上の者をサービス提供責任者**※**として配置しなければなりません**。

なお、2015（平成27）年度の介護報酬改定によって、常勤のサービス提供責任者が３名以上で、サービス提供責任者の業務に主として従事する者を１人以上配置しており、サービス提供責任者が行う業務が効率的に行われている事業所については、「**利用者50名につき１名以上**」に基準が緩和されました。

※サービス提供責任者

訪問介護サービスのマネジメントを行う者のこと。通称、サ責。訪問介護計画の作成や利用者の状態の変化、サービスに関する意向の定期的な把握、訪問介護員に対して利用者の状況についての情報の伝達、具体的な援助目標や援助内容の指示、技術指導などに携わる。任用要件は介護福祉士、実務者研修修了者、旧介護職員基礎研修課程修了者、旧ヘルパー１級取得者。

例題

Q 訪問介護員として従事する者に対しては資格取得や研修修了等の要件は課されておらず、業務を遂行する上での最低限の技術の習得が条件とされている。〔第34回－問132〕

A × 訪問介護員として従事するには、介護福祉士、実務者研修または初任者研修課程修了者のいずれかである必要がある。なお、生活援助を行う訪問介護員等は、生活援助従事者研修課程の修了者でも可能。

重要度C 介護職員の役割

介護職員は、要介護者・要支援者などに、訪問介護以外の居宅サービスや地域密着型サービス、施設サービスなどで介護を行います。

介護職員は訪問介護員と異なり**資格要件が定められていない**ため、介護未経験者も従事することができます。

重要度B 福祉用具専門相談員の役割

福祉用具専門相談員は、要介護者などへの**福祉用具の貸与・販売**の際に、福祉用具に関する専門的知識に基づいて助言を行います。

福祉用具専門相談員は介護保険の指定を受けた福祉用具貸与・販売事業所に**２名以上**の配置が義務づけられており、保健師、看護師、准看護師、社会福祉士、介護福祉士、理学療法士、作業療法士、義肢装具士、福祉用具専門相談員指定講

習修了者が該当します。

重要度B 介護サービス相談員、認知症サポーター、認知症地域支援推進員の役割

介護サービス相談員、認知症サポーター、認知症地域支援推進員の役割及び資格要件は次のとおりです。

■介護サービス相談員、認知症サポーター、認知症地域支援推進員の役割と資格要件

	役割	資格要件
介護サービス相談員	介護サービス提供の場を訪ね、サービス利用者などの話を聞き、相談に応じ、利用者の疑問や不満の解消や**サービスの質の向上**を図る	養成研修を修了した者
認知症サポーター	認知症への**理解**を深め、認知症の人とその家族の支援を行う	養成講座を修了した者
認知症地域支援推進員	地域の実情に応じ、医療機関、介護サービス事業所や地域の支援機関をつなぐ**連携支援**及び認知症の人やその家族を支援する**相談業務**などを行う	保健師、看護師、社会福祉士、精神保健福祉士など

ひとこと

介護サービス相談員派遣等事業の実施主体は市町村です。市町村は、地域の実情に応じ、適切な事業運営が確保できると認められる団体に委託することができます。

◆認知症サポーターキャラバン

全国キャラバン・メイト連絡協議会では、自治体や全国規模の企業・団体と協働して**認知症サポーター**を全国で養成し、認知症の人にやさしい地域づくりに取り組む「**認知症サポーターキャラバン**」を行っています。

また、認知症サポーターキャラバンでは、認知症サポーター養成講座の企画・立案及び実施を行う**キャラバン・メイト**の養成も行っています。

ひとこと

認知症サポーターとキャラバン・メイトは、2023（令和５）年12月末現在、全国にあわせて**約1511万人**います。

例題

Q 認知症サポーターとキャラバン・メイトの総数は、令和５年12月末現在、全国で<u>約100万人</u>である。　〔第29回－問133・改〕

A ×　2023（令和５）年12月末現在、認知症サポーターとキャラバン・メイトの総数は、全国で**1510万9658人**となっている。

重要度 **B**

認定調査員、介護認定審査会の委員の役割

1 認定調査員

認定調査員は、要介護認定における**訪問調査**（**認定調査**）のため、申請者を訪問し、調査票（74項目）に沿った調査を行います。資格要件は、市町村職員や指定市町村事務受託法人、介護支援専門員などで、認定調査員研修の受講が必要です。

要介護認定は、申請者の身体機能、認知機能や普段の生活の様子をよく理解したうえで行われる必要があります。そのため、認定調査員は、申請者本人だけでなく**家族**（**介護者**）からも聞取りを行うことがあります。また、二次判定で用いられる主治医による意見書は、要介護認定のための重要な資料となるため、日頃から主治医と連携し、**申請者の心身の状態**を把握しておいてもらうようにします。

また、基本調査の結果を特記事項及び主治医による意見書の内容と比較検討した際に内容に不整合があった場合には、**再調査**を実施したり、必要に応じて主治医や認定調査員に**照会**します。そのうえで、基本調査の結果に一部修正が必要と

認められる場合には、修正が行われます。

新規認定の調査については、原則として市町村職員である**認定調査員**が行いますが、例外として**指定市町村事務受託法人**（**都道府県知事**が指定）への**委託**が認められています。

更新認定にかかる調査については、指定市町村事務受託法人、指定居宅介護支援事業者、地域密着型介護老人福祉施設、介護保険施設、地域包括支援センター、介護支援専門員に委託できます。

なお、遠隔地に居住する被保険者から認定の申請があった場合には、**現に居住する市町村に調査を嘱託**することができます。

例題

Q 認定調査員は、新規申請の場合も、更新・区分変更申請の場合も、市町村職員以外の者が担うことはできない。〔第35回-問133〕

A × 新規申請にかかる認定調査については、原則として市町村職員が行うが、例外として**指定市町村事務受託法人**への委託が認められている。更新・区分変更申請にかかる認定調査については、指定市町村事務受託法人、**指定居宅介護支援事業者、地域密着型介護老人福祉施設、介護保険施設、地域包括支援センター、介護支援専門員**への委託が認められている。

2 介護認定審査会の委員

介護認定審査会の委員は、要介護認定における**二次判定**において、**審査・判定**を行います。介護認定審査会の委員は、保健・医療・福祉の学識経験者５名前後で構成され、**市町村長**が任命します。任期は**２年**（**２年**を超え**３年**以下の期間で市町村が条例で定める場合は、当該条例で定める期間）です。

なお、介護認定審査会の委員には**守秘義務**が課せられています。

CHAPTER

2

児童・家庭福祉

CHAPTER 2

SECTION 1

児童・家庭の定義と権利

このSECTIONのポイント

- ◆児童・家庭の定義…「児童」の定義は法や制度によっています。それぞれの定義を覚えましょう
- ◆児童の権利…児童の権利に関する条約についておさえておきましょう
- ◆こども基本法…児童の権利擁護のために制定された『こども基本法』の概要をみていきます

重要度B 児童・家庭の定義

1 児童等の定義

法や制度によって「児童等」の定義や呼称は異なります。

■各種法令における児童等の定義

	呼称等	定義
児童福祉法	児童	**満18歳に満たない**者
	乳児	**満1歳に満たない**者
	幼児	**満1歳から小学校就学の始期に達するまで**の者
	少年	**小学校就学の始期から満18歳に達するまで**の者
児童虐待の防止等に関する法律（児童虐待防止法）	児童	**18歳に満たない**者

児童買春、児童ポルノに係る行為等の規制及び処罰並びに児童の保護等に関する法律(児童買春・児童ポルノ禁止法)	児童	18歳に満たない者
こども基本法	こども	心身の発達の過程にある者
インターネット異性紹介事業を利用して児童を誘引する行為の規制等に関する法律(出会い系サイト規制法)	児童	18歳に満たない者
児童手当法	児童	18歳に達する日以後の最初の3月31日までの間にある者
児童扶養手当法	児童	18歳に達する日以後の最初の3月31日までの間にある者又は20歳未満で政令で定める程度の障害の状態にある者
特別児童扶養手当等の支給に関する法律(特別児童扶養手当法)	障害児	20歳未満で、障害等級(障害の程度に応じて重度のものから1級及び2級とし、各級の障害の状態は政令で定める)に該当する程度の障害の状態にある者
	重度障害児	20歳未満で、政令で定める程度の重度の障害の状態にあるため、日常生活において常時の介護を必要とする者
母子及び父子並びに寡婦福祉法	児童	20歳に満たない者
労働基準法	児童	満15歳に達した日以後の最初の3月31日が終了するまでの者
	年少者	満18歳に満たない者
道路交通法	幼児	6歳未満の者
	児童	6歳以上13歳未満の者
母子保健法	乳児	1歳に満たない者
	幼児	満1歳から小学校就学の始期に達するまでの者
子ども・子育て支援法	子ども	18歳に達する日以後の最初の3月31日までの間にある者

学校教育法	学齢児童	満6歳に達した日の翌日以後における最初の学年の初めから、満12歳に達した日の属する学年の終わりまでの者
	学齢生徒	小学校又は特別支援学校の小学部の課程を終了した日の翌日後における最初の学年の初めから、満15歳に達した日の属する学年の終わりまでの者
少年法	少年	**20歳に満たない**者
児童の権利に関する条約	児童	**18歳未満**のすべての者

例題

Q 母子及び父子並びに寡婦福祉法にいう児童とは、18歳に満たない者をいう。〔第31回-問138〕

A × 『母子及び父子並びに寡婦福祉法』では、児童を「**20歳に満たない者**」と定義している。

『児童福祉法』で定められているその他の関連用語についての定義は次のとおりです。

■**児童福祉法における用語の定義**

障害児	身体障害児、知的障害児、精神に障害のある児童（発達障害児を含む）、難病の児童
妊産婦	妊娠中又は出産後1年以内の女子
保護者	親権を行う者、未成年後見人その他の者で、児童を現に**監護**する者
要保護児童	保護者のない児童又は保護者に**監護**させることが不適当であると認められる児童

例題

Q 児童福祉法にいう「妊産婦」とは、妊娠中又は出産後3か月以内の女子をいう。 〔第28回-問138〕

A × 『児童福祉法』では、妊産婦を「妊娠中又は出産後1年以内の女子をいう」と定義している。

2 家庭の定義

「家庭」は、一般的には人々が共同生活し、相互に関わりながら**互いに支え合う社会的な単位**を指します。家庭は文化や社会によって異なる定義を持つことがありますが、一般的には以下の要素が含まれます。

家庭の要素

❶同居する人々

家庭は、1つ以上の家族が同じ場所で共同して生活する単位。家族は親子、兄弟姉妹、夫婦、または他の親しい関係に基づいて構成されることがある

❷共同の生活空間

家庭は通常、共同の生活空間（住居、リビング、キッチン、バスルームなど）を共有する

❸相互支援と関係の構築

家庭は、そのメンバーがお互いに支え合い、助け合い、愛情やケアを提供し合う場所である。これには感情的な結びつきや信頼も含まれる

❹役割分担

家庭では通常、メンバー間でさまざまな役割（家事、子育て、経済的な責任など）が分担される

❺文化や価値観の共有

家庭はしばしば共通の文化や価値観を共有し、これがメンバーのアイデンティティや行動に影響を与えることがある

ひとこと

児童と家庭の関係は非常に重要で、子どもたちの健康的な成長と発達に大きな影響を与えます。

重要度B　児童の権利

人権は、今では普遍的価値であり「人類の多年にわたる自由獲得の努力の成果」（日本国憲法第97条）として確立されています。人々は自ら人間としての権利を闘い取ってきました。子どもが人間としての権利をもつ主体として考えられ始めたのは20世紀初頭です。

◆児童の権利に関するジュネーブ宣言

第一次世界大戦により、おびただしい数の子どもが犠牲になったことを目の当たりにした国際連盟は、**1924年**に**児童の権利に関するジュネーブ宣言**を採択しました。この宣言では、「すべての国の男女は、人類が**児童に対して最善のものを与えるべき義務を負う**」とし、身体的・精神的発達のために必要な手段を与える、危難時には児童を最初に救済する、などの子どもに保障すべき5つの原則を定めました。

ひとこと

コルチャック（Korczak, J.）は「**子どもはだんだんと人間になるのではなく、すでに人間である**」という先駆的な思想を提唱し、児童の権利に関する条約の成立に大きな影響を与えました。

◆児童の権利に関する条約

1978年、**ポーランド**から国連人権委員会に草案が提出され、**1989年**、**児童の権利に関する条約**が国連総会で採択されました。この条約では、**18歳未満**を児童（子ども）と定義し、子どもを**権利の主体**として捉えました。また、子どもの

最善の利益の尊重を明記し、子どもの固有の権利を認めて、自由に自己の意見を表明する権利（**意見表明権**）を規定しました。

児童・家庭に関する権利や思想の流れ　●：世界の出来事　★：日本の出来事

1900年	●ケイ（Key, E.）、『児童の世紀』を発表
1908年	●イギリスで児童法制定
1909年	●アメリカ、白亜館会議宣言を採択
1922年	●ドイツで児童法制定
1924年	●国際連盟、**児童の権利に関するジュネーブ宣言**を採択
1930年	●アメリカ児童憲章制定
1947（昭和22）年	★**児童福祉法**制定
1948年	●国際連合、世界人権宣言を採択
1951（昭和26）年	★**児童憲章**制定
1959年	●国際連合、**児童権利宣言**を採択
1979年	●国際連合「国際児童年」
1989年	●国際連合、**児童の権利に関する条約**を採択
1994（平成６）年	●国際連合「国際家族年」 ★国際連合の**児童の権利に関する条約**を批准
1997（平成９）年	★児童福祉法改正
2000（平成12）年	★児童虐待の防止等に関する法律（児童虐待防止法）制定
2016（平成28）年	★児童福祉法改正
2019（令和元）年	★児童福祉法改正 ★児童虐待防止法改正

重要度B　こども基本法

全てのこどもが、心身の状況、置かれている環境等にかかわらず、その権利の擁護が図られ、将来にわたって幸福な生活を送ることができる社会を目指して、

こども施策を総合的に推進するため、2022（令和４）年に『こども基本法』が制定されました（2023〈令和５〉年４月１日施行）。

◆こども施策の明確化

「こども施策」を、

❶新生児期、乳幼児期、学童期及び思春期の各段階を経て、おとなになるまでの心身の発達の過程を通じて**切れ目なく行われる**こどもの健やかな成長に対する支援

❷子育てに伴う喜びを実感できる社会の実現に資するため、**就労**、**結婚**、**妊娠**、**出産**、**育児**等の各段階に応じて行われる支援

❸家庭における**養育環境**その他のこどもの**養育環境**の整備

とその他のこどもに関する施策及びこれと**一体的に講ずべき施策**とし、次の事項を基本理念として行われなければならないとしました。

基本理念

❶全てのこどもについて、個人として尊重され、その**基本的人権が保障**されるとともに、差別的取扱いを受けることがないようにすること

❷全てのこどもについて、適切に養育されること、その生活を保障されること、愛され保護されること、その健やかな成長及び発達並びにその自立が図られることその他の福祉に係る権利が等しく保障されるとともに、**教育基本法**の精神にのっとり教育を受ける機会が等しく与えられること

❸全てのこどもについて、その年齢及び発達の程度に応じて、自己に直接関係する全ての事項に関して**意見を表明する機会**及び多様な**社会的活動に参画する機会**が確保されること

❹全てのこどもについて、その年齢及び発達の程度に応じて、その意見が尊重され、その**最善の利益が優先**して考慮されること

❺こどもの養育については、**家庭を基本**として行われ、父母その他の保護者が第一義的責任を有するとの認識の下、これらの者に対してこどもの養育に関し十分な支援を行うとともに、家庭での養育が困難なこどもにはできる限り家庭と同様の養育環境を確保することにより、こどもが心身ともに健やかに育成されるようにすること

❻家庭や子育てに夢を持ち、子育てに伴う喜びを実感できる**社会環境を整備**することと

◆国・地方公共団体の責務等

国には、基本理念にのっとり、こども施策を**総合的に策定**し、実施する責務が、地方公共団体には、基本理念にのっとり、こども施策に関し、国及び他の地方公共団体との**連携**を図りつつ、その区域内における**こどもの状況に応じた施策を策定**し、及び実施する責務を有することが明記されました。

◆こども大綱の策定

政府は、こども施策を総合的に推進するため、**こども施策に関する大綱**（**こども大綱**）を定めなければならないとされました。また、政府には、わが国におけるこどもをめぐる状況及び政府が講じたこども施策の実施の状況に関する**年次報告及びその公表**も義務づけられました。

◆こども政策推進会議の設置

こども家庭庁に、**こども政策推進会議**を設置することとされました。これに伴い、少子化社会対策会議、子ども・若者育成支援推進本部及び子どもの貧困対策会議は**廃止**されることとなりました。

ひとこと

こども家庭庁は、2023（令和５）年４月１日から内閣府の外局として創設された、少子化や貧困対策など、こども政策を一元化して担う組織です。

CHAPTER 2
SECTION 2

児童・家庭の生活実態とこれを取り巻く社会環境

このSECTIONのポイント

◆児童・家庭の生活実態…少子化や子育て支援など、児童や家庭の生活実態を近年の傾向とともにおさえましょう
◆児童・家庭を取り巻く社会環境…子どもの貧困、いじめの現状を理解しておきましょう

重要度A 児童・家庭の生活実態

1 少子化の進行

1990（平成２）年に前年の**合計特殊出生率**※が発表されると**1.57ショック**（右グラフⓐ）として注目され、少子化への対応が政策課題に位置づけられていきました。**2005（平成17）年**には**過去最低である1.26**を記録（ⓑ）、その後微増傾向が続き、**2015（平成27）年**は1.45となりましたが（ⓒ）、以降、2016（平成28）年が1.44、2017（平成29）年が1.43、2018（平成30）年が1.42と減少し、2019（令和元）年は1.36と、2011（平成23）年以来８年ぶりに1.40を下回る結果となり、2022（令和４）年は**1.26**と、さらに減少しています。また、2022年の**出生数**は**77万759人**（ⓓ）と1899（明治32）年の人口動態調査開始以来最少となっています（数値は厚生労働省「人口動態統計（確定数）の概況」より）。

※合計特殊出生率
１人の女性が一生の間に産む子どもの数を示したもの。

■出生数及び合計特殊出生率の年次推移

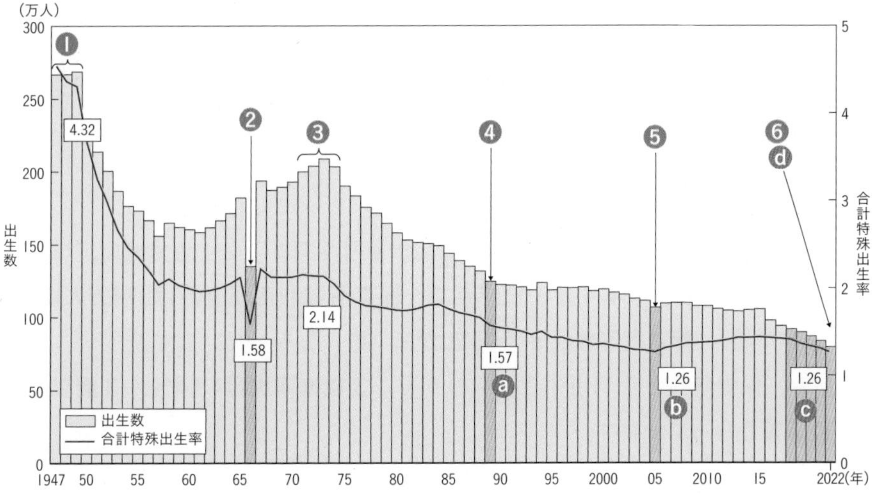

❶第 1 次ベビーブーム(1947〜1949〈昭和22〜24〉年)
最高の出生数 269万6638人
❷ひのえうま(1966〈昭和41〉年)
出生数 136万974人
❸第 2 次ベビーブーム(1971〜1974〈昭和46〜49〉年)
最高の出生数 209万1983人
❹1.57ショック(1989〈平成元〉年)
合計特殊出生率 1.57
❺2005(平成17)年
・出生数 106万2530人
・最低の合計特殊出生率 1.26
❻2022(令和4)年
・出生数 77万759人
・合計特殊出生率 1.26

2 子どもの暮らす家庭の実態

「令和 3 年度全国ひとり親世帯等調査」(厚生労働省)によると、ひとり親世帯になった理由は**離婚**が多く、母子世帯は**79.5%**、父子世帯は**69.7%**です。就業状況は、「正規の職員・従業員」の割合でみると、母子世帯の母は**48.8%**、父子世帯の父は**69.9%**となっており、平均年収も、母子世帯(272万円)と父子世帯(518万円)とでは**約1.9倍**の差があります。

3 子育て支援の現状

保育所等利用児童数や放課後児童クラブ登録児童数は、出生数の減少にもかかわらず、共働き世帯の増加などから、年々**増加**しています。

◆保育所等利用児童数及び保育所等数の状況

「保育所等関連状況取りまとめ（令和５年４月１日）」（こども家庭庁）によれば、**2023（令和５）年**４月１日時点で、**保育所等利用児童数は271万7335人**（下グラフⓐ）、**保育所等数は３万9589か所**（ⓑ）となっています。

なお、保育所などを利用する児童のうち、**３歳未満児は43.4%**、**３歳以上児は57.5%**となっています。

■保育所等利用児童数の構成

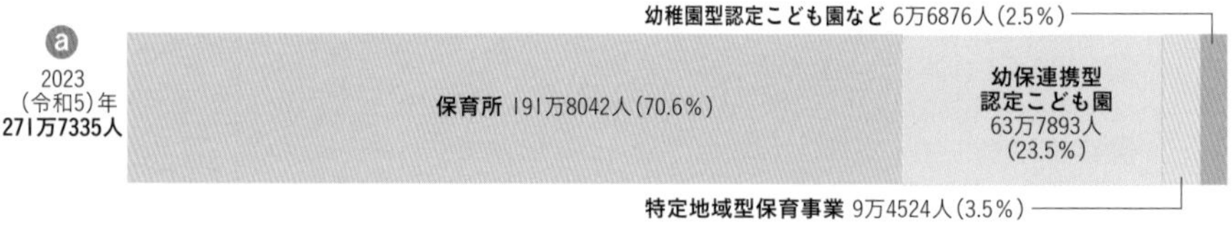

■保育所等数の推移

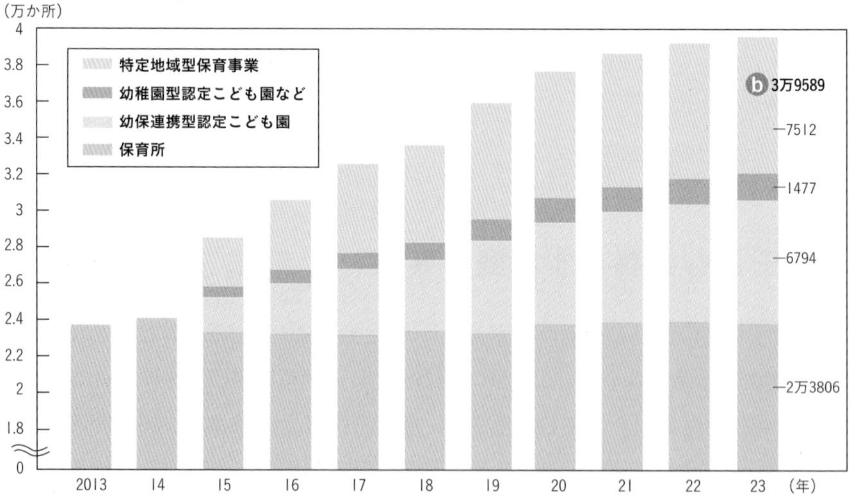

◆保育所等待機児童の状況

「保育所等関連状況取りまとめ（令和５年４月１日）」によれば、**2023（令和5）年**４月１日時点の**保育所等待機児童の数は2680人**となっており、前年度より264人減少しています。また、都市部の待機児童は全待機児童の**約62.9%**を占めています。

待機児童の割合を年齢区分別にみると、１～２歳児が**85.1%**で最も多く、３歳児以上が**9.1%**、０歳児が**5.8%**となっています。

◆新子育て安心プラン

待機児童の解消を目的に、2013（平成25）年度から待機児童解消加速化プランを推進した結果、2017（平成29）年度までの５年間で、60万人近い受け皿増が実現しました。2017（平成29）年度末からは、子育て安心プランが実施され、さらなる受け皿増を推進して2020（令和２）年度末までに待機児童をゼロにするとともに、2022（令和４）年度末までに25～44歳の女性の就業率を80%まで引き上げることを目指しました。

さらに2021（令和３）年度からは、新子育て安心プランが実施され、できるだけ早く待機児童の解消を目指すべく、2024（令和６）年度末までの４年間で**約14万人**の受け皿を整備し、2025（令和７）年の政府目標である**女性の就業率82%**までの上昇に対応できるように支援するとしています。

新子育て安心プランにおける支援のポイントは、次のとおりです。

■新子育て安心プランにおける支援のポイント

地域の特性に応じた支援	必要な人に適切に保育が提供されるよう、地域の課題を丁寧に把握しつつ、地域の特性に応じた支援を実施
魅力向上を通じた保育士の確保	保育士が生涯働ける魅力ある職場づくりを推進するとともに、職業の魅力を広く発信する
地域のあらゆる子育て資源の活用	利用者のニーズにきめ細かく対応するため、幼稚園・ベビーシッターなど、地域のあらゆる子育て資源を活用する

例題

Q 「保育所等関連状況取りまとめ（令和５年４月１日）」（厚生労働省）によれば、保育所の利用児童数は、幼保連携型認定こども園の利用児童数を<u>上回っている</u>。〔第29回-問137・改〕

A ○ 保育所の利用児童数は**191万8042**人、幼保連携型認定こども園の利用児童数は**63万7893**人となっている。

重要度B 児童・家庭を取り巻く社会環境

1 子どもの貧困

子どもの貧困率※は1990年代半ばごろからおおむね上昇傾向にあります。「2022年国民生活基礎調査」（厚生労働省）によると、2021（令和３）年の子どもの貧困率は**11.5%**で、およそ**９人に１人**の子どもが貧困状態にあります。また、**2021（令和３）年の子どもがいる現役世帯の貧困率は10.6%**で、そのうち、**大人が１人の世帯（ひとり親世帯）の貧困率は44.5%**であり、大人が２人以上いる世帯（同8.6%）に比べて非常に高い水準となっています。

※子どもの貧困率
子ども（17歳以下）全体に占める、等価可処分所得（世帯の収入から税金・社会保険料などを除いたいわゆる手取り収入を世帯員数の差で調整した所得）が、貧困線（等価可処分所得の中央値の半分）に満たない子どもの割合のこと。2021（令和３）年の貧困線は127万円（名目値）。

◆子どもの貧困対策の推進

子どもの**将来**がその生まれ育った**環境**によって左右されることのないよう、貧困の状況にある子どもが健やかに育成される**環境**を整備するとともに、**教育**の機会均等を図るなど、子どもの貧困対策を総合的に推進することを目的に、2013（平成25）年に**『子どもの貧困対策の推進に関する法律』**が制定されました。さらに、2019（令和元）年には改正法が成立し、法の目的に、子どもの「将来」

だけでなく「**現在**」に向けた対策であること、貧困解消に向けて、「**児童の権利に関する条約**」の精神に則り推進することが明記されました。この法律に基づき策定された「**子供の貧困対策に関する大綱**」も同年に改定され、都道府県に加え市町村にも大綱を勘案した「**子どもの貧困対策についての計画**」の策定努力義務が課されています。

2 いじめ

「児童生徒の問題行動・不登校等生徒指導上の諸課題に関する調査」（文部科学省）によると、2022（令和４）年度の小・中・高等学校及び特別支援学校における、**いじめの認知件数は68万1948件**となっており、前年度より６万6597件の**増加**となっています。

学校等で発生するいじめ問題に対応するため、**2013（平成25）年**に『**いじめ防止対策推進法**』が制定されました。この法律は、いじめ防止などのための対策を総合的かつ効果的に推進することを目的とし、**国**や**地方公共団体**、**学校**に「**いじめの防止等のための対策に関する基本的な方針**」の策定を求めています。なお、国と学校には策定を義務、地方公共団体は努力義務としています。

◆「いじめ」の定義

『いじめ防止対策推進法』では「**いじめ**」を、「当該児童等が在籍する学校に在籍している等当該児童等と一定の人的関係にある他の児童等が行う**心理的**又は**物理的**な影響を与える行為（インターネットを通じて行われるものを含む。）であって、当該行為の対象となった児童等が**心身の苦痛**を感じているもの」と定義しています。

ひとこと

いじめ防止対策推進法では、いじめは「児童等の教育を受ける権利を著しく侵害し、その心身の健全な成長や人格の形成に重大な影響を与えるのみならず、その**生命又は身体に重大な危険を生じさせるおそれがあるもの**」であるとしています。

CHAPTER 2

SECTION 3

児童・家庭福祉の歴史

このSECTIONのポイント

◆児童・家庭福祉制度の発展過程…児童・家庭福祉制度の歴史を日本と諸外国との比較から理解しましょう

重要度A 児童・家庭福祉制度の発展過程

1 明治期まで

日本における最初の児童保護事業は、貧窮者や病人なども救済した、**聖徳太子**（廐戸《うまやどの》皇子）によって建立された**四箇院**《しかいん》の1つである**悲田院**《ひでんいん》とされています。封建制社会においては、子どもは独立した人格をもつ存在ではなく労働力や商品としてみなされ、人身売買も行われていました。明治期に入り、**1871（明治4）年**には**棄児養育米給与方**《きじよういくまいきゅうよがた》、**1874（明治7）年**には**恤救規則**《じゅっきゅうきそく》※が制定され、貧困児童が救済の対象となりました。**1900（明治33）年**に公布された**『感化法』**は原則として8歳から16歳未満の犯罪・非行もしくは虞犯《ぐはん》少年を**感化院**に収容することを意図したものでした。

日清戦争（1894〈明治27〉～1895〈明治28〉年）、日露戦争（1904〈明治37〉～1905〈明治38〉年）を経て資本主義が発展するに従い下層社会の形成や労働問題などが顕著になり、下層社会の子どもを対象とする保育所が拡大していきました。

※恤救規則

貧困者に対する初めての救済法。13歳以下の子どもも対象となった。しかし、「人民相互の情誼《じょうぎ》」（血縁地縁による相互扶助）を優先し、全く身寄りのない「無告の窮民」に限って救済を行うという限られたものであった。

●ここがポイント

明治期の主な慈善事業や保育事業

◆1887（明治20）年 ✔CHECK!
石井十次《じゅうじ》が**岡山孤児院**を設立
→ 小舎制の採用、里親委託の導入

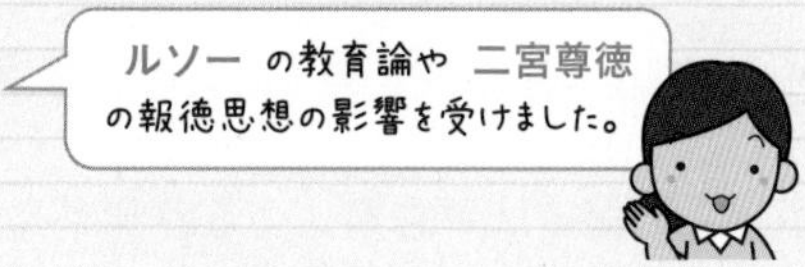

◆1890（明治23）年
赤沢鍾美《あつとみ》が**新潟静修学校**に付設の託児所を開設
→ 日本初の託児所

◆1891（明治24）年
石井亮一が**孤女学院（のちの滝乃川学園）**を設立
→ 知的障害児施設の始まり

◆1899（明治32）年
留岡幸助が**家庭学校**を設立
→ 非行少年に対する感化事業を展開

◆1900（明治33）年
野口幽香《ゆか》が**二葉幼稚園**を設立
→ 貧困児の教育、幼保一元化の原点

✔CHECK! 岡山孤児院

岡山孤児院では、1898（明治31）年から寄付金募集のために慈善音楽幻燈隊を全国に巡回させた。これが **社会的啓蒙** 活動となり、財政再建の目途が立つと、それまで300名としていた定員について一変して **無制限収容** 主義を宣言し、1906（明治39）年には1200人規模となった。

例題

Q 近江学園の創設者で、人間尊重の福祉の取組を展開したのは、石井亮一である。〔第30回-問137・改〕

A × 石井亮一は、濃尾地震において保護した孤児のなかに知的障害児がいたことから、日本最初の知的障害児者の福祉施設である**滝乃川学園**を創設した人物。

2 大正期から第二次世界大戦まで

子どもの保護は篤志家による慈善事業から予防的性格をもった社会事業へと変わり、多くの児童保護関係法が制定されました。戦時体制が強まるなか、社会事業は**厚生事業**と位置づけられ、従来の貧困児童のみならず、戦争遂行のための「人的資源の保護育成」として対象児童を拡大し、政策が展開されていきました。

また、1932（昭和７）年には**高木憲次**が**光明学校**（日本で初めての肢体不自由児学校）を設立するなど、1900年代に入ると障害児施設が増加していきました。

●ここがポイント

大正期から第二次世界大戦までの子ども家庭福祉

工場法制定 **1911（明治44）年**	◆1916（大正５）年施行 ◆**12歳未満の者**の**使用禁止**、15歳未満の者の12時間労働及び深夜業（午後10時～午前４時）の禁止などを規定
救護法制定 **1929（昭和４）年**	◆**恤救規則**に代わって制定 ◆貧困であって13歳以下の者が対象 ◆引き続き貧困児童の多くは「育児院」や「孤児院」といった救護施設で保護された
CHECK! **児童虐待防止法** **少年教護法制定** **1933（昭和８）年**	◆児童虐待防止法は14歳未満の者が対象 ◆少年教護法は**感化法**を改正したもの

母子保護法制定 1937（昭和12）年	◆母子心中の増加が契機 ◆ **13歳以下** の子を有する貧困母子救済が目的

✔CHECK! 児童虐待防止法、少年教護法

両法の対象であった14歳未満の少年や被虐待児童の取扱いなどの内容は1947（昭和22）年制定の **児童福祉法** に引き継がれることになり、同年廃止された。

3 第二次世界大戦後

第二次世界大戦が終わると戦争の犠牲となった子どもがあふれ、その保護が緊急の課題となりました。そのような子どもを救い、健全な育成を図るために、1947（昭和22）年に障害児施策を含む児童福祉の基本施策を定めた**『児童福祉法』**が制定されました。また、1951（昭和26）年には児童福祉の根本原理として**児童憲章**が制定されました。

1950年代後半に入ると、高度経済成長による社会状況の変化に伴い、『児童福祉法』の改正や、社会手当に関する法律などが制定されました。この時期は**子ども家庭福祉制度**の基礎が整備された時期でした。

■第二次世界大戦後の子ども家庭福祉

1946（昭和21）年	糸賀一雄*が知的障害児の療育のための施設**近江学園**を創設
1947（昭和22）年	児童福祉法制定
1951（昭和26）年	児童憲章制定
1961（昭和36）年	児童扶養手当法制定
1964（昭和39）年	**重度精神薄弱児扶養手当法**（現在の**特別児童扶養手当等の支給に関する法律〈特別児童扶養手当法〉**）制定
1971（昭和46）年	児童手当法制定

＊糸賀一雄は1963（昭和38）年に重症心身障害児施設（現在の医療型障害児入所施設）**びわこ学園**を設立した。著書**『この子らを世の光に』**（1965〈昭和40〉年）はそれまでの障害（児）観に大きな影響を与えた。

4 イギリスの児童家庭福祉の歴史

イギリスにおいて児童が初めて救済の対象となったのは、**1601年**に制定された**『エリザベス救貧法』**です。これ以降、子どもの福祉に関するさまざまな施策が行われ、**1908年**にはイギリスで最初の**『児童法』**が制定されました。

■イギリスの子ども家庭福祉の歴史

1601年

エリザベス救貧法制定

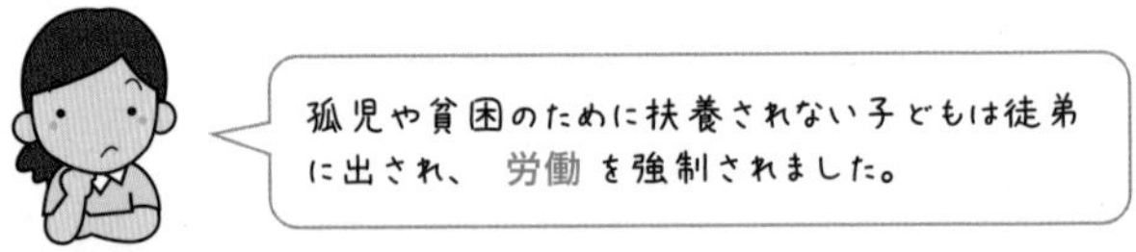

1802年

工場法（徒弟の健康と徳性を守るための法律）制定
→ 幼年徒弟の労働時間を1日**12時間**以内に制限

1833年

工場法（一般工場法）制定
→ **9歳未満**の児童の雇用禁止、**18歳未満**の年少者の労働時間を制限

1834年

新救貧法制定

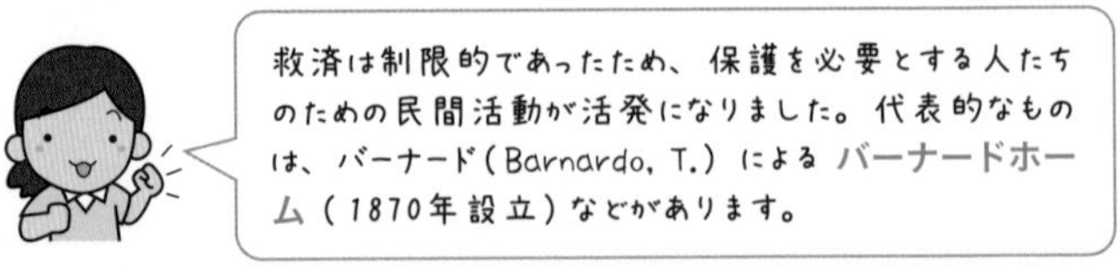

1908年

児童法制定
→ イギリス最初の児童法

1942年	**ベヴァリッジ報告**発表 →児童手当などを提案。社会保障制度の基礎となった
1946年	**カーチス報告**発表 →児童養護の質の改善について提案
1948年	**児童法**制定 →**カーチス報告**の内容を具体化

ひとこと

チャールズ・ディケンズの長編小説『オリバー・ツイスト』（1838年）は救貧院で暮らす孤児オリバーの物語で、新救貧法に対する批判が読み取れます。また、原作を基にした映画『オリバー！』の映像からは当時の様子を知ることができます。

5 アメリカの児童家庭福祉の歴史

アメリカにおいては**1909年**に当時の大統領ルーズベルト（Roosevelt, T.）によって、**第1回ホワイトハウス会議（児童福祉白亜館会議）**が開催され、「家庭生活は文明の所産のうち最も高い、最も美しいものである。児童は緊急やむを得ない理由がない限り、**家庭生活**から引き離されてはならない」という声明が発表されました。

1930年に開催された第3回ホワイトハウス会議では、児童の保健・保護をテーマとして討議が行われ、**アメリカ児童憲章**が採択されました。この憲章は子どもの権利思想に根差したものであり、日本の**児童憲章**などの礎となりました。

CHAPTER 2

SECTION 4

児童福祉法

このSECTIONのポイント

◆児童福祉法の概要…児童福祉法の制定過程や目的、改正内容、規定されている制度や支援などについて、おさえておきましょう

重要度A 児童福祉法の概要

1 児童福祉法の制定

第二次世界大戦後、子どもたちが劣悪な状況におかれていることを把握したGHQからの指示を受けて、厚生大臣（当時）は**中央社会事業委員会**に対し児童保護事業について諮問しました。その答申を踏まえ、**1947（昭和22）年**12月12日に**『児童福祉法』**が制定され、翌年1月1日に施行されました。

2 児童福祉法の目的

『児童福祉法』は、**全ての児童の健全育成と福祉の積極的増進**を基本的な精神としています。法立案者である松崎芳伸が「全国民を対象とした憲法の規定を、ある一定の年齢で横断して、その年齢未満の者をすべて、一つの法律の対象としようということである」と述べたように、「全ての児童」を対象としたことはこれまでの法と異なる点でした。

なお、2016（平成28）年の改正では、法律の理念を示した総則（第1～第3条）が改正されました。改正前の内容と比較して、改正点を確認しましょう。

児童福祉法総則の改正のポイント

改正前	2016（平成28）年改正後
第１条 すべて国民は、児童が心身ともに健やかに生まれ、且つ、育成されるよう努めなければならない。 2　すべて児童は、ひとしくその生活を保障され、愛護されなければならない。	第１条 全て児童は、**児童の権利に関する条約**の精神にのっとり、適切に**養育**されること、その**生活を保障される**こと、**愛され**、**保護される**こと、その心身の健やかな**成長**及び**発達**並びにその**自立**が図られることその他の福祉を等しく保障される権利を有する。 
第２条 国及び地方公共団体は、児童の保護者とともに、児童を心身ともに健やかに育成する責任を負う。	第２条 全て国民は、児童が良好な環境において生まれ、かつ、社会のあらゆる分野において、児童の年齢及び発達の程度に応じて、その意見が尊重され、その最善の利益が優先して考慮され、心身ともに健やかに育成されるよう努めなければならない。 2　**児童の保護者**は、児童を心身ともに健やかに育成することについて**第一義的責任**を負う。  3　国及び地方公共団体は、児童の保護者とともに、児童を心身ともに健やかに育成する責任を負う。
第３条 前２条に規定するところは、児童の福祉を保障するための原理であり、この原理は、すべて児童に関する法令の施行にあたつて、常に尊重されなければならない。	第３条 （変更なし）

3 2016（平成28）年の改正

2016（平成28）年の『児童福祉法』改正のポイントは次のとおりです。法改正では『児童福祉法』のほかに**『児童虐待防止法』『母子保健法』**『DV防止法』なども改正されました。それぞれの法律の改正点については該当SECTIONで確認しましょう。

●ここがポイント

2016（平成28）年改正の概要

法の理念の明確化	全ての児童が **健全** に育成されるよう、児童を中心に、その福祉の保障などの **内容** を明確化する
児童虐待の発生予防	**妊娠** 期から **子育て** 期までの切れ目ない支援などを通じて、妊産婦等の妊娠や子育ての不安や孤立などに対応し、児童虐待の **リスク** を早期に発見・逓減する。医療機関、児童福祉施設、学校などが支援を要すると思われる妊婦や児童・保護者を把握した場合、その情報を **市町村** に情報提供するよう努めるものとする
児童虐待発生時の迅速・的確な対応	児童の安全を確保するための初期対応などが迅速・的確に行われるよう、 **市町村** や **児童相談所** の体制や権限の強化などを行う
被虐待児童への自立支援	被虐待児童について、**親子関係** 再構築支援を強化するとともに、施設入所や **里親委託** の措置がとられることとなった場合には、個々の児童の状況に応じた支援を実施し、将来の自立に結びつける
児童の保護者への支援	**国** や **地方公共団体** の責務として、児童が家庭において心身ともに健やかに養育されるよう、児童の保護者を支援しなければならないことを明記

4 2019（令和元）年の改正

2019年（令和元）年の改正は、児童虐待死をきっかけに、**親権者等**による**体罰**の禁止が明記されました。また、子どもの権利を著しく侵害する児童虐待を防ぐために児童相談所の体制強化なども図られました。

●ここがポイント

2019（令和元）年改正の概要

児童の権利擁護	◆児童福祉施設の長等は、児童に **体罰** を加えることはできない ◆都道府県は、一時保護の解除後の児童の安全の確保の措置を講ずる
児童相談所の体制強化	◆一時保護等の介入的対応を行う職員と保護者支援を行う職員を分ける ◆児童相談所の行う業務の質の評価を行い、その業務の質の向上に努める ◆児童相談所への **弁護士** 等および **医師・保健師** の配置 ◆ **児童福祉司** の数の見直し ◆ **児童福祉司** 及び **スーパーバイザー** の任用要件の見直し ◆ **児童心理司** の配置基準の法定化

✔CHECK!

✔CHECK! 児童福祉司とスーパーバイザーの任用要件の見直し

児童福祉司の任用要件として、**精神保健福祉士** 及び **公認心理師** が追加、スーパーバイザー（指導教育担当児童福祉司）は、児童福祉司としておおむね **5年以上勤務** した者でなければならない、とされた

5 2022（令和４）年の改正

2022（令和４）年の改正は、こども家庭センターの設置や児童発達支援の類型（福祉型、医療型）の一元化などが決定し、2024（令和６）年度より実施されています。

●ここがポイント

2022（令和４）年改正の概要

こども家庭センターの設置	市町村は、要支援児童等に対して包括的かつ計画的な支援を行うものとし、こども家庭センターの設置及び **地域子育て相談機関** の整備等に努めなければならない
児童発達支援の類型	医療型児童発達支援について全ての障害児を対象とする児童発達支援に一元化するとともに、**児童発達支援センター** が地域の障害児の健全な発達において中核的な役割を担う機関であることを明確化
児童自立生活援助事業	児童自立生活援助事業（自立援助ホーム）の対象を、やむを得ない事情により児童自立生活援助の実施が必要であると **都道府県知事** が認めた者には、年齢制限を撤廃
一時保護開始時に司法審査の導入	児童相談所長等は、一時保護を行うときは、親権者等の同意がある場合等を除き、その開始から **７日** 以内または事前に、裁判官に一時保護状を請求しなければならない（公布後３年以内で政令で定める日に施行）

例題

Q 2019年（令和元年）に改正された児童福祉法及び児童虐待の防止等に関する法律により、一時保護の解除後の児童の安全の確保が、市町村に義務づけられた。〔第33回-問137〕

A × 一時保護の解除後の児童の安全の確保が、**都道府県**に義務づけられた。

6 児童福祉施設の種類

『児童福祉法』に基づいて設置されている**児童福祉施設**は次のとおりです。

児童福祉施設の種類

	概要	主な配置職員
助産施設	●**経済的理由**により、入院助産を受けることができない**妊産婦**を入所させて、助産を受けさせる施設。主に産科病院や助産所が助産施設として指定され、**福祉事務所**を経て利用する	医療法に規定する職員、助産師
乳児院	●家庭での養育を受けることができない**乳児**（特に必要のある場合には**幼児**を含む）を**入院**させて養育し、退院後の相談などを行う施設	医師または嘱託医、看護師、個別対応職員、家庭支援専門相談員、栄養士、里親支援専門相談員
母子生活支援施設	●**18歳未満**の子どものいる母子家庭やこれに準ずる事情にある家庭の母親と子どもを**入所**させて保護し、自立支援計画の策定や自立促進に向けた生活支援、退所後の相談などを行う施設 ●**福祉事務所**を経て利用する ●プライバシー保護のため、1世帯1室が原則	母子支援員、嘱託医、少年を指導する職員、個別対応職員、心理療法担当職員

保育所		●保育を必要とする乳児・幼児（特に必要のある場合には児童を含む）を預かり、保育を行う施設	保育士、嘱託医
幼保連携型 認定 こども園		●**満3歳以上の幼児**に対する教育や保育を一体的に行う施設。地域における子育て支援を行う機能ももつ ●「就学前の子どもに関する教育、保育等の総合的な提供の推進に関する法律」（認定こども園法）で規定され、**学校**と**児童福祉施設**の性質をあわせもつ ●設置主体は、国、地方公共団体、学校法人、社会福祉法人に限定される	園長、保育教諭、副園長、教頭、養護教諭、栄養教諭
児童厚生 施設		●児童に健全な遊びを与え、健康の増進や情操を豊かにすることを目的とした児童遊園や児童館などの施設	児童の遊びを指導する者（児童厚生員）
児童養護 施設		●保護者**のない**児童（特に必要のある場合には乳児を含む）や虐待**されている**児童など、家庭環境などにさまざまな事情がある児童を入所させて養護し、退所後の相談などを行う施設	児童指導員、嘱託医、保育士、家庭支援専門相談員、個別対応職員、里親支援専門相談員
障害児 入所施設	福祉型 障害児 入所施設	●障害児を入所させて、保護、日常生活の指導や独立自活に必要な知識や技能の付与を行う施設	嘱託医、児童指導員、保育士、児童発達支援管理責任者
	医療型 障害児 入所施設	●福祉型障害児入所施設の福祉サービスに加えて、治療を行う施設	医療法に規定する病院として必要な職員、児童指導員、保育士、児童発達支援管理責任者
児童発達 支援 センター		●障害児を通所させて、日常生活における基本的動作の指導や独立自活に必要な知識や技能の付与、集団生活への適応のための訓練、治療（リハビリテーション）を行う施設	嘱託医、児童指導員、保育士、児童発達支援管理責任者、看護師、理学療法士、作業療法士、言語聴覚士、栄養士、調理員など

児童心理治療施設	●家庭環境や学校における交友関係などの環境上の理由により**社会生活への適応が困難となった**児童（軽度の情緒障害を有する児童）を、短期間**入所または通所**させ、社会生活に適応するために必要な心理に関する治療及び生活指導、退所後の相談などを行う施設 ●2016（平成28）年の法改正によって、情緒障害児短期治療施設から名称が変更された	医師、心理療法担当職員、児童指導員、保育士、看護師、個別対応職員、家庭支援専門相談員、栄養士
児童自立支援施設	●**不良行為**を行ったまたは行うおそれのある児童や、家庭環境などの環境上の理由により**生活指導**が必要な児童を**入所または通所**させ、必要な指導や自立支援、退所後の相談などを行う施設	児童自立支援専門員、児童生活支援員、嘱託医及び精神科の診療に相当の経験を有する医師又は嘱託医、個別対応職員、家庭支援専門相談員
児童家庭支援センター	●**地域**の児童の福祉に関する家庭や市町村からの相談・要請に対して、専門的・技術的な助言を行うほか、**保護**を要する児童またはその保護者に対する指導や、**児童相談所**、**児童福祉施設**などとの連絡調整などを行う施設	相談・支援を担当する職員、心理療法等を担当する職員

例題

Q 母子生活支援施設は、父子家庭も入所の対象とすることができる。
〔第30回-問139〕

A ×　母子生活支援施設の入所対象は、**18**歳未満の子どものいる母子家庭やこれに準ずる事情にある家庭の**母親**と**子ども**である。

7 里親制度

『児童福祉法』では、さまざまな事情により家庭での養育が困難または受けられなくなった児童（**18歳**未満）を養育する「**里親制度**」があります。

里親とは、**都道府県知事**が児童を委託する者として適当と認めた者をいい、❶**養育里親**、❷**専門里親**、❸**親族里親**、❹**養子縁組里親**（**養子縁組**によって子どもの養親となることを希望する里親）の4種類があります。養育里親と専門里親は、2009（平成21）年度から研修の受講義務が定められていましたが、2017（平成29）年度からは**養子縁組**里親についても研修が義務化されています。なお、1人の里親希望者について、異なった種類の里親を重複して認定することも可能です。また、里親になることを希望する者に配偶者がいなくても、**都道府県知事**が認めれば里親として認定されます。

■里親の種類

	対象の児童	研修
養育里親	要保護児童	あり
専門里親	要保護児童のうち、特に**被虐待児**、**非行児**、**障害児**	あり
親族里親	次の両方に該当する要保護児童 ❶親族里親に**扶養義務**のある児童 ❷保護者の死亡、行方不明、入院などのために養育が期待できない	適宜
養子縁組里親	要保護児童	あり

◆フォスタリング業務

『児童福祉法』には、**都道府県**が行うべき里親に関する業務（**里親養育包括支援〈フォスタリング〉業務**）として、次のものが規定されています。

- 里親の広報・**リクルート**及び**アセスメント**
- 里親登録前後及び委託後における里親に対する**研修**
- 子どもと里親家庭の**マッチング**
- **里親**養育への支援（未委託期間中及び委託解除後のフォローを含む）

上記のフォスタリング業務を包括的に行う機関を里親養育包括支援（フォスタリング）機関といいます。なお、親族里親や養子縁組里親もフォスタリング業務における支援対象に含まれますが、**養子縁組成立後**の養親および養子への支援についてはフォスタリング業務には該当しません。

ひとこと

フォスタリング業務は、都道府県（児童相談所）の本来業務ですが、その事務の全部または一部を、適切に行うことができる者に委託することができます。

例題

Q 里親には、養育里親、養子縁組里親、親族里親、週末里親の４種類がある。〔第32回-問138〕

A ×　里親には、❶**養育**里親、❷**専門**里親、❸**親族**里親、❹**養子縁組**里親の４種類がある。

8 社会的養護

社会的養護の定義については、多様な考え方がありますが、何らかの事情によって家庭で暮らすことが困難な子どもについて、**保護者に代わって公的に養育することを社会的養護**といいます。「社会的養育の推進に向けて（令和６年４月）」（こども家庭庁）によると、2022（令和４）年３月末時点における、乳児院、児童養護施設、児童自立支援施設、里親などの社会的養護の下で暮らす子どもは約４万２千人となっています。

このような社会的養護を必要とする子どもたちの養育環境について、2016（平成28）年改正の『児童福祉法』では、原則として「家庭における養育環境と同様の養育環境」（養子縁組家庭、里親家庭、ファミリーホーム）を提供するとしています。

■社会的養護の事業

児童自立生活援助事業（自立援助ホーム）	●**児童養護施設**などを**退所**した児童などに、**自立援助ホーム**にて、**日常生活**上の援助や生活指導、就業の支援、退所後の相談援助を行う事業 ●1997（平成９）年の児童福祉法改正で法定化 ●義務教育終了後から**20**歳に満たない者を対象としていたが、2016（平成28）年の法改正によって、**大学等**就学中の**22**歳の年度末までの者が追加された（2017〈平成29〉年度より）。さらに、2022（令和４）年の改正により、2024（令和６）年度よりやむを得ない事情により児童自立生活援助の実施が必要であると都道府県知事が認めた者には、年齢制限が撤廃された
小規模住居型児童養育事業（ファミリーホーム）	●**要保護児童**を、相当の経験を有する者の**住居**（**ファミリーホーム**）にて養育する事業 ●**2008**（**平成20**）年の児童福祉法改正により法定化 ●ファミリーホームには２人の養育者と１人以上の補助者を配置し、養育者はそこに生活の**本拠**を置かなければならない。１つのホームでの児童の定員は５～６人

◆**新しい社会的養育ビジョン**

2017（平成29）年８月、「新たな社会的養育の在り方に関する検討会」において「新しい社会的養育ビジョン」が取りまとめられました。そこでは、里親委託率について、乳幼児**75%**、学童期以降**50%**の実現が掲げられています。ビジョンの取り組みを通じた「**家庭養育優先の原則**」の徹底が求められ、2019（令和元）年度末に「**都道府県社会的養育推進計画**」が策定されました。

9　障害児支援

『児童福祉法』において**障害児**とは、**身体に障害のある児童**、**知的障害のある児童**、**精神に障害のある児童**（発達障害児を含む）、**難病**による障害の程度が所定の程度である児童をいいます。

■障害児支援制度

小児慢性特定疾病の医療費助成		**小児慢性特定疾病**※にかかっている児童の保護者に対して、医療費の自己負担分の一部を支給する
障害児通所支援	児童発達支援	障害児に対して、**児童発達支援センター**などの施設に通わせ、日常生活における基本的な動作の指導、知識や技能の付与、**集団生活**への適応訓練、治療（リハビリテーション）などの便宜を供与する
	放課後等デイサービス	学校教育法第1条に規定する学校（幼稚園及び大学を除く）に**就学**している障害児に対して、授業の**終了後**または**休業**日に**児童発達支援**センターなどの施設に通わせ、**生活能力**の向上のために必要な訓練や社会との交流の促進などの便宜を供与する
	居宅訪問型児童発達支援	児童発達支援などを受けるための外出が困難な**重度障害児**に対して、居宅を訪問して、児童発達支援と同様の便宜を供与する
	保育所等訪問支援	障害児が通う**保育所**等や入所する**乳児院**等の施設を訪問し、集団生活へ適応するための専門的な支援などの便宜を供与する
障害児相談支援	障害児支援利用援助	●通所給付決定の申請に係る障害児の心身の状況や環境、利用の意向等を勘案し、利用する障害児通所支援の種類及び内容などを記載した**障害児支援利用**計画案を作成する ●通所給付決定後は、指定障害児通所支援事業者などの関係者との連絡調整を行い、障害児通所支援の種類及び内容や担当者などを記載した**障害児支援利用**計画を作成する
	継続障害児支援利用援助	●障害児通所支援を適切に利用することができるよう、障害児支援利用計画が適切であるかどうか、一定の期間ごとに利用状況を**検証**し、計画の**見直し**を行う ●関係者との連絡調整を行い、障害児の保護者に対し、新たな通所給付決定や決定変更の決定が必要な際に申請を**勧奨**する

※小児慢性特定疾病
18歳未満（一定の場合には20歳未満）の児童が、長期にわたり療養を必要としたり、生命に危険が及ぶおそれがあったりする病気のために、多額の医療費を要するものとして厚生労働大臣が社会保障審議会の意見を聴いて定める疾病のこと。

例題

Q 保育所等訪問支援は、保育所等に入所している健診未受診の乳幼児を対象に、保健師が保育所等を訪問する取組である。
〔第34回−問137〕

A × 保育所等訪問支援は、保育所や乳児院等に出向いて、**集団生活**への適応のための専門的な支援を提供していくことを目的とした事業である。

10 子育て支援事業

子育て支援事業として、『児童福祉法』には次のものが規定されています。

■子育て支援事業

放課後児童健全育成事業	保護者が**労働**などで昼間家庭にいない小学校に就学している児童に対して、授業の終了後に**児童厚生施設**などの施設にて、適切な**遊び**や**生活の場**を与えて、その健全な育成を図る事業
子育て短期支援事業	保護者の**疾病**などの理由のために、家庭で養育を受けることが一時的に困難になった**児童**を、**児童養護施設**などの施設に入所させ、必要な保護を行う事業
乳児家庭全戸訪問事業	**市町村**の区域内で、原則として生後４か月までの**乳児のいる全ての家庭**を訪問して、子育てに関する情報の提供や乳児と保護者の心身の状況などの把握を行ったり、相談に応じて助言や援助を行ったりする事業

養育支援訪問事業	**乳児家庭全戸訪問**事業の実施などで把握した、❶保護者の養育の支援が特に必要と認められる児童（**要支援児童**）、❷保護者に監護させることが不適当であると認められる児童とその保護者、❸出産後の養育について出産前の支援が特に必要と認められる**妊婦**に対し、養育が適切に行われるよう、居宅を訪問し、相談や指導、助言などを行う事業
地域子育て支援拠点事業	**乳幼児とその保護者**が相互交流を行う場所を開設して、**子育て**についての相談や情報の提供、助言などを行う事業
一時預かり事業	家庭で**保育**（養護及び教育）を受けることが一時的に困難となった**乳幼児**を、主として昼間に、保育所、**認定こども園**などで一時的に預かり、必要な保護を行う事業
病児保育事業	保育を必要とする**乳幼児**や家庭での保育が困難である**小学校**に就学している**児童**で、疾病にかかっている者を、**保育所**や**認定こども園**、病院、診療所などで保育する事業
子育て援助活動支援事業	**児童**の一時的な**預かり**や送り迎えなどの支援を希望する保護者と、援助を行うことを希望する援助希望者との連絡調整を行う事業。援助希望者への講習の実施やその他必要な支援も行う

ひとこと

子育て支援事業は、2012（平成24）年に制定された『子ども・子育て支援法』の施行に伴い、2015（平成27）年度からは、『子ども・子育て支援法』における**地域子ども・子育て支援事業**として実施されています。

例題

Q 子育て短期支援事業は、出産直後の子育て家庭を対象に、居宅を訪問して家事支援等を行う取組である。　〔第34回−問137〕

A ×　子育て短期支援事業とは、保護者の**疾病**などの理由のために、家庭で養育を受けることが**一時的**に困難になった児童を、児童養護施設などの施設に入所させ、必要な保護を行う事業である。

CHAPTER 2

SECTION 5

児童虐待防止法

このSECTIONのポイント

◆児童虐待防止法の概要…子どもの心身に大きな影響を及ぼす虐待を防ぐ児童虐待防止法の概要や取組を理解しましょう

重要度B 児童虐待防止法の概要

2000（平成12）年、児童虐待の防止とそれに関する施策を促進することを目的に、**『児童虐待の防止等に関する法律』**（**児童虐待防止法**）が制定されました。

この法律では、児童に対する虐待の禁止、児童虐待の定義、虐待防止に関する国及び地方公共団体の責務、関係機関及びその職員に対する早期発見等の努力義務、発見者の早期通告義務、虐待を受けた子どもの保護のための措置などが規定されています。

なお、『児童虐待防止法』における児童とは、**18歳に満たない者**を指します。

1 児童虐待の種類と現状

『児童虐待防止法』では、**保護者**が監護（監督・保護）する**児童**に行う虐待行為を児童虐待と定義し、**身体的虐待**、**性的虐待**、**ネグレクト**（**養育の怠慢・拒否**）、**心理的虐待**の４つに分類しています。

■児童虐待の種類

身体的虐待	児童の身体に**外傷**が生じ、または生じるおそれのある**暴行**を加えること

性的虐待	児童に**わいせつな**行為をすることまたはさせること
ネグレクト（養育の怠慢・拒否）	児童の心身の正常な発達を妨げるような著しい**減食**や長時間の放置、保護者以外の同居人による**身体的・性的・心理的虐待**の放置など、保護者としての監護を著しく怠ること
心理的虐待	児童に対する著しい**暴言**や著しく拒絶的な対応、児童が同居する家庭における**配偶者**に対する暴力など、児童に著しい**心理的外傷**を与える言動を行うこと

ひとこと

配偶者に対する暴力は、子どもに直接暴力を振るっていなくても、子どもに心理的外傷を与えることから、**心理的虐待**となります。

◆児童相談所における児童虐待相談の現状

「令和3年度福祉行政報告例」によると、全国の児童相談所が児童虐待相談として対応した件数は、年々**増加**傾向にあります。

■児童虐待相談件数の推移

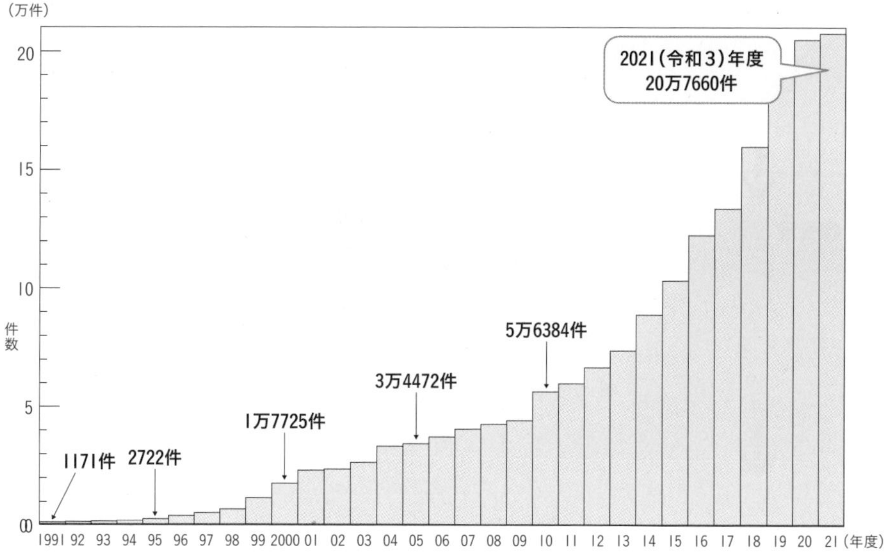

2021（令和３）年度に対応した児童虐待相談について、虐待の相談種別にみると、「**心理的虐待**」が最も多くなっています。また、主な虐待者は**実母**が最も多く、虐待相談の相談経路は**警察等**からが最も多くなっています。

2 児童虐待発見時の対応

虐待された子どもの保護は『**児童福祉法**』及び『**児童虐待防止法**』に基づいて行われます。**要保護児童の通告**から**児童相談所における援助方針の決定**までの流れは、次のとおりです。

■虐待対応の流れ

❶通告・相談・送致

【児童福祉法】
被虐待児童など要保護児童を発見した者は、**福祉事務所**もしくは**児童相談所**に通告しなければならず、通告は全ての国民に課せられた義務である

【児童虐待防止法】
虐待対応の権限は**児童相談所長**にあり、多くは市町村や福祉事務所を経て児童相談所に**送致**される。地域住民は**児童委員**を介して通告できる。学校の教職員、児童福祉施設の職員、医師、保健師、弁護士その他児童の福祉に職務上関係のある者は、児童虐待を発見しやすい立場にあることを自覚し、早期発見に努めなければならない

↓

❷受理

◆児童相談所は通告を**受理**したのち、**受理会議**を開催し、担当者や当面の方針などについて決定を行う。**児童相談所運営指針**には、児童相談所への通告を受理してから**48**時間以内に児童の安全確認を行うことが望ましいとされている

↓

❸調査

◆児童虐待のおそれがあると認めるとき、**都道府県知事**は、保護者に対し、児童を同伴して**出頭**することを求め、児童委員や児童相談所の職員に立入調査をさせることができる。なお、保護者が立入調査を拒んだ場合には、**再出頭要求**をすることができる

◆保護者が**再出頭要求**に応じない場合には、都道府県知事は、**裁判官**の許可状を得たうえで、解錠等を伴う立入（臨検・捜索）が可能となる

↓

❹一時保護

◆緊急に子どもを保護する必要があると判断される場合、速やかに**一時保護**（期間は原則２か月以内）を行う。原則、子どもや保護者の同意を得て行う必要があるが、子どもの福祉を害すると認められる場合にはこの限りでない（**職権保護**）

↓

❺判定

◆問題解決のために行う社会診断や心理診断、医学的診断、一時保護中の**行動観察**による診断結果などを総合的に検討し、児童相談所としての援助方針を決定する。これを判定という

例題

Q 児童の福祉に職務上関係のある者は、児童虐待の早期発見を行わなければならない。〔第35回-問138〕

A ×　学校の教職員、児童福祉施設の職員、**医師**、**保健師**、**弁護士**その他児童の福祉に職務上関係のある者は、児童虐待を発見しやすい立場にあることを自覚し、早期発見に**努めなければならない**。

◆要保護児童対策地域協議会

2004（平成16）年の『**児童福祉法**』改正により地方公共団体は、**要保護児童の適切な保護**または**要支援児童もしくは特定妊婦**※**への適切な支援**を図るため、関係機関、関係団体及び関係者により構成される**要保護児童対策地域協議会**をおくように努めなければならないとされています。

※特定妊婦

出産後の養育について出産前において支援を行うことが特に必要と認められる妊婦のこと。

ひとこと

要保護児童対策地域協議会では、児童相談所、福祉事務所、保育所、民生・児童委員、保健センター、医療機関、小学校、警察、法務局などの関係機関が一堂に会し、情報交換や支援の検討を行います。

また、要保護児童対策地域協議会には、運営の中核となって関係機関との連絡調整などを行う**要保護児童対策調整機関**をおくことが定められており、要保護児童対策地域協議会の関係機関の中から**地方公共団体の長**が1つ指定することとなっています。この要保護児童対策調整機関には、専門的な知識や技術に基づいて適切な業務を行うことができる専門職（**調整担当者**）の配置が定められています。厚生労働大臣が定める基準に適合する研修の受講が義務づけられている調整担当者は、児童福祉司の資格を有する者またはこれに準ずる資格を有する者で、**保健師**、**保育士**等が該当します。

3 児童虐待予防の取組

児童虐待について、**発生予防**から**自立支援**まで一連の対策のさらなる強化を図ることをねらいとし、2016（平成28）年と2019（令和元）年に、『**児童虐待防止法**』が改正されました。

◆2016（平成28）年、2019（令和元）年の児童虐待防止法改正

2016（平成28）年の法改正により、しつけを名目とした児童虐待の禁止、2019（令和元）年の法改正により、親権者の体罰の禁止が規定されました。

●ここがポイント

2016（平成28）年の児童虐待防止法の改正

しつけを名目とした児童虐待の禁止	親権者は、児童の **しつけ** に際して、監護及び教育に必要な範囲を超えて当該児童を **懲戒** してはならない

2019（令和元）年の児童虐待防止法の改正

児童の権利擁護	親権者は、児童のしつけに際して、**体罰** を加えてはならない
児童相談所の体制強化	◆児童虐待を行った保護者について指導措置を行う場合は、児童虐待の再発を防止するため、**医学的** または **心理学** 的知見に基づく指導を行うよう努める ◆施設入所措置の解除にあたり児童の家庭環境を明文化
関係機関の連携強化	**学校・教育委員会・児童福祉施設** 等の職員は正当な理由なく職務上知りえた児童に関する秘密を漏らしてはならない、**DV** 対策との連携強化、児童虐待を受けた児童の移転に際する情報提供等

ひとこと

『児童虐待防止法』の改正により、相互に連携を図りながら協力するよう努めるべき関係機関に、**児童相談所**が含まれるようになりました。

例題

Q 2019年（令和元年）に改正された児童福祉法及び児童虐待の防止等に関する法律により、親権者は、児童のしつけに際して体罰を加えてはならないとされた。〔第33回-問137〕

A ○ 2016（平成28）年の改正により、**しつけ**を名目とした児童虐待の禁止、2019（令和元）年の改正により、**親権者**の体罰の禁止が規定された。

4 被虐待児童への自立支援

2016（平成28）年の法改正により、被虐待児童への**自立支援**においても見直しがありました。

■被虐待児童への自立支援における法改正のポイント

	法律名	法改正の内容
親子関係再構築支援	児童福祉法・児童虐待防止法	関係機関などが**連携**して行わなければならない旨を明記。措置を解除する際や、措置を解除した後も他機関との連携や**保護者支援**を重要視
養子縁組里親	児童福祉法	**養子縁組**によって要保護児童の養親となることを希望する者（**養子縁組里親**）の法定化
18歳以上の者に対する支援	児童福祉法・児童虐待防止法	一時保護中の**18歳以上**の者について、**20歳**に達するまで、新たに施設入所などを行えるようにするとともに、**保護者を面会・通信制限**などの対象とする

CHAPTER 2
SECTION 6

DV防止法

このSECTIONのポイント

◆DV防止法の概要…配偶者間の暴力（ドメスティック・バイオレンス〈DV〉）が深刻化してきたことを背景に制定されたDV防止法について、概要や支援内容などを学びましょう

重要度C DV防止法の概要

1 DV防止法の目的等

『配偶者からの暴力の防止及び被害者の保護に関する法律』（**DV防止法**）は、配偶者からの暴力に係る**通報**、**相談**、**保護**、**自立支援**などの体制を整備することにより、**配偶者からの暴力の防止**及び被害者の**保護**を図ることを目的に、2001（平成13）年に制定されました。

『DV防止法』では、被害者の保護のため、保護命令の発令や**配偶者暴力相談支援センター**の設置などを規定しています。

●ここがポイント

保護命令の発令

◆配偶者からの**身体に対する** **暴力** または**生命**、**身体**、**自由**、**名誉**もしくは**財産**に対し害を加える旨を告知してする **脅迫** を受けた被害者が、配偶者からの更なる身体に対する暴力等により、その**生命または心身に重大な危害を受けるおそれが大きい**ときは、**裁判所** は、**被害者** の申立てにより、当該配偶者に対し、**保護命令**を発令することができる

保護命令の内容

❶被害者への接近禁止命令（1年間）

❷被害者と**同居する子**への接近禁止命令（1年間）

❸被害者の**親族等**への接近禁止命令（1年間）

❹**電話等禁止**命令（1年間）
→面会要求、無言電話、メール、名誉を害することを告げるなどの行為の禁止

❺被害者と共に生活の本拠としている住居からの**退去**等命令（原則**2**か月、申立てにより**6**か月）

ひとこと

保護命令に違反すると、**2年以下の懲役**または**200万円以下の罰金**に処せられます。

なお、『DV防止法』で使用される用語について、それぞれの意味をより明らかにするための定義づけがされています。

■**DV防止法における用語の定義**

配偶者からの暴力	配偶者からの**身体に対する暴力**またはこれに準ずる**心身に有害な影響を及ぼす言動**
被害者	**配偶者**からの暴力を受けた者
配偶者	婚姻の届出をしていないが事実上婚姻関係と同様の事情にある者や**元配偶者**を含む
離婚	事実上婚姻関係にあった者が、事実上離婚したと同様の事情に入る場合を含む

2 配偶者暴力相談支援センター

配偶者暴力相談支援センターは、『DV防止法』に基づき、配偶者からの暴力防止や被害者の保護のために次の業務を行います。

配偶者暴力相談支援センターの業務

◆相談・相談機関の**紹介**

◆**カウンセリング**

◆被害者及び同伴者の緊急時における安全の確保及び**一時保護**

◆被害者の**自立生活**促進のための情報提供その他の援助

◆被害者を**居住**させ保護する施設の利用についての情報提供その他の援助

◆**保護命令**制度の利用についての情報提供その他の援助

（注）各センターにおいて実施される事業は異なります

都道府県に**設置義務**、**市町村**に設置の**努力義務**があり、都道府県では、**女性相談支援センター** →詳細はp.192参照 などが配偶者暴力相談支援センターの機能を果たしています。

3 基本方針・基本計画

『DV防止法』では、配偶者からの暴力の防止、被害者保護や自立支援は国及び地方公共団体の責務であるとし、**国**（内閣総理大臣、国家公安委員会、法務大臣及び厚生労働大臣）は、**配偶者からの暴力の防止及び被害者の保護のための施策に関する基本的な方針**（**基本方針**）を定めなければならないとしています。

また、**都道府県**に対しては、国の基本方針に即した、配偶者からの暴力の防止及び被害者の保護のための施策の実施に関する基本的な計画（都道府県基本計画）の策定が義務づけられています。なお、市町村については**努力義務**になっています。

4 主な法改正の内容

『DV防止法』は、2001（平成13）年の制定以来、これまでに**4度の改正**が行われています。

■主な改正内容

2004 （平成16）年 改正	●「配偶者からの暴力」の定義の拡大 → **身体的暴力**に限定されていたものから言葉や態度などによる**精神的暴力**も含むものとした ●保護命令の対象者の拡大 → 現在の配偶者だけでなく、**元配偶者**や被害者と同居の子も含むとした
2007 （平成19）年 改正	●市町村による基本計画の策定を**努力義務**とした ●市町村の適切な施設において配偶者暴力相談支援センターの機能を果たすようにすることを市町村の**努力義務**とした ●保護命令制度の拡充 → 配偶者から**生命等に対する脅迫**を受けた被害者も保護命令の対象とした → **電話等禁止命令**の新設
2013 （平成25）年 改正	●法律名を配偶者からの暴力の防止及び被害者の保護に関する法律から**配偶者からの暴力の防止及び被害者の保護等に関する法律**に改めた ●法の適用対象を拡大 → 生活の本拠を共にする交際相手からの暴力も適用対象とした
2023 （令和5）年 改正	●**保護命令制度の拡充・保護命令違反の厳罰化** → 配偶者から**自由、名誉または財産に対する加害の告知による脅迫**を受けた被害者も保護命令の対象とした → 接近禁止命令等の期間を6か月間から**1年間**に伸長 → 被害者と同居する未成年の子への接近禁止命令の要件を満たす場合について、当該子への**電話等禁止命令**を創設 → 退去等命令の期間について、**住居の所有者または賃借人が被害者のみ**である場合には、申立てにより**6か月**（原則は2か月）とする特例を新設

2023（令和5）年改正	●**基本方針・都道府県基本計画の記載事項の拡充** →国が定める基本方針及び都道府県基本計画について、❶被害者の**自立支援**のための施策、❷国・地方公共団体・民間の団体の**連携**・**協力**を必要的記載事項とする ●**協議会の法定化** →関係機関等から構成される配偶者からの暴力の防止及び被害者の保護に関する**協議会**を法定化し、**都道府県**に協議会を組織する努力義務（市町村は「できる規定」）、情報交換の円滑化等を図るため、協議会の事務に関する**守秘義務等**を創設

例題

Q 配偶者からの生命等に対する脅迫を受けた被害者に係る保護命令は、「DV防止法」制定時から定められている規定である。

〔第24回-問139〕

A ×

「配偶者からの生命等に対する脅迫を受けた被害者」に係る保護命令は、**2007（平成19）年の改正時**に規定された内容である。

5 DV発見時の対応

配偶者からの暴力を受けている者を発見した者は、**配偶者暴力相談支援センター**または**警察官**に通報するよう努めなければなりません。また、**医師その他の医療関係者**は、その業務を行うに当たり、配偶者からの暴力によって**負傷**しまたは**疾病**にかかったと認められる者を発見したときは、配偶者暴力相談支援センターまたは警察官に通報することができます。また、その者に対し、配偶者暴力相談支援センター等の利用について、**その有する情報を提供**するよう努めなければなりません。通報を受けた警察官は、配偶者からの暴力が行われていると認めるときは、**暴力の制止**、**被害者の保護**その他の配偶者からの暴力による被害の発生を防止するために必要な措置を講ずるよう努めなければなりません。

なお、医師その他の医療関係者は、配偶者暴力相談支援センターまたは警察官に通報する場合、被害者の**意思を尊重**するよう努めるものとされています。

CHAPTER 2
SECTION 7

母子及び父子並びに寡婦福祉法

このSECTIONのポイント

◆母子及び父子並びに寡婦福祉法の概要…離婚率の上昇などに伴って増加しているひとり親家庭を支援するための制度を学びましょう

重要度B　母子及び父子並びに寡婦福祉法の概要

1　母子及び父子並びに寡婦福祉法の目的等

『**母子及び父子並びに寡婦福祉法**』は、母子家庭等及び寡婦の福祉に関する原理を明らかにするとともに、母子家庭等及び寡婦に対し、その生活の安定と向上のために必要な措置を講じ、母子家庭等及び寡婦の**福祉**を図ることを目的とした法律です。

1964（昭和39）年に『**母子福祉法**』として制定されて以来、対象を拡大させ、2014（平成26）年、『**母子及び父子並びに寡婦福祉法**』に改正されました。

●ここがポイント

法律の対象の変化

母子福祉法	◆1964（昭和39）年制定 ◆対象：**母子家庭**
↓	
母子及び寡婦福祉法	◆1981（昭和56）年改正 ◆対象：母子家庭、**寡婦**
↓	

母子及び寡婦福祉法
- ◆2002（平成14）年改正
- ◆対象：母子家庭、寡婦 、**父子家庭**

↓

母子及び父子並びに寡婦福祉法
- ◆2014（平成26）年改正
- ◆対象：母子家庭、寡婦、**父子家庭**

『母子及び父子並びに寡婦福祉法』において、法の目的に沿った運用がされるよう、下記の定義づけがされています。

■母子及び父子並びに寡婦福祉法における用語の定義

配偶者のない女子 **配偶者のない男子**	**死別**、**離婚**、配偶者の**行方不明**、配偶者が**障害**により長期間の労働能力を失っているなど、現に婚姻をしていない者及びこれに準ずる者。なお、配偶者にはいわゆる事実婚を含む
児童	**20歳**に満たない者
寡婦	配偶者のない女子であって、かつて配偶者のない女子として児童を扶養していたことのある者

例題

Q 母子及び父子並びに寡婦福祉法にいう児童とは、18歳に満たない者をいう。〔第31回-問138〕

A × 母子及び父子並びに寡婦福祉法にいう児童とは、**20**歳に満たない者をいう。

2 母子・父子自立支援員

『母子及び父子並びに寡婦福祉法』に基づき、配偶者のない者で現に児童を扶

養している者及び寡婦に対し、自立に必要な情報提供や指導、職業能力の向上及び**求職活動に関する支援**を行うために、福祉事務所などに**母子・父子自立支援員**が配置されています。2014（平成26）年の改正によって、**母子自立支援員**から名称変更されました。

■母子・父子自立支援員の概要

要件	**社会的信望**があり、かつ、規定する職務を行うに必要な熱意と識見をもっている者
委嘱の方法	**都道府県知事**、**市長**（特別区の区長を含む）及び福祉事務所を管理する**町村長**が委嘱する
勤務形態	非常勤（ただし、政令で定める相当の**知識経験**を有する者は、常勤も可）

3 基本方針・自立促進計画

『母子及び父子並びに寡婦福祉法』において、**厚生労働大臣**は、**母子家庭等及び寡婦の生活の安定と向上のための措置に関する基本的な方針**（**基本方針**）を定めることが規定されています。

また、**都道府県**、**市**及び**福祉事務所を設置する町村**は、**基本方針**に即し、**母子家庭等及び寡婦の生活の安定と向上のための措置に関する計画**（**自立促進計画**）を策定します。

4 ひとり親家庭の経済的支援

ひとり親家庭の経済的支援として、児童扶養手当制度 →詳細は p.182参照 のほかに**福祉資金**の貸付けがあります。『母子及び父子並びに寡婦福祉法』において、**経済的**自立の助成と**生活意欲**の助長を図り、あわせてその扶養している児童（寡婦については被扶養者）の福祉を増進するため、**都道府県**、**指定都市**、**中核市**は福祉資金を貸し付けることができるとしています。

■各福祉資金の主な貸付対象

	主な貸付対象
母子福祉資金	●配偶者のない女子で現に児童を扶養している者（母子家庭の母） ●母子家庭の母に扶養されている児童　●父母のない児童
寡婦福祉資金	●寡婦　●寡婦の扶養している子 ●40歳以上の配偶者のない女子
父子福祉資金	●配偶者のない男子で現に児童を扶養している者（父子家庭の父） ●父子家庭の父に扶養されている児童　●父母のない児童

貸付金の種類

- 事業開始資金
- 事業継続資金
- 修学資金
- 修業資金
- 技能習得資金
- 就職支度資金
- 医療介護資金
- 生活資金
- 住宅資金
- 転宅資金
- 就学支度資金
- 結婚資金

例題

Q 都道府県は、母子家庭の母親が事業を開始・継続するのに必要な資金を貸し付けることができる。〔第31回-問138〕

A ○ 都道府県は、**事業開始資金**、**事業継続資金**を貸し付けることができる。

5 ひとり親家庭等日常生活支援事業

ひとり親家庭等日常生活支援事業とは、母子家庭及び父子家庭、寡婦が、修学等や病気、災害、冠婚葬祭などの**社会的に必要と認められる事由**により**一時的に日常生活を営むのに支障が生じた場合**に、**家庭生活支援員**を派遣し、**生活援助**や出張保育などを行う事業です。

ひとり親家庭等日常生活支援事業には、**母子家庭日常生活支援事業**、**父子家庭日常生活支援事業**、**寡婦日常生活支援事業**があります。

6 特定教育・保育施設の利用等に関する特別の配慮

『母子及び父子並びに寡婦福祉法』では、**市町村**は、特定教育・保育施設（認定こども園、幼稚園、保育所）や**特定地域型保育事業**（小規模保育、家庭的保育、事業所内保育、居宅訪問型保育）の利用について、相談や調整などを行う場合には、母子家庭の福祉が増進されるように特別の配慮をしなければならないと規定されています。

なお、父子家庭については準用されます。

7 母子・父子福祉施設

『母子及び父子並びに寡婦福祉法』では、母子・父子福祉施設として、**母子・父子福祉センター**と**母子・父子休養ホーム**の設置を規定しています。

母子・父子福祉施設

□ **母子・父子福祉センター**
生活や養育、教育などの各種相談に応じたり、生活指導や生業の指導を行う施設

□ **母子・父子休養ホーム**
レクリエーションや休養のための施設

例題

Q 母子及び父子並びに寡婦福祉法では、母子生活支援施設について規定されている。 〔第29回-問140・改〕

A ×
母子生活支援施設は、**児童福祉法**に定められた児童福祉施設である。母子及び父子並びに寡婦福祉法では、母子・父子福祉施設について規定している。

CHAPTER 2
SECTION 8

母子保健法

このSECTIONのポイント

◆母子保健法の概要…乳幼児の健康の保持増進などを定めた母子保健法について学びましょう

重要度B 母子保健法の概要

1 母子保健法の目的等

1965（昭和40）年、母性並びに乳幼児の健康の保持及び増進を図ることを目的に、**『母子保健法』**が制定されました。

この法律では、**国**や**地方公共団体**は母性並びに乳幼児の健康の保持増進に努めなければならないと規定されており、住民の生活に身近な**市町村**が健康診査や、訪問による保健指導を担っています。

なお、『母子保健法』では、乳幼児の年齢区分などを、下記のように定義づけしています。

■母子保健法の用語の定義

妊産婦	妊娠中または出産後**1年以内**の女子
乳児	**1歳**に満たない者
幼児	**満1歳**から**小学校就学の始期**に達するまでの者
新生児	**出生後28日**を経過しない乳児

未熟児	身体の発育が未熟のまま出生した乳児であって、正常児が出生時に有する諸機能を得るに至るまでの者
保護者	親権を行う者、未成年後見人その他の者で、乳児または幼児を現に監護する者

2 母子保健の向上に関する措置

『母子保健法』では、母子保健の向上に関する措置として、主に次のことを定めています。

◆保健指導

市町村は、**妊産婦**や**その配偶者**、**乳幼児の保護者**に対して、妊娠、出産または育児に関して必要な保健指導を行い、または医師、歯科医師、助産師もしくは保健師について保健指導を受けることを勧奨しなければならないとされています。

例題

Q 母子保健法に規定されている母子保健の向上に関する措置は、妊産婦のみを対象として規定している。〔第28回-問140〕

A ×
第10条（保健指導）では「市町村は、妊産婦若しくはその配偶者又は乳児若しくは幼児の保護者に対して、妊娠、出産又は育児に関し、必要な保健指導を行い、又は医師、歯科医師、助産師若しくは保健師について保健指導を受けることを勧奨しなければならない」としている。

◆新生児訪問指導

市町村は、**新生児**について、育児上必要があると認めるときには、**医師**、**保健師**、**助産師**などにその新生児の保護者を訪問させ、必要な指導を行わせます。

ひとこと

体重が2500グラム未満の乳児が出生したときは、その保護者は、速やかに、その旨をその乳児の現在地の市町村に届け出なければなりません。

◆健康診査

『母子保健法』に基づいて**市町村**が実施する健康診査には、次のものがあります。

■母子保健法に基づく健康診査

<table>
<tr><th></th><th>対象</th><th>内容</th></tr>
<tr><td>妊産婦健康診査</td><td>妊産婦</td><td>2009（平成21）年度以降、原則14回まで公費負担</td></tr>
<tr><td>乳児健康診査</td><td>●3～6か月児
●9～11か月児</td><td>●通常2回実施
●対象児の年齢や健診内容は、実施する市町村により異なる</td></tr>
<tr><td>1歳6か月児健康診査</td><td>満1歳6か月を超え満2歳に達しない幼児</td><td rowspan="2">市町村での実施が義務づけられている</td></tr>
<tr><td>3歳児健康診査</td><td>満3歳を超え満4歳に達しない幼児</td></tr>
</table>

◆未熟児訪問指導

市町村は、**未熟児**について、養育上必要があると認めるときは、**医師**、**保健師**、**助産師**などにその未熟児の保護者を訪問させ、必要な指導を行わせます。

また、病院等に入院することが必要な未熟児に対しては、その養育に必要な医療（**養育医療**）の給付や費用の支給を行います。

◆その他の母子保健法における規定

●妊娠の届出

妊娠した者は、速やかに**市町村長**に妊娠の届出をしなければならない。

●母子健康手帳の交付

市町村は、妊娠の届出をした者に対して、**母子健康手帳**を交付しなければならない。

●低体重児の届出

体重が**2500g未満**の乳児が出生したときは、その保護者は、速やかに、その旨をその乳児の現在地の**市町村**に届け出なければならない。

●母子保健施策を通じた虐待予防

国・地方公共団体は、**母子保健施策**を講ずるに当たり、それが児童虐待の発生予防・早期発見に役立つものであることに留意しなければならない。

●産後ケア事業

市町村は、心身のケアや育児サポートなどの援助を必要とする**出産後1年を経過しない**母子に対して、産後の支援を行うよう努めなければならない（2021〈令和3〉年度より）。

ひとこと

予防接種の実施については、『予防接種法』（1948〈昭和23〉年制定）で規定されています。制定以来、大勢の人が感染することを防ぐという社会防衛の考え方に基づいて予防接種が行われていましたが、1994（平成6）年の法改正により、義務接種が緩和されました。

例題

Q 母子保健法において、市町村長は、養育上必要があると認めるときは、その未熟児の保護者に対して保健師等による訪問指導を行うように定めている。　〔第26回-問140・改〕

A ○　第19条第1項において、**未熟児訪問指導**として定められている。

ひとこと

2022（令和４）年の児童福祉法の改正により、従来、母子保健法に根拠法があった母子健康包括支援センターは、2024（令和６）年度より、子ども家庭総合支援拠点と一体化した**こども家庭センター**に再編され、児童福祉法に基づき設置されることになりました（努力義務設置）。

3 母子保健サービスの最近の動向

母子保健について、近年は、不妊治療の経済的負担の軽減を図るため配偶者間の**特定不妊治療**（体外受精及び顕微授精）に要する費用の助成を拡大したり、母子健康包括支援センターの設置が法定化されるなど、安心・安全に妊娠、出産、子育てのできる環境の整備が進められています。

◆健やか親子21

「**健やか親子21**」とは、21 世紀の母子保健の主要な取組を提示するビジョンであり、関係者、関係機関・団体が一体となって、その達成に向けて取り組む**国民運動計画**です。第１次は2001（平成13）～2014（平成26）年まで、第２次は**2015（平成27）～2024（令和６）年度**までを計画期間としています。

「健やか親子21（第２次）」では、「**すべての子どもが健やかに育つ社会**」を10年後に目指す姿として掲げ、**３つの基盤課題**と**２つの重点課題**を設定しています。

■ **３つの基盤課題と２つの重点課題**

３つの基盤課題	●切れ目のない**妊産婦**・**乳幼児**への保健対策 ●**学童期**・**思春期**から**成人期**に向けた保健対策 ●子どもの健やかな成長を見守り育む地域づくり
２つの重点課題	●育てにくさを感じる親に寄り添う支援 ●**妊娠期**からの児童虐待防止対策

CHAPTER 2

SECTION 9

子ども・子育て支援法

このSECTIONのポイント

◆子ども・子育て支援法の概要…法の基本理念と責務規定についてみていきます

◆子ども・子育て支援新制度…制度のポイントをおさえておきましょう

重要度 B

子ども・子育て支援法の概要

すべての子どもの良質な成育環境を保障し、子ども・子育て家庭を社会全体で支援することを目的として、『子ども・子育て支援法』が**2012（平成24）年**に制定されました。法の基本理念は次のとおりです。

❶子ども・子育て支援は、父母その他の保護者が子育てについての**第一義的責任**を有するという基本的認識の下に、家庭、学校、地域、職域その他の社会のあらゆる分野における全ての構成員が、各々の役割を果たすとともに、**相互に協力**して行われなければならない

❷子ども・子育て支援給付その他の子ども・子育て支援の内容及び水準は、**全ての子どもが健やかに成長するように支援**するものであって、良質かつ適切なものであり、かつ、子どもの**保護者の経済的負担の軽減**について適切に配慮されたものでなければならない

❸子ども・子育て支援給付その他の子ども・子育て支援は、地域の実情に応じて、**総合的**かつ**効率的**に提供されるよう配慮して行われなければならない

また、法の実施には地方自治体や国、事業主、国民の責務も規定されています。

■子ども・子育て支援法における責務規程

市町村	●子どもの健やかな成長のために適切な環境が等しく確保されるよう、子ども及びその保護者に必要な**子ども・子育て支援給付**及び**地域子ども・子育て支援事業を総合的かつ計画的に行う** ●子ども及びその保護者が、確実に子ども・子育て支援給付を受け、及び地域子ども・子育て支援事業その他の子ども・子育て支援を円滑に利用するために必要な援助を行うとともに、**関係機関との連絡調整その他の便宜の提供**を行う ●子ども及びその保護者が置かれている環境に応じて、**子どもの保護者の選択**に基づき、**多様な施設または事業者**から、良質かつ適切な教育及び保育その他の子ども・子育て支援が総合的かつ効率的に提供されるよう、その**提供体制を確保**する
都道府県	市町村が行う子ども・子育て支援給付及び地域子ども・子育て支援事業が適正かつ円滑に行われるよう、市町村に対する**必要な助言及び適切な援助を行う**とともに、子ども・子育て支援のうち、特に専門性の高い施策及び各市町村の区域を超えた**広域的な対応が必要な施策**を講じなければならない
国	市町村が行う子ども・子育て支援給付及び地域子ども・子育て支援事業その他この法律に基づく業務が適正かつ円滑に行われるよう、**市町村及び都道府県と相互に連携**を図りながら、子ども・子育て支援の提供体制の確保に関する施策その他の必要な各般の措置を講じなければならない
事業主	雇用する労働者に係る**多様な労働条件の整備**その他の労働者の**職業生活と家庭生活との両立**が図られるようにするために必要な**雇用環境の整備を行う**ことにより当該労働者の子育ての支援に努めるとともに、国または地方公共団体が講ずる子ども・子育て支援に協力しなければならない
国民	子ども・子育て支援の重要性に対する**関心と理解を深める**とともに、国または地方公共団体が講ずる**子ども・子育て支援に協力**しなければならない

例題

Q 子ども・子育て支援法に基づき、国は、子どもと保護者に必要な子ども・子育て支援給付、地域子ども・子育て支援事業を総合的・計画的に行う。〔第33回-問140〕

A × 子ども・子育て支援給付、地域子ども・子育て支援事業を総合的・計画的に行うのは、**市町村**である。

重要度B 子ども・子育て支援新制度

2012（平成24）年に制定された『**子ども・子育て関連３法**※』に基づき、幼児期の教育や保育、地域の子育て支援を総合的に進めることを目的とした**2015（平成27）年度**よりスタートした制度です。

子ども・子育て支援新制度の主なポイントは、次のとおりです。

子ども・子育て支援新制度の主なポイント

- ◆子ども・子育て支援給付として、**施設型給付**（認定こども園、幼稚園、保育所を通じた共通の給付）と**地域型保育給付**（小規模保育等への給付）を創設
- ◆**認定こども園制度**の改善
- ◆**市町村**は制度の実施主体として、地域のニーズを反映した**市町村子ども・子育て支援事業計画**を策定。その計画に基づいて、総合的・計画的な子ども・子育て支援給付や**地域子ども・子育て支援事業**を実施する
- ◆**子ども・子育て会議**の内閣府への設置

※子ども・子育て関連３法
子ども・子育て支援法、認定こども園法の一部改正、子ども・子育て支援法及び認定こども園法の一部改正法の施行に伴う関係法律の整備等に関する法律のこと。

●ここがポイント

子ども・子育て支援新制度における保育所等の利用の流れ

❶ 保護者は市町村に**教育・保育の**必要性の認定を申請する

↓

❷ 市町村は申請のあった子どもについて**教育・保育の**必要性の認定を行い、認定証を交付する

◆保育の必要性の認定にあたっては、❶事由、❷ 保育の必要量 について 国 が基準を設定する ✔CHECK! ❶

◆認定には、１号から３号の**認定区分**が設けられ、区分に応じた給付が行われる ✔CHECK! ❷

↓

❸ 保護者が市町村に保育所等利用希望**の申込みを行う**

↓

❹ 市町村が利用調整をする

↓

❺ 保護者は市町村長が確認する教育・保育施設または地域型保育事業の事業者と契約して、必要な教育・保育を受ける ✔CHECK! ❸

✔CHECK! ❶ 保育を必要とする事由、保育の必要量

子ども・子育て支援新制度では、「事由」について、保護者の就労、疾病、介護などに加え、求職活動、就学、 育児休業取得時の継続利用 などが新たに明記された。「保育の必要量」は、主としてフルタイムの就労を想定した 保育標準 **時間**と、主としてパートタイムの就労を想定した保育短**時間**の２区分とした。

✔CHECK! ❷ 施設型給付の支援を受ける子どもの認定区分

施設型 給付の教育・保育を利用する子どもについては、次のような区分に基づいて給付が行われる。

認定区分	条件	給付	利用施設
1号 （教育標準）	満3歳以上の小学校就学前で、**学校教育のみ**を受ける子ども	教育標準時間	幼稚園 認定こども園
2号 （保育）	満3歳以上の小学校就学前で、**保育を必要とする**子ども	保育短時間 保育標準時間	保育所 認定こども園
3号 （保育）	満3歳**未満**で、保育を必要とする子ども	保育短時間 保育標準時間	保育所 認定こども園 小規模保育など

✔CHECK! ❸ 地域型保育事業

市町村による認可事業で、次の4類型がある。

種類	概要
家庭的保育事業	家庭で必要な保育を受けることが困難である**満3歳未満の乳幼児**や**満3歳以上で保育が必要な児童**を、家庭的保育者がその**居宅**などにて保育する事業
小規模保育事業	保育を必要とする**満3歳未満の乳幼児**や**満3歳以上の児童**を、利用定員が**6**人以上**19**人以下の保育を目的とする**施設**にて保育する事業
居宅訪問型 保育事業	障害、疾病などにより、集団保育が著しく困難であると認められる**乳幼児**などに対して、乳幼児の居宅で、**家庭的保育者**による1対1の個別保育を行う事業
事業所内 保育事業	保育を必要とする満3歳未満の乳幼児や満3歳以上の幼児を、事業主が自ら設置する施設などで保育する事業

◆施設型給付の構造

保育を実施するうえで必要と判断される費用（**公定価格**）を国が算定し、ここから利用者負担を差し引いたものが**施設型給付**及び**地域型保育給付**として支給されます。なお、利用者負担は利用者（保護者）の所得に応じた**応能負担**となっています。

■施設型給付の負担構造

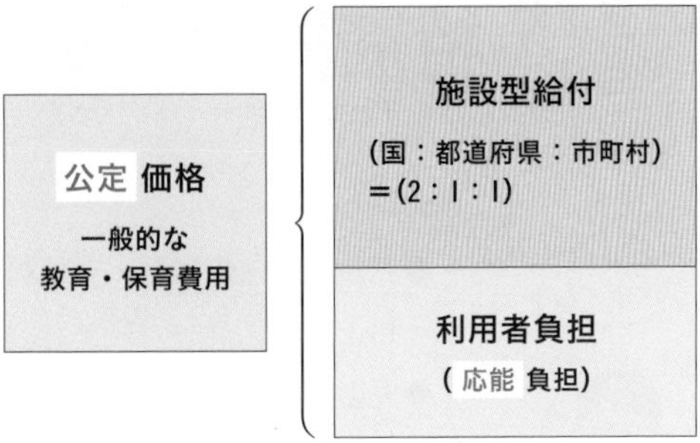

ひとこと

子どものための教育・保育給付（施設型給付、地域型保育給付）は保護者に対する**個人給付**という位置づけですが、実際には保育を行う施設・事業者に支払われます（法定代理受領方式）。

◆地域子ども・子育て支援事業

子ども・子育て支援新制度によって、**市町村**は、**地域子ども・子育て支援事業**として、『児童福祉法』に規定されている子育て支援事業を含む、次の事業を実施することとされました。

地域子ども・子育て支援事業

❶ **利用者支援事業**
❷ 地域子育て支援拠点事業
❸ 妊婦健康診査
❹ 乳児家庭全戸訪問事業
❺ 養育支援訪問事業
❻ 子育て短期支援事業
❼ 子育て援助活動支援事業
❽ 一時預かり事業
❾ **延長保育事業**
❿ 病児保育事業
⓫ 放課後児童健全育成事業
⓬ **実費徴収に係る補足給付を行う事業**
⓭ **多様な事業者の参入促進・能力活用事業**

CHAPTER 2

SECTION 10

児童手当法・児童扶養手当法・特別児童扶養手当法

このSECTIONのポイント

- ◆児童手当法の概要…支給対象者や支給月額、財源について覚えましょう
- ◆児童扶養手当法の概要…改正の変遷と支給要件をおさえましょう
- ◆特別児童扶養手当法の概要…特別児童扶養手当、障害児福祉手当、特別障害者手当について規定しています

重要度B 児童手当法の概要

『児童手当法』は、**1971（昭和46）年**に、家庭等の生活の安定に寄与することや次代の社会を担う児童の健やかな成長に資することを目的として制定されました。制定時は、対象が**第3子以降**に限られていましたが、数度の改正を経て、現在の制度になりました。

●ここがポイント

児童手当法の変遷

児童手当法
（1971〈昭和46〉年制定）

- ◆1991（平成3）年 → **第1子**まで対象を拡大
- ◆2006（平成18）年 → **小学校修了前**まで対象を拡大

↓

子ども手当法
（2010〈平成22〉年制定）

- ◆子ども手当の創設
- ◆**所得制限**の撤廃
- ◆**中学校修了前**まで対象を拡大

→ 支給月額は一律**1万3千円**

↓

子ども手当特別措置法
(2011〈平成23〉年制定)

◆ **支給月額** の見直し
◆ **施設入所の児童** 、 **里親** への支給を規定
→施設入所の児童の場合は、施設の設置者等に支給

児童手当法
(2012〈平成24〉年〜)

◆ **所得制限** の復活
◆ **特例給付** の導入

1 児童手当の仕組み

児童手当を受けようとする者は、**市町村**(公務員は**所属庁**)**の認定**を受ける必要があります。認定を受けることにより、原則として、毎年6月、10月、2月に、それぞれ前月までの分が支給されます。

支給対象や受給資格者、支給月額については、次のとおりです。

■児童手当の支給対象、受給資格者、支給月額(2024〈令和6〉年3月末現在)

<table>
<tr><td colspan="2">支給対象</td><td colspan="2">原則として、日本国内に住所を有する中学校卒業(15歳到達後の最初の年度末)までの児童</td></tr>
<tr><td colspan="2">受給資格者</td><td colspan="2">●支給対象の児童を養育している保護者
●児童が施設に入所している場合は、施設の設置者等</td></tr>
<tr><td rowspan="3">支給月額</td><td>3歳未満</td><td>一律1万5千円</td><td rowspan="3">年収960〜1200万円未満は一律5千円(特例給付)、1200万円以上は支給なし</td></tr>
<tr><td>3歳以上〜小学校修了前</td><td>●第1子、第2子
…1万円
●第3子以降
…1万5千円</td></tr>
<tr><td>中学生</td><td>一律1万円</td></tr>
</table>

なお、2024(令和6)年10月から、18歳までの支給延長、第3子以降には3万円の支給、所得制限の撤廃、支給回数は年6回に変更される予定です。

2 児童手当の費用負担割合

児童手当の財源は、**国**、**地方**（**都道府県**、**市町村**）、**事業主拠出金**で構成されています。

■児童手当の費用負担割合

被用者	3歳未満	児童手当	国16/45、地方8/45、事業主7/15
		特例給付	国2/3、地方1/3
	3歳～中学校修了前	児童手当	
		特例給付	
非被用者	3歳未満	児童手当	
		特例給付	
	3歳～中学校修了前	児童手当	
		特例給付	

なお、公務員は3歳未満、3歳～中学校修了前のどちらも所属庁が全額負担します。

例題

Q 児童手当の支給に要する費用の一部には、事業主からの拠出金が充てられる。〔第26回-問141〕

A ○ 被用者の3歳未満の子どもについては、7/15が事業主負担となっている。

重要度 B

児童扶養手当法の概要

『**児童扶養手当法**』は、**父または母と生計を同じくしていない児童**が育成される家庭の**生活**の安定と**自立**の促進に寄与し、児童の**福祉**の増進を図ることを目的として、**1961**（**昭和36**）**年**に制定されました。

制定当初は**母子家庭**のみを支給対象としていましたが、**2010**（**平成22**）**年**より、**父子家庭**も対象となりました。

■児童扶養手当法の主な改正内容

1998（平成10）年	非嫡出子で父に認知された児童が支給対象となる
2002（平成14）年	一部支給についてきめ細かくなる、養育費の８割を収入に認定するなど、手当削減の方策がとられる
2010（平成22）年	父子家庭が支給対象となる
2012（平成24）年	支給要件に、配偶者からの暴力（DV）で「裁判所からの保護命令」が出された場合が加わる
2014（平成26）年	公的年金を受給していても、その額が児童扶養手当の額より低い場合には、差額分の手当が受給可能となる
2016（平成28）年	第２子及び第３子以降の加算額が増額される
2021（令和３）年	児童扶養手当の額が障害年金の子の加算部分の額を上回る場合、その差額を児童扶養手当として受給が可能となる

◆児童扶養手当の仕組み

児童扶養手当は、**18歳到達後の最初の年度末までの間にある児童**（障害児の**場合は20歳未満**）**を監護する母、監護し生計を同じくする父や養育者**（**祖父母等**）が、次の支給要件のいずれかにあてはまる場合に支給されます。

支給額については、**所得**に応じて限度額が定められており、所得によって**全部支給**か**一部支給**になります。なお、**第２子以降**は**加算額**があります。

児童扶養手当の支給要件

❶ 父母の**離婚**　❷ 父または母の**死亡**
❸ 父または母の一定の**障害**　❹ 父または母の**生死不明**
❺ 父または母が１年以上**遺棄**している
❻ 父または母が裁判所からの**DV保護命令**を受けた
❼ 父または母が１年以上**拘禁**されている　❽ **婚姻**によらないで生まれた
❾ 棄児などで父母がいるかいないかが明らかでない

例題

Q 児童扶養手当の支給額は、世帯の収入にかかわらず一定である。
〔第36回-問139〕

A × 支給額については、所得に応じて限度額が定められており、所得によって全部支給か一部支給になる。なお、第2子以降は加算額がある。

重要度B 特別児童扶養手当法の概要

『特別児童扶養手当等の支給に関する法律』（**特別児童扶養手当法**）は、**精神または身体に障害を有する児童**について手当を支給することにより、これらの児童の福祉の増進を図ることを目的に、**1964（昭和39）年**に制定されました。

この法律では、**特別児童扶養手当**のほか、**障害児福祉手当**、**特別障害者手当**についても定めています。

1 特別児童扶養手当の仕組み

特別児童扶養手当は、**精神または身体に障害を有する20歳未満の児童**（障害児）**を家庭で監護、養育している父母等**に支給されます。

ただし、次に該当する場合には、支給されません。

- 受給者または対象児童が日本国内に住所を有しないとき
- 対象児童が障害を支給事由とする公的年金を受給しているとき
- 対象児童が児童福祉施設などに入所しているとき

特別児童扶養手当は、原則、年3回（**4月、8月、12月**）、それぞれ前月までの分が支給されます。支給月額は、重度（1級）障害児のほうが、中度（2級）障害児より高く設定されています。また、児童扶養手当同様、**所得制限**があります。

2 障害児福祉手当の仕組み

障害児福祉手当は、精神または身体に**重度**の障害を有するため、日常生活において**常時**の介護を必要とする**在宅**の20歳未満の者（**重度障害児**）に支給されます。

障害児福祉手当の概要

◆支給時期…原則、毎年**2月**、**5月**、**8月**、**11月**（それぞれ前月分までが支給される）

◆支給対象外…❶受給者が日本国内に**住所**を有しないとき、❷受給者が**障害**を支給事由とする**公的年金**を受給しているとき、❸受給者が**障害児入所施設**などに入所しているとき

◆**所得制限**あり

3 特別障害者手当の仕組み

特別障害者手当は、精神または身体に**著しく重度**の障害を有するため、日常生活において**常時特別**の介護を必要とする**在宅**の20歳以上の者（**特別障害者**）に支給されます。

特別障害者手当の概要

◆支給時期…原則、毎年**2月**、**5月**、**8月**、**11月**（それぞれ前月分までが支給される）

◆支給対象外…❶受給者が日本国内に**住所**を有しないとき、❷受給者が病院または診療所に継続して**3か月**を超えて入院しているとき、❸受給者が**障害者支援施設**などに入所しているとき

◆**所得制限**あり

CHAPTER 2
SECTION 11

次世代育成支援対策推進法・少子化社会対策基本法

このSECTIONのポイント

◆次世代育成支援対策推進法の概要…行動計画の策定についておさえましょう

◆少子化社会対策基本法の概要…少子化の流れへの懸念から制定された、それぞれの法律の内容及び少子化対策の展開について理解しましょう

重要度B 次世代育成支援対策推進法の概要

少子化対策推進関係閣僚会議の決定した「**次世代育成支援に関する当面の取組方針**」では、「家庭や地域の子育て力の低下に対応して、**次世代を担う子どもを育成する家庭を社会全体で支援**（**次世代育成支援**）することにより、子どもが心身ともに健やかに育つための環境を整備すること」と示されています。

少子化の流れを変えるため、政府・地方公共団体・企業などが一体となって次世代育成支援を進めていくことを目指して、2003（平成15）年に『**次世代育成支援対策推進法**』が制定されました。

当初は2005（平成17）年から10年間の時限立法としていましたが、現在は2024（令和６）年度末まで延長されています。

1 行動計画の策定

『次世代育成支援対策推進法』に基づき、**都道府県**、**市町村**、**事業主**は行動計画を策定します。

●ここがポイント

行動計画の策定

国	行動計画策定指針を定めなければならない
都道府県	5年を一期として、都道府県行動計画を策定することができる
✔CHECK! ❶	
市町村	5年を一期として、市町村行動計画を策定することができる ✔CHECK! ❷
一般事業主	一般事業主行動計画を策定する ◆常時雇用する労働者が100人を超えるもの → 義務 ◆常時雇用する労働者が100人以下のもの → 努力義務
特定事業主	国及び地方公共団体は、特定事業主行動計画を策定する

✔CHECK! ❶ 都道府県と市町村における行動計画の策定

法施行時は、全ての都道府県・市町村に対し行動計画の策定が義務づけられていたが、2015（平成27）年度から任意となった。

✔CHECK! ❷ 一般事業主行動計画

労働者の仕事と子育ての両立を図るために策定する計画。❶計画期間、❷目標、❸目標を達成するための対策の内容と実施時期を定める。行動計画策定日からおおむね3か月以内に、事業主は、その計画を一般に公表、労働者に周知する。

◆次世代育成支援対策推進センター

次世代育成支援対策推進センターは、**一般事業主**の**行動計画策定**及び**実施**に関し、相談その他の援助を行う一般事業主の団体またはその連合団体です。申請によって**厚生労働大臣**が指定します。

ひとこと

一般事業主行動計画を策定した事業主のうち、一定の基準を満たす事業主については、**基準に適合するものであるとして認定**されます。認定を受けた事業主は、**認定マーク**（愛称：くるみん）を商品や広告に使用することができます。さらに2015（平成27）年４月より、より高い水準の取組を行っている企業を評価する「プラチナくるみん認定」制度が始まり、2017（平成29）年４月には、子育てサポート企業を多方面より評価する新しい認定基準が、さらに、2022（令和４）年４月からは、くるみん認定・プラチナくるみん認定の認定基準の引き上げに伴い、新たに「トライくるみん認定」が採用されています。

例題

Q 都道府県及び市町村には、10年を１期とする次世代育成支援のための地域における行動計画を策定することが義務づけられている。〔第36回−問140〕

A × 都道府県及び市町村は、次世代育成支援対策の実施に関する計画（行動計画）を５年を１期として策定することができるとされている（任意）。

2 次世代育成支援対策地域協議会

地方公共団体や**事業主**、**住民**などの次世代育成支援対策の推進を図るための活動を行う者は、地域における次世代育成支援対策の推進に関して必要となるべき措置について協議するために、**次世代育成支援対策地域協議会（地域協議会）**を組織することができます。

重要度C 少子化社会対策基本法の概要

少子化対策のための多様な政策が展開されたにもかかわらず少子化の流れは変わらず、**2003（平成15）年**、議員立法によって**『少子化社会対策基本法』**が制

定されました。

『少子化社会対策基本法』では、**少子化社会対策大綱の作成**などについて規定しています。

◆少子化社会対策大綱

『少子化社会対策基本法』に基づく、総合的かつ長期的な少子化に対処するための指針として、2004（平成16）年に**少子化社会対策大綱**が策定されました。

以降、2010（平成22）年、2015（平成27）年と策定され、現在は2020（令和２）年に策定された「**希望出生率1.8**」の実現に向けた、**第４次少子化社会対策大綱**が掲げられています。

少子化社会対策大綱（第４次）の基本的な考え方

❶結婚・子育て世代が将来にわたる展望を描ける環境をつくる

❷多様化する子育て家庭の様々なニーズに応える

❸地域の実情に応じたきめ細かな取組を進める

❹結婚、妊娠・出産、子供・子育てに温かい社会をつくる

❺科学技術の成果など新たなリソースを積極的に活用する

ひとこと

少子化社会対策会議は、こども基本法の制定により、こども家庭庁に「**こども政策推進会議**」を設置することに伴い、廃止されました。

CHAPTER 2

SECTION 12

困難な問題を抱える女性への支援に関する法律

このSECTIONのポイント

◆困難な問題を抱える女性への支援に関する法律の概要…法の概要とともに、女性相談支援センター、女性相談支援員、女性自立支援施設の概要もおさえましょう

重要度C　困難な問題を抱える女性への支援に関する法律の概要

女性は、女性であるがゆえの差別や困難に直面することが多くあります。世界史的にみれば、フランス人権宣言で自由・平等・博愛という理念を享受できたのは「人間」と認められた男性でした。また、日本においては、家父長制の下で女性の地位が貶《おとし》められてきました。そのような女性の状況に対して、さまざまな運動や事業が展開されてきました。

廃娼運動は戦前から取り組まれ、**1956（昭和31）年**に『売春防止法』が制定されました。『売春防止法』では**売春が禁止**されるとともに、**婦人保護事業**が法的に位置づけられました。

そして、近年、女性をめぐる課題は生活困窮、性暴力・性犯罪被害、家庭関係破綻など複雑化、多様化、複合化しています。こうした中、困難な問題を抱える女性支援の根拠法を「売春をなすおそれのある女子の保護更生」を目的とする**売春防止法から脱却**させ、先駆的な女性支援を実践する「民間団体との協働」といった視点も取り入れた新たな支援として、**『困難な問題を抱える女性への支援に関する法律』**が2022（令和４）年に制定（一部を除き2024〈令和６〉年４月１日より施行）されました。

◆基本理念

困難な問題を抱える女性※への支援のための施策は、次に掲げる事項を基本理

念として行われなければならないとされています。

基本理念

- 女性の抱える問題が多様化するとともに複合化し、そのために複雑化していることを踏まえ、困難な問題を抱える女性が、それぞれの**意思**が尊重されながら、抱えている問題及びその背景、**心身の状況等に応じた最適な支援**を受けられるようにすることにより、その福祉が増進されるよう、その発見、相談、心身の健康の回復のための援助、自立して生活するための援助等の多様な支援を包括的に提供する体制を整備すること。
- 困難な問題を抱える女性への支援が、関係機関及び民間の団体の協働により、**早期**から切れ目なく実施されるようにすること。
- 人権の擁護を図るとともに、**男女平等**の実現に資することを旨とすること。

※困難な問題を抱える女性

法第２条に「性的な被害、家庭の状況、地域社会との関係性その他の様々な事情により日常生活または社会生活を円滑に営む上で困難な問題を抱える女性（そのおそれのある女性を含む）をいう」と定義されている。

◆国・地方公共団体の責務等

国及び地方公共団体は、基本理念にのっとり、困難な問題を抱える女性への支援のために必要な施策を講じなければなりません。その際、必要に応じて福祉、保健医療、労働、住まい及び教育に関する施策その他の関連施策の**活用**が図られるよう努めなければなりません。

◆基本方針・都道府県基本計画等

厚生労働大臣は、困難な問題を抱える女性への支援のための施策に関する基本的な方針（**基本方針**）を策定、都道府県は、基本方針に即して**都道府県基本計画**を策定、市町村は基本方針に即し、かつ、都道府県基本計画を**勘案**して**市町村基本計画**の策定に努めなければなりません。

◆女性相談支援センター、女性相談支援員、女性自立支援施設

旧『売春防止法』の婦人相談所が女性相談支援センター、婦人相談員が女性相談支援員、婦人保護施設が女性自立支援施設に名称変更されたもので、都道府県は、困難な問題を抱える女性の立場に立った相談、一時保護等を行う**女性相談支援センター**を設置しなければなりません。また、困難な問題を抱える女性の発見に努め、その立場に立って相談に応じ、専門的技術に基づいて必要な援助を行う**女性相談支援員**を都道府県には配置義務、市町村には配置努力義務が課されています。さらに、都道府県は、困難な問題を抱える女性を入所させて、その保護を行う**女性自立支援施設**を設置することができるとされています。

●ここがポイント

女性相談支援センター、女性相談支援員、女性自立支援施設

女性相談支援センター	◆対象女性の立場に立った相談、一時保護、**医学**的・**心理学**的な援助、自立して生活するための関連制度に関する情報提供等、**居住**して保護を受けることができる施設の利用に関する情報提供等を行う ◆**都道府県**に設置義務
女性相談支援員	◆困難な問題を抱える女性の**発見**に努め、その立場に立って相談に応じ、専門的技術に基づいて必要な援助を行う ◆任用に当たっては、その職務を行うのに必要な能力及び専門的な知識経験を有する人材の登用に特に配慮しなければならない ◆都道府県は必置、市は**任意**
女性自立支援施設	◆困難な問題を抱える女性の意向を踏まえながら、入所・保護、医学的・心理学的な援助、自立の促進のための生活支援を行い、あわせて**退所**した者についての相談等を行う（同伴児童の**学習**・**生活**も支援） ◆**都道府県**に設置が可能

CHAPTER 2
SECTION 13

児童・家庭に対する支援における関係機関と専門職の役割

このSECTIONのポイント

- ◆国・地方公共団体の役割
- ◆児童相談所の役割
- ◆家庭裁判所の役割
- ◆関連する専門職等の役割

…児童・家庭福祉制度における行政や組織、専門職などの役割について理解しましょう

重要度C 国・地方公共団体の役割

『児童福祉法』において、国及び地方公共団体は、**児童の保護者**とともに、児童を心身共に健やかに育成する責任を負うとされています。

1 国の役割

国は、市町村及び都道府県の行う児童福祉に関する業務が適正かつ円滑に行われるよう、児童が適切に養育される体制の確保に関する施策、市町村及び都道府県に対する助言及び情報提供などを行います。

なお、この役割は、国の行政機関である**厚生労働省**が担っています。

2 市町村の役割

行政のなかでも、市町村は住民の暮らしに最も近いことから、児童家庭相談に関する一義的な窓口となり、児童及び妊産婦の福祉に関し、必要な実情の把握、情報提供、相談、調査及び指導などを実施したり、保育の実施、**子育て支援事業**

の実施、**障害児通所給付費**の支給などを行ったりします。

3 都道府県の役割

『児童福祉法』第11条において、都道府県は次の業務を行うと規定されています。

児童福祉に関する都道府県の業務

◆市町村の業務の実施に関し、市町村相互間の**連絡調整**、市町村に対する**情報提供**、市町村職員の**研修**などの必要な援助を行う

◆各市町村の区域を超えた広域的な見地から、**実情の把握**に努める

◆児童に関する相談のうち、**専門的な知識**及び**技術**を必要とするものに応ずる

◆児童及びその家庭に対して、必要な**調査**並びに医学的、心理学的、教育学的、社会学的及び精神保健上の**判定**を行う

◆児童及びその保護者に対して、上記の調査または判定に基づいて、心理または児童の健康及び心身の発達に関する専門的な知識及び技術を必要とする**指導**などを行う

◆児童の**一時保護**を行う

◆**里親**の相談に応じ、必要な情報の提供、助言、研修その他の援助を行う

また、上記のほか、**児童福祉施設**の認可・指導監督、**児童相談所**や**保健所**、**福祉事務所**の設置運営なども行います。

例題

Q 都道府県庁の児童家庭福祉担当部署は児童養護施設の設置認可を行っている。〔第24回-問141・改〕

A ○ 児童福祉施設の認可は**都道府県**の事務である（児童福祉法第35条第４項）。

重要度 B

児童相談所の役割

1 児童相談所の組織

児童相談所は、市町村と適切な役割分担・連携を図りつつ、子どもに関する相談に応じ、子どもが有する問題やニーズ、子どものおかれた環境の状況などを的確に捉え、個々の子どもや家庭に最も効果的な援助を行い、子どもの福祉を図るとともに、その権利を擁護することを目的に設置されています。

『児童福祉法』によって、**都道府県**や**指定都市**に児童相談所の設置が義務づけられています。なお、**2006（平成18）年**より**中核市**、**2016（平成28）年**より**特別区**への設置が可能となりました。

ひとこと

2024（令和６）年４月１日現在、児童相談所は全国に**234か所**設置されています（「児童相談所一覧」〈こども家庭庁〉）。

児童相談所には、**児童相談所長**、**児童福祉司**、**児童心理司**、**相談員**、**医師**などが配置されています。**社会福祉士**は所長や児童福祉司の要件の１つとなっています。なお、児童相談所長は、管轄区域内の児童委員に**必要な調査**を委嘱することができます。

例題

Q 都道府県及び政令指定都市・中核市は、児童相談所を設置しなければならない。〔第32回-問142〕

A ×　児童相談所は、**都道府県**と**政令指定都市**に設置義務、**特別区**と**中核市**は置くことができる。

2 児童相談所の機能・業務

児童相談所の基本的機能として、**市町村援助機能**、**相談機能**、**一時保護機能**、**措置機能**があります。

そのほかにも、**養子縁組**、**特別児童扶養手当や療育手帳に係る判定事務**などの、子どもの福祉に関わる幅広い業務を担っています。

●ここがポイント

児童相談所の基本的機能

市町村援助機能	市町村相互間の連絡調整、市町村に対する情報提供などの必要な援助を行う機能
相談機能	専門的な知識及び技術を必要とする相談について、専門的な角度から総合的に調査、診断、判定（総合診断）し、それに基づいて援助指針を定め、自らまたは関係機関等を活用し一貫した援助を行う機能
一時保護機能	必要に応じて子どもを家庭から離して一時保護する機能　✔CHECK!…
措置機能	子どもまたはその保護者を児童福祉司、児童委員、児童家庭支援センターなどに指導させたり、子どもを児童福祉施設、指定医療機関に入所させたり、里親に委託するなどの機能

✔CHECK! 一時保護

児童相談所長が行う一時保護の期間は、原則2か月を超えてはならない。ただし、必要があると認めるときは、引き続き一時保護を行うことができる（家庭裁判所の承認が必要）。なお、一時保護は原則として、児童や保護者の同意を得て行う必要があるが、児童を放置することが児童の福祉を害すると認められる場合には、この限りではなく、強制的に一時保護を行

うことができる（ **職権保護** ）。なお、外出、通学、通信、面会に関する制限は、児童の安全の確保が図られ、かつ一時保護の目的が達成できる範囲で必要最小限とする。

◆援助

児童相談所は受理した相談について、種々の専門職員の関与による調査・診断・判定を行い、それに基づいて**援助指針**を作成し援助を行います。

■児童相談所における相談援助活動の体系・展開

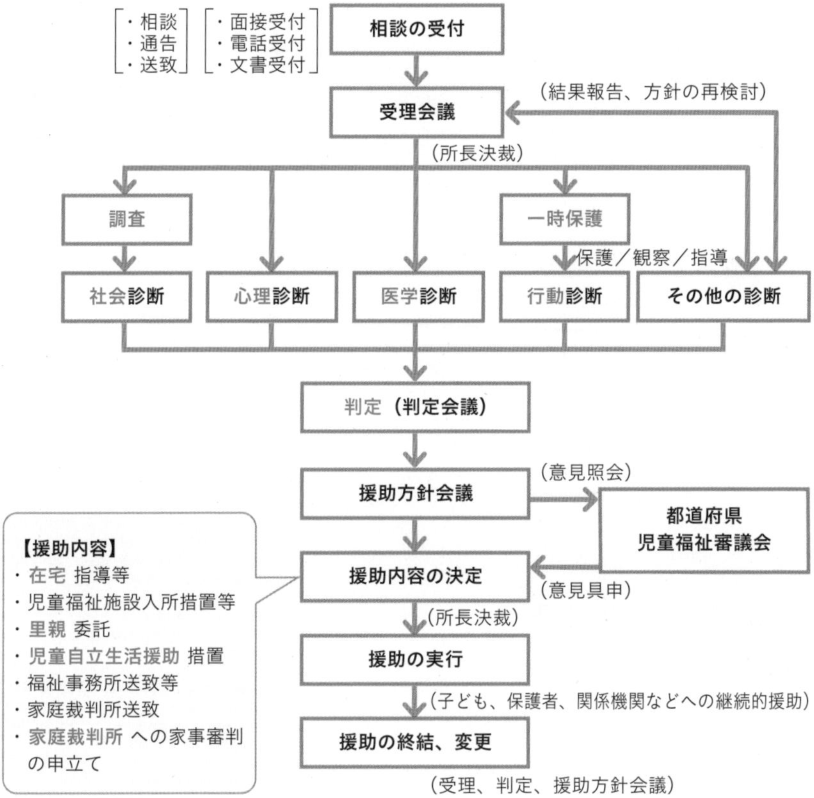

出典：厚生労働省「児童相談所の運営指針について：図表」より作成

ひとこと

家庭裁判所の家事審判の申立てには、施設入所の承認、親権喪失・親権停止・管理権喪失の審判とその取消し、後見人の選任・解任があり、これらは児童相談所長が行うことができます。

◆児童相談所の権限

児童福祉施設などへの入所や里親委託の措置は、**子どもや保護者の意向**を十分尊重しますが、保護者による虐待や著しく監護を怠っているなどの場合には、保護者の**同意**がなくても、都道府県知事等の委任により、それらの措置をとることができます。

また、保護者が**立入調査**を拒み、かつ、**再出頭要求**に応じない場合において、児童虐待の疑いがあるときは、児童の**安全確認**のため、裁判所の許可状により臨検・捜索を行うことができます。

例題

Q 親権者の意に反して2か月を超える一時保護を実施するためには、児童福祉審議会の承認を得なければならない。

〔第34回－問142〕

A × 2か月を超える一時保護を実施するためには、**家庭裁判所**の承認を得なければならない。

3 市町村との連携

市町村は**児童家庭相談**に応じ、乳児院や児童養護施設などの入所型の**児童福祉施設**への措置が必要と認められる者や、**医学的**、**心理学的**、**教育学的**、**社会学的及び精神保健上の判定**が必要と認められる者を、**児童相談所**に送致します。

なお、児童相談所に送致された事例についても、引き続き、市町村において実施されている保健サービスや子育てサービスなどが必要である場合や、児童相談

所の措置後に市町村が中心となって対応することとなる場合もあります。そのため、児童相談所は、市町村から送致を受けた事例についても情報を共有するなどして市町村と十分に連携を図り、**協働**して支援をしていくことが重要です。

例題

Q 児童虐待を受けた児童については、住所地を管轄する市町村が通告を受理し、必要に応じ子どもの心理学的、社会学的、医学的判定を行う。〔第25回-問142〕

A × 児童虐待の通告を受理し、心理学的、社会学的、医学的判定を行うのは**児童相談所**である。

重要度C 家庭裁判所の役割

『児童福祉法』及び『少年法』では、罪を犯した**満14歳以上**の児童については、**家庭裁判所**に通告しなければならないと定めています。

家庭裁判所は『裁判所法』に基づいて設置されている司法機関ですが、家事事件を扱う家事部と少年事件を扱う少年部が設けられ、子ども家庭福祉と密接に関係しています。

◆家庭裁判所調査官

家庭裁判所調査官は、家庭内の紛争や非行の原因などの**調査**や、児童福祉施設入所等の適否を判断するための**調査**等を行います。

重要度C 関連する専門職等の役割

1 保育士

保育士は、**児童福祉施設の職員として中核的な役割**を果たしています。『児童

福祉法』に規定されている**国家資格**です。保育士として働くには、指定保育士養成施設を卒業するか、保育士試験に合格し、**都道府県知事**に対して登録申請手続きを行い、**保育士証**の交付を受けることが必要です。

●ここがポイント

保育士

✔CHECK!

◆登録を受け、**保育士の名称**を用いて、専門的知識及び技術をもつて、**児童の保育**及び児童の**保護者**に対する保育に関する**指導**を行うことを業とする者

✔CHECK! 保育士資格

1999（平成11）年	「保母」から「**保育士**」に名称変更
2001（平成13）年	**名称独占資格**に変更（2003〈平成15〉年施行）
2018（平成30）年	社会福祉士・介護福祉士・精神保健福祉士の有資格者の、保育士試験における一部科目免除制度開始

◆保育士の義務と罰則

『児童福祉法』では、保育士の義務や罰則について、次のように規定されています。

■保育士の義務と主な罰則

義務	**「信用失墜行為の禁止」**（第18条の21） →保育士の信用を傷つけるような行為をしてはならない **「秘密保持義務」**（第18条の22） →正当な理由がなく、その業務に関して知り得た人の秘密を漏らしてはならない。保育士でなくなった後においても、同様とする **「名称の使用制限」**（第18条の23） →保育士でない者は、保育士またはこれに紛らわしい名称を使用してはならない

罰則	●「信用失墜行為の禁止」に違反した場合 → **登録**の取消しまたは期間を定めた**名称**の使用停止 ●「秘密保持義務」に違反した場合 → **1年**以下の懲役または**50万円**以下の罰金（告訴がなければ公訴を提起することはできない） ●「名称の使用制限」に違反した場合 → **30万円**以下の罰金

◆幼保連携型認定こども園の保育士

幼保連携型認定こども園において勤務する保育士は**幼稚園教諭**も取得していることが原則とされ、新たに「**保育教諭**」という名称の職員がおかれることになりました。

例題

Q 保育士は、子どもを対象とした直接的な援助が主な業務であり、保護者への保育に関する指導を行うことは業務外となっている。

〔第33回-問142〕

A ×　児童福祉法に保育士とは、「保育士の名称を用いて、専門的知識及び技術をもつて、児童の**保育**及び児童の保護者に対する**保育**に関する指導を行うことを業とする者をいう」と規定されている。

2 家庭支援専門相談員（ファミリーソーシャルワーカー）

家庭支援専門相談員（ファミリーソーシャルワーカー）は、虐待などの**家庭環境上の理由**により入所している児童の**早期退所**や**親子関係の再構築**が図られることを目的に、入所児童の**保護者**等に対して、児童の**早期家庭復帰**や**里親委託・養子縁組**推進などの支援を行います。

■家庭支援専門相談員の配置施設と資格要件

配置施設	●児童養護施設　●乳児院 ●児童心理治療施設　●児童自立支援施設
資格要件	●社会福祉士もしくは精神保健福祉士の資格を有する者 ●児童養護施設等において児童の養育に５年以上従事した者 ●児童福祉司の任用資格を有する者

3 里親支援専門相談員（里親支援ソーシャルワーカー）

里親支援専門相談員（里親支援ソーシャルワーカー）は、里親委託の推進及び里親支援の充実を図ることを目的に、児童相談所の里親担当職員や里親委託等推進員、里親会などと連携し、所属施設の児童の里親委託の推進や退所児童のアフターケアとしての里親支援、地域支援としての里親支援を行います。

■里親支援専門相談員の主な配置施設と資格要件

配置施設*	●児童養護施設　●乳児院
資格要件	●社会福祉士もしくは精神保健福祉士の資格を有する者 ●児童養護施設等において児童の養育に５年以上従事した者 ●児童福祉司の任用資格を有する者 ＋ ●里親制度への理解及びソーシャルワークの視点を有する者

＊施設の申請により、都道府県知事などが指定した施設

例題

Q　里親支援専門相談員は、社会福祉士の資格を有する者でなければならない。〔第30回-問142〕

A　×　里親支援専門相談員資格要件として、社会福祉士、精神保健福祉士、児童養護施設等において児童の養育に５年以上従事した者、児童福祉司の任用資格を有する者などがあり、必ずしも社会福祉士の資格を有する者でなければならないというわけではない。

4 スクールソーシャルワーカー

学校、子どもを取り巻く環境は変化しています。いじめ、貧困、虐待、親に精神障害があるなど、多様な問題が生じています。これらは子どもに対する働きかけだけでは解決しません。保護者や役所、病院など地域の機関との関わりが求められてくるため、学校の教員だけで対応することは困難です。こうした状況のなかで、**文部科学省**は2008（平成20）年から**スクールソーシャルワーカー活用事業**を開始しました。社会福祉士や精神保健福祉士などが教育と福祉をつなぐ役割を担うスクールソーシャルワーカーとして、小・中学校に配置され、校内の体制づくりのほかに、**関係機関との情報交換や情報提供**、地域における**要保護児童対策地域協議会**への参加によって**児童虐待**にも対応することが期待されています。

例題

Q 学校現場における教育と福祉の連携を目的としてスクールソーシャルワーカーの活用が学校教育法に規定され、全国的に展開の途上にある。 〔第24回-問142〕

A × スクールソーシャルワーカーは、**文部科学省**の事業管轄で配置されるもので、学校教育法には規定されていない。

5 民生委員

民生委員は、地域社会の福祉を増進することを目的として市町村の区域におかれている民間のボランティアです。**都道府県知事の推薦**によって、**厚生労働大臣**が委嘱します。任期は**3年**です。

民生委員の職務は、住民の**生活状態**の把握、生活に関する相談・助言、必要な情報の提供、社会福祉事業者との連携・活動支援、福祉事務所その他の関係行政機関への協力、など多岐にわたります。

6 児童委員

児童委員は、地域の**児童**及び**妊産婦**の福祉の増進を図るため、生活及び取り巻く環境の状況把握、必要な情報の提供、児童相談所の決定による子どもやその保護者への指導などを行う民間のボランティアです。**都道府県知事の推薦**によって**厚生労働大臣が委嘱**し、任期は**3年**です。なお、**民生委員**は児童委員を兼務します。

1994（平成6）年には、**区域を担当せず**に、児童福祉機関と区域を担当する児童委員との連絡調整などを行う**主任児童委員**が設置されました（2001〈平成13〉年に法定化）。

ひとこと

市町村長は、児童委員に対して、児童及び妊産婦の必要な状況の通報や資料の提供を求めたり、必要な指示をしたりすることができます。

例題

Q 乳児院に入所させるのは、児童委員の職務である。

〔第30回－問141・改〕

A ×

「児童及び妊産婦について、生活や取り巻く環境の状況を把握する」のが児童委員の職務。『児童福祉法』第17条第1項第1号に規定されている。

CHAPTER

3

貧困に対する支援

CHAPTER 3

SECTION 1

貧困状態にある人の生活実態とこれを取り巻く社会環境

このSECTIONのポイント

◆貧困状態にある人の生活実態…貧困状態にある人への適正な保護、就労・自立支援等の実施の観点から、データを読み取りましょう

◆生活保護の動向…被保護人員、被保護世帯の推移など、最新の動向をおさえましょう

重要度C 貧困状態にある人の生活実態

「2022年国民生活基礎調査」(厚生労働省)によると、2021(令和3)年の1世帯当たりの平均所得金額は全世帯が**545.7万円**(右表ⓐ)、高齢者世帯※は**318.3万円**(ⓑ)、高齢者世帯以外の世帯は**665.0万円**(ⓒ)、児童のいる世帯※は**785.0万円**(ⓓ)でした。

世帯主の年齢階級別の1世帯当たり平均所得金額は、「50～59歳」が**742.1万円**で最も高く、最も低いのは「29歳以下」の**377.5万円**となっています。

所得の種類別の状況によると、高齢者世帯の平均所得金額318.3万円のうち、**62.8%**(ⓔ)を占めるのが**公的年金・恩給**で、稼働所得は**25.2%**(ⓕ)です。

公的年金・恩給を受給している高齢者世帯のなかで、「公的年金・恩給の総所得に占める割合が100%の世帯」は**44.0%**となっています。

※高齢者世帯／児童のいる世帯

高齢者世帯は、65歳以上のみの世帯、もしくはそれに18歳未満の未婚の者が加わった世帯。

児童のいる世帯は、18歳未満の未婚の者がいる世帯。

■各種世帯の所得の種類別の状況（2021〈令和３〉年）

世帯の種類	総所得	稼働所得	公的年金・恩給	財産所得	年金以外の社会保障給付金	仕送り・企業年金・個人年金・その他の所得
	I 世帯当たり平均所得金額（単位：万円）					
全世帯	545.7 ⓐ	399.6	109.7	15.3	6.0	15.1
高齢者世帯	318.3 ⓑ	80.3	199.9	17.2	1.8	19.0
高齢者世帯以外の世帯	665.0 ⓒ	567.0	62.5	14.4	8.2	13.0
児童のいる世帯	785.0 ⓓ	721.7	24.5	11.6	19.1	6.3
	I 世帯当たり平均所得金額の構成割合（単位：%）					
全世帯	100.0	73.2	20.1	2.8	1.1	2.8
高齢者世帯	100.0	25.2 ⓕ	62.8 ⓔ	5.4	0.6	6.0
高齢者世帯以外の世帯	100.0	85.3	9.4	2.2	1.2	1.9
児童のいる世帯	100.0	91.9	3.1	1.5	2.4	1.0

出典：厚生労働省「2022年国民生活基礎調査」

◆生活意識の状況

2021（令和３）年の生活意識の調査は次のとおりであり、生活が「大変苦しい」「やや苦しい」と回答した世帯をあわせると**51.3%**と半数以上を占めています。

■生活意識の状況（2021〈令和３〉年）　（単位：%）

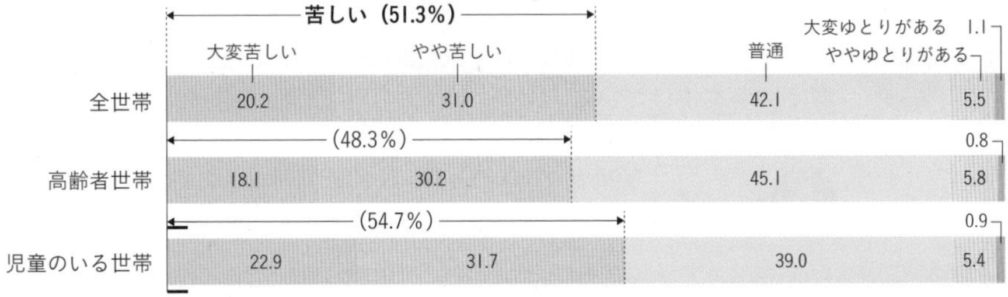

出典：厚生労働省「2022年国民生活基礎調査」

重要度 A　生活保護の動向

生活保護の受給者数や受給世帯数、どのような人が生活保護を受給しているのかに注意しましょう。

◆被保護人員の推移

被保護人員は、1995（平成７）年度を底に増加を続け、2011（平成23）年度からは毎年、**過去最高**の人数を更新してきました。その後、2015（平成27）年度には**減少**に転じ、2022（令和４）年度の被保護実人員（月平均）は**202万4586人**（下表ⓐ）で、前年度より**１万3971人**の**減少**となっています。保護率（月平均の被保護実人員を除して算出したもの）は、1995（平成７）年度の**0.70％**を底に増加していましたが、2013（平成25）年度からは**1.70％**前後で横ばいとなり、2022（令和４）年度は**1.62％**（下表ⓑ）となっています。

■被保護実人員・保護率の年次推移（月平均）

	2020 （令和２）年度	2021 （令和３）年度	2022 （令和４）年度
被保護実人員	205万2114人	203万8557人	202万4586人 ⓐ
保護率 （人口百対）	1.63%	1.62%	1.62% ⓑ

出典：厚生労働省「令和４年度被保護者調査」

例題

Q　リーマンショック（2008年（平成20年））以降、生活保護受給者は減少を続けている。　〔第29回-問64・改〕

A　×　受給者（被保護人員）は1995（平成７）年度以降増加している。2015（平成27）年度に減少に転じた。

◆被保護世帯の動向

世帯類型別被保護世帯数をみると、**高齢者世帯**（下表ⓐ）は**増加**傾向で、母子世帯（ⓑ）、障害者・傷病者世帯（ⓒ）は**減少**傾向にあります。

■世帯類型別被保護世帯数の年次推移（月平均）

	2020（令和２）年度		2021（令和３）年度		2022（令和４）年度	
		構成割合（%）		構成割合（%）		構成割合（%）
総数	162万9524	—	163万3767	—	163万5604	—
高齢者世帯ⓐ	90万3991	55.5	90万8834	55.6	90万8609	55.6
母子世帯ⓑ	7万5646	6.1	7万1418	4.4	6万7353	4.1
障害者・傷病者世帯ⓒ	40万4766	26.4	40万4765	24.8	40万6590	24.9
その他の世帯	24万5120	16.1	24万9020	15.2	25万3052	15.5

出典：厚生労働省「令和４年度被保護者調査」

例題

Q 世帯類型別にみた被保護世帯の構成比をみると、「母子世帯」の割合が一貫して増加している。〔第32回-問63〕

A × 「被保護者調査」によると、「母子世帯」の割合は、減少傾向を示している。

◆扶助別にみる動向

「被保護者調査」（厚生労働省）によると、2022（令和４）年度の保護の種類別扶助人員は、**生活扶助**が最も多く約177万人、次いで**住宅扶助**約174万人、**医療扶助**約171万人、**介護扶助**約42万人、**教育扶助**約９万人となっています。

→扶助の種類はp.220参照

■**被保護実人員・保護の種類別扶助人員（月平均）**

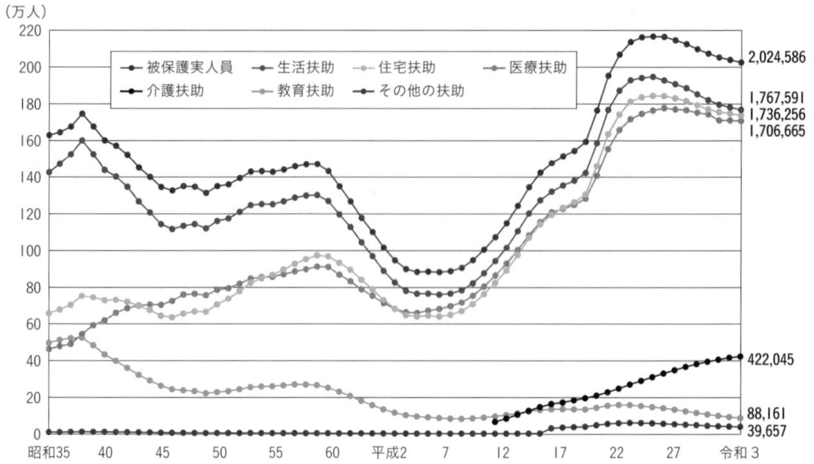

出典：厚生労働省「令和４年度被保護者調査」

保護の種類別に**扶助世帯数**（月平均）をみると、2022（令和４）年度は、**医療扶助**が最も多く約144.5万世帯、次いで**生活扶助**約142.8万世帯、**住宅扶助**約140.8万世帯の順になっています。

また、「生活保護費負担金事業実績」（2020〈令和２〉年度）によると**生活保護費**の扶助別内訳は、**医療扶助費**の占める割合が49.7%で約半数を占めています。**生活扶助費**（29.9%）、**住宅扶助費**（16.9%）と続きます。

例題

Q 保護の種類別にみた扶助人員は、住宅扶助よりも教育扶助の方が多い。〔第33回-問63〕

A ×　保護の種類別にみた扶助人員は、多い順から、生活扶助、住宅扶助、医療扶助、介護扶助、教育扶助となっている。

◆保護開始の主な理由

2022（令和４）年度は「**貯金等の減少・喪失**」による保護開始が46.1%であ

り、割合が年々**増加**しています。2008（平成20）年度までは「傷病による」、2009（平成21）～2011（平成23）年度は「働きによる収入の減少・喪失」が最多でした。

■**保護開始の主な理由別世帯数の構成割合**　（単位：%）

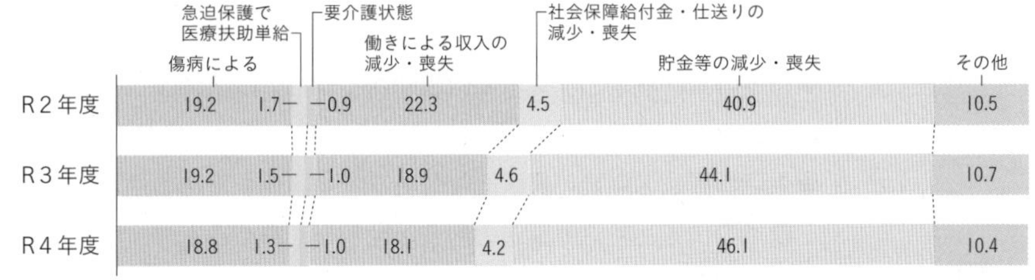

出典：厚生労働省「令和4年度被保護者調査」

◆保護廃止の主な理由

保護廃止の理由では、**死亡**の割合が増加傾向にあり、2022（令和4）年度は50.6%と最も高くなっています。

■**保護廃止の主な理由別世帯数の構成割合**　（単位：%）

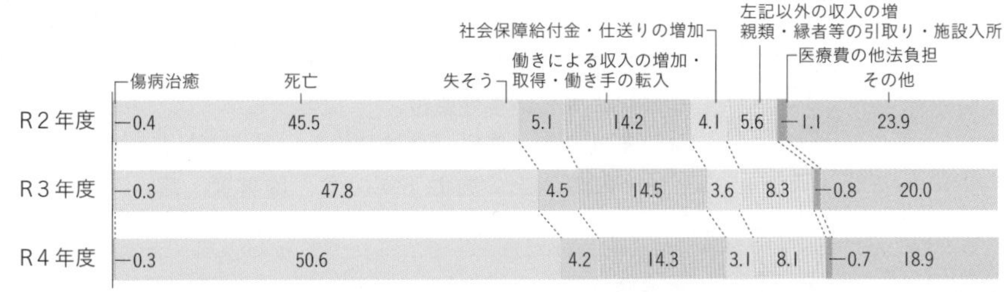

出典：厚生労働省「令和4年度被保護者調査」

例題

Q 保護廃止世帯の主な理由別構成割合をみると、「働きによる収入の増加・取得・働き手の転入」が最も多い。〔第35回−問63〕

A × 保護廃止の主な理由は、「**死亡**」が最も多い。

CHAPTER 3

SECTION 2

生活保護制度

このSECTIONのポイント

- ◆日本の公的扶助の歴史…恤救規則から現行の生活保護法に至るまでの流れを概観します
- ◆生活保護法の概要…最終的なセーフティネットである生活保護制度について、生活保護法の内容を理解しておくことが大切です
- ◆生活保護受給者への就労支援…生活保護受給者への就労支援のプログラムや事業の内容を理解しましょう

重要度B 日本の公的扶助の歴史

救貧的機能をもつ公的扶助の歴史をみていきます。

■公的扶助の歴史

恤《じゅっ》救《きゅう》規則 1874（明治７）年	●実施機関は国 ●米代に等しい**現金給付** ●対象は**無告ノ窮民**（身寄りのない貧困者） → **70**歳以上の労働不能の者、**障害者**、**病人**、**13**歳以下の児童等
救護法 1929（昭和４）年	●実施機関は市町村長 ●**居宅救護**が原則 ●**生活**・**医療**・**生業**・**助産**の４種類の扶助 ●急迫した場合を除き、扶養義務者が扶養可能な場合は対象外。労働能力のある貧困者も対象外 ●**方面委員**（現在の民生委員）が補助機関
生活困窮者緊急生活援護要綱 1945（昭和20）年	●実施機関は国 ●**戦災者**、**失業者等**で生活が困窮し支援を必要とする者が対象 ●生活必要物資を**現物給付**

連合国軍総司令部覚書 「社会救済」 1946（昭和21）年	●**国家責任** ●**無差別平等** ●**最低限度の生活保障**
旧生活保護法 1946（昭和21）年	●実施機関は市町村長 ●要保護状態にある者を平等に保護（原則として**無差別平等**） ●救護法と同様、怠惰者と素行不良者は**対象外**とする**欠格条項**が残った ●救護法と同様、民生委員が補助機関 ●**医療**、**出産**、**生活**（教育及び・住宅に関する保護）、**生業**、**葬祭**の５種類の扶助 ●国が**８割負担**
社会保障制度審議会 「生活保護制度の 改善強化に関する件」 1949（昭和24）年	勧告で、生活困窮者の**保護請求権**の明示や**不服申立て**を法的に認めることなどを求める
現行生活保護法 1950（昭和25）年	●実施機関は都道府県知事、市長、福祉事務所を管理する町村長 ●**完全無差別平等**（**欠格条項なし**） ●**教育**、**住宅**扶助が追加され７種類の扶助（現在は**８扶助**。介護保険法施行時2000〈平成12〉年に**介護**扶助が追加） ●生存権理念に基づくことを明文化 ●**保護請求権**と**不服申立制度**法制化 ●指定医療機関制度創設 ●**社会福祉主事**が補助機関（**民生委員**は協力機関）

重要度A 生活保護法の概要

1950（昭和25）年に現行の『**生活保護法**』が制定されました。同法は、国民の**最低限度**の生活の保障と**自立の助長**を目的としており、４つの基本原理と４つの基本原則が明記されています。ここで意味する「自立」とは、**経済的自立**のみならず、**日常生活自立**（自分で自らの健康・生活管理を行う）、**社会生活自立**（社会的なつながりを回復・維持する）を含むとされています。

1 生活保護法の基本原理

『生活保護法』の４つの基本原理とは、**❶国家責任の原理**、**❷無差別平等の原理**、**❸最低生活保障の原理**、**❹保護の補足性の原理**です。

●ここがポイント

生活保護法の基本原理

国家責任の原理（第1条）	日本国憲法第 **25** 条（ **生存権** ）の理念に基づき、 **国** が生活に困窮する **すべての国民** に対し、その **最低限度の生活** を保障するとともに、その **自立** を **助長** することを目的とする
無差別平等の原理（第2条）	すべて国民は、この法律の定める要件（**第4条1項**）を満たす限り、（生活困窮に陥った **原因** を問わず）保護を **無差別平等** に受けることができる
最低生活保障の原理（第3条）	最低限度の生活は、 **健康** **で** **文化的** **な** **生活水準** を維持することができるものでなければならない ✔CHECK!
保護の補足性の原理（第4条）	◆保護を受ける人は、 **資産** 、（ **労働** ） **能力** **その他あらゆるもの**を、その最低限度の生活の維持のために活用することがまず求められ、保護はそれを補足するために行われる ◆『民法』で定められた **扶養義務者** が行う扶養と、『生活保護法』以外の法律で定められた扶助は、生活保護に **優先** して行われる

✔CHECK! 最低限度の生活基準

最低限度の生活基準は厚生労働大臣が **水準均衡方式** により定めている。水準均衡方式とは、1984（昭和59）年から現在までとられている方式で、一般国民の消費水準に合わせて生活扶助基準を上下させるというもの。

例題

Q 生活保護は、日本国憲法第21条が規定する理念に基づいて行われる。〔第35回-問64〕

A × 生活保護制度は、日本国憲法第**25**条が規定する「健康で文化的な**最低限度**の生活を営む権利」を保障し、**自立**を助長することを目的に行われる。

ひとこと

人間裁判「朝日訴訟」―(1)
1957（昭和32）年、国立岡山療養所に入所していた**朝日茂氏**が、生活保護基準が**日本国憲法第25条**に規定する「健康で文化的な最低限度の生活を営む権利」を維持するには足りないとして、厚生大臣（当時）を相手に行政争訟を起こしました。

◆扶養義務者の責任

第４条の保護の補足性の原理に規定されている扶養義務者は、次のとおりです。

■扶養義務者の定義と扶養の程度

扶養義務者	絶対的扶養義務者	**配偶者**、**直系血族**、**兄弟姉妹**
	相対的扶養義務者	特別な事情がある**三親等内**の親族で、**家庭裁判所**から扶養義務を負わされた者
扶養の程度	生活保持義務関係	夫婦相互間と未成熟の子に対する親の関係 → 扶養義務者に経済的な余力がない場合であっても、被扶養者に対して**自分の生活と同質・同程度の生活**を保持させる義務 → **１個のパンを分け合う関係**
	生活扶助義務関係	上記以外の扶養義務者に対する関係 → **扶養義務者に経済的に余力があり**、扶養義務者が自己の生活を犠牲にすることなく、**余裕がある限度で援助**すれば足りる義務

扶養義務者による扶養は保護に**優先**しますが、扶養義務者がいる要保護者（保護を受けている・受けていないにかかわらず、保護を必要とする状態の人）が生活保護を受給できないというわけではありません。例えば扶養義務者による金銭の援助があった場合、その金額分は受給額を減額するなどの対応が図られます。

2013（平成25）年、同法の改正により、保護の開始を決定するときに、扶養義務を履行していない扶養義務者に対して書面による通知を行い、申請書の内容について扶養義務者に**報告**を求めることができるようになりました。なお、扶養義務者が扶養の義務を履行しない場合は、**都道府県または市町村の長**はその費用の**全部**または**一部**を、**扶養義務者**から徴収することができます。

例題

Q 感情的な対立があることを理由に扶養義務者が扶養を拒否した場合、要保護者は生活保護を受給することができない。

〔第31回-問66・改〕

A × 扶養義務者が拒否した場合や扶養できない場合には、生活保護を受給することができる。

2 生活保護法の基本原則

『生活保護法』の４つの基本原則とは、**申請保護の原則**、**基準及び程度の原則**、**必要即応の原則**、**世帯※単位の原則**です。

●ここがポイント

生活保護法の基本原則

申請保護の原則 （第７条）	◆保護は、「**要保護者**」「**扶養義務者**」その他の「**同居の親族**」の申請に基づいて開始する ◆急迫時には例外として、申請がなくても、必要な保護を行うことができる（**職権保護**）

基準及び程度の原則（第８条）	保護は、**厚生労働大臣の定める基準**により測定した要保護者の需要を基とし、その者の金銭または物品で満たすことのできない**不足分を補う程度**において行う
必要即応の原則（第９条）	要保護者の年齢別、性別、健康状態等その個人又は世帯の**実際の必要の相違を考慮**して、有効且つ適切に行う
世帯単位の原則（第10条）	**世帯単位**で保護の要否及び程度を定めることを原則としているが、例外として**個人を単位とする**保護も認めている

✔CHECK! 厚生労働大臣の定める基準

基準が設定されていることによって、「**保護の要否**」と「**支給の程度**」が判別できる。

※世帯

同一の住居に居住し、生計を一にしている者の集まりのことで他人も含まれる。

例題

Q 保護が実施機関の職権によって開始されることはない。
〔第36回-問63〕

A ×
保護は申請に基づいて開始することを原則（**申請保護の原則**）としているが、急迫時には例外として、職権で必要な保護（**職権保護**）を行うことができる。

3 生活保護法による被保護者の権利義務

生活保護を受給するにあたって、被保護者（現に保護を受けている人）には権利と義務があります。特に譲渡禁止から、生活保護受給は**一身専属の権利**（保護を受けることができるのはその人だけの権利）となっています。

●ここがポイント

被保護者の権利と義務

不利益変更の禁止（第56条）	**正当な理由**がなく、保護金品（生活保護から支給された金品）を止められたり、減らされることがない
公課禁止（第57条）	保護金品及び進学準備給付金には税金などの**公課**※を課せられることがない
差押禁止（第58条）	**既に給与を受けた保護金品**及び進学準備給付金または**これを受ける権利**を差し押えられることがない
譲渡禁止（第59条）	保護又は**就労自立給付金**もしくは**進学準備給付金**の支給を受ける権利は、譲り渡すことができない
生活上の義務（第60条）	常に、能力に応じて**勤労**に励み、支出の節約を図り、その他生活の維持及び向上に努めなければならない
届出の義務（第61条）	収入、支出その他生計の状況について変動があったときや、居住地や世帯の構成などに異動があったときは、すみやかに、**保護**の**実施機関**又は**福祉事務所長**に届け出なければならない

指示等に従う義務 **（第62条）**	◆保護の実施機関から必要な **指導** または **指示** を受けたときは、これに従わなければならない ◆被保護者がこれに従わなかったときは、保護の実施機関は **弁明** **の機会を与えたうえで**、保護の **変更** 、**停止** 、**廃止** をすることができる
費用返還義務 **（第63条）**	急迫時等において **資力** があるにもかかわらず、保護を受けたときは、受けた保護金品に相当する金額の範囲で**保護の実施機関の定める額**を **返還** しなければならない

※公課
国や地方公共団体が国民に税金を課すこと。また、その税金。税金以外にも国や地方公共団体が徴収する金銭（例 加算金、延滞金、罰金、過料、社会保険料など）。

ひとこと

人間裁判「朝日訴訟」―(2)
「朝日訴訟」では、訴訟中に原告の朝日茂氏が死亡したため、養子夫婦が裁判を引き継ごうとしました。しかし、**生活保護を受給する権利は譲り渡すことができない**という理由から、裁判の引継ぎは認められませんでした（本人死亡により訴訟が終了）。

例題

Q 被保護者は、既に給与を受けた保護金品を差し押さえられることがある。 〔第34回-問65〕

A ✕ 既に給与を受けた**保護金品**またはこれを受ける**権利**を差し押えられることはない（差押禁止）。

4 生活保護法による扶助の種類と給付方法

『生活保護法』による最低限度の生活の保障は**8種類の扶助**により実施されています。

◆扶助の種類

生活扶助には、第1類、第2類、入院患者日用品費※、介護施設入所者基本生活費※、各種加算、期末一時扶助、一時扶助があります。基準生活費としての第1類、第2類の違いは、**個人または世帯単位での算定**ということになります。

生活扶助のほか、**教育扶助**、**住宅扶助**、**医療扶助**、**介護扶助**、**出産扶助**、**生業扶助**、**葬祭扶助**があります。各扶助の主な内容は以下のとおりです。

なお、1種類の扶助のみを受給する場合を**単給**、2種類以上の扶助を受給する場合を**併給**といいます。

※入院患者日用品費／介護施設入所者基本生活費
入院患者日用品費は、1か月を超えて病院等へ入院している被保護者の一般生活費。介護施設入所者基本生活費は、介護保険法による介護施設に入所している被保護者の一般生活費。どちらも第1類、第2類に代わり支給される。

■扶助の種類

	内容	方法
生活扶助	衣食その他日常生活の需要を満たすために必要なもの **(級地区分あり)**	●被保護者の居宅における**金銭給付**が原則（例外として施設保護あり） ●1か月分以内を世帯主またはこれに準ずる者に対して前渡しが原則
基準生活費	【第1類】 **個人**単位の経費（食費・被服費等） 年齢別8区分に分類されている 【第2類】 **世帯**単位の経費（光熱水費・家具什器等＋地区別冬季加算*）	
各種加算	特別の状態にある被保護者に対しその生活需要を補うための加算制度	
期末一時扶助	年末における特別需要に対応	

一時扶助	保護開始時、入学・入退院などの緊急やむを得ない場合の経費	
教育扶助	**義務教育**に必要な修学費（給食費・通学交通費・教材費・学習支援費）	被保護者、親権者、学校長等に対して**金銭給付**することが原則
住宅扶助	家賃等の居住費用、修理・補修その他住宅の維持のために必要な費用（**級地区分あり**）	世帯主に対して**金銭給付**することが原則であるが、例外として施設保護あり
医療扶助	診察、薬剤または治療材料、医学的処置、手術、施術、看護など	被保護者に対して**現物給付**（指定医療機関や医療保護施設の利用等）が原則
介護扶助	居宅介護（居宅介護支援計画による）、介護予防（介護予防支援計画による）、（介護予防）福祉用具、（介護予防）住宅改修、施設介護、移送	介護保険法に規定する要介護状態（要支援状態）にある被保護者に対して**現物給付**（指定介護機関の利用）が原則
出産扶助	出産に必要な分娩費、脱脂綿・ガーゼなどの衛生材料費	出産をする要保護者に対して**金銭給付**が原則
生業扶助	【生業費】 生計維持を目的とする小規模な事業運営のために必要な資金または生業に必要な資料・器具代 【技能修得費】 生計維持に役立つ生業に就くために必要な技能を修得する経費、高等学校等就学費も含まれる 【就職支度費】 就職のために必要となるスーツなどの身の回り品	被保護者に対して**金銭給付**が原則であるが、例外として施設保護あり
葬祭扶助	被保護者が死亡した場合の検案、埋葬、納骨などの葬祭費 （**級地区分あり**）	葬祭を行う者に対して**金銭給付**が原則

＊地区別冬季加算
地区別冬季加算は光熱費等として加算される。都道府県別にⅠ区からⅥ区まで分かれている。2015（平成27）年10月から地区別に加算される期間が異なるようになった。Ⅰ・Ⅱ区は10月～4月、Ⅲ・Ⅳ区は11月～4月、Ⅴ・Ⅵ区は11月～3月の間。

ひとこと

生活扶助、住宅扶助、葬祭扶助は、住んでいる場所によって支給額が異なる級地区分があります。

例題

Q 生活扶助の<u>第１類</u>の経費は、<u>世帯共通の費用</u>とされている。
〔第36回-問65〕

A × 生活扶助の第１類の経費は、食費や被服費等の個人単位の経費が対象。世帯単位の費用は、生活扶助の基準生活費の第２類。

◆各種加算

前項の表における各種加算とは、生活扶助のうち、妊産婦や障害者など、特別需要がある人に対し最低限度の生活を維持するために生活費が上乗せされることです。各種加算には以下の８種類があります。

■各種加算の概要

妊産婦加算	母体保護、栄養補給など、妊産婦の特別需要に対応
母子加算	ひとり親世帯もしくは両方が欠けている世帯における児童の養育に対する特別需要に対応 → 母子加算という名称であるが、**父子家庭も対象**となっている
障害者加算	身体障害者手帳１～３**級をもつ者**、障害年金１～２級の障害者に対する特別需要に対応
介護施設入所者加算	介護施設に入所している者の特別需要に対応
在宅患者加算	在宅患者で栄養補給を必要とする者に対応
放射線障害者加算	被爆者で障害のある者の特別需要に対応
児童養育加算	高校生までの子どもを養育する者の特別需要に対応

介護保険料加算	介護保険の**第1号被保険者**で、**普通徴収** →p.38参照 の方法によって保険料を納付する者に対応

◆生活扶助基準の算定方式

現在の生活扶助基準の算定方式は、**水準均衡方式**といいます。この方式に至るまでの歴史は次のとおりです。

■生活扶助基準の算定方式の変遷

マーケットバスケット方式 1948（昭和23）～ 1960（昭和35）年	最低生活を営むために必要な飲食物費や衣類、家具什器、光熱費といった個々の品目を買い物かご(バスケット)に入れるように**積み上げて**最低生活費を算出する方式
↓	
エンゲル方式 1961（昭和36）～ 1964（昭和39）年	栄養審議会の答申に基づく栄養所要量を満たしうる食品を理論的に積み上げて計算し、実際に、この飲食物費を支出している世帯の**エンゲル係数**を求め、これから**逆算**して総生活費を算出する方式
↓	
格差縮小方式 1965（昭和40）～ 1983（昭和58）年	一般国民の消費水準の伸び率以上に**生活扶助基準を引き上げ**、結果的に一般国民と被保護世帯との**消費水準の格差を縮小**させようとする方式
↓	
水準均衡方式 1984（昭和59）年～現在	生活扶助基準が、一般国民の消費実態との均衡上ほぼ妥当であるとの評価を踏まえ、**当該年度**に想定される一般国民の**消費動向**を踏まえると同時に、**前年度**までの一般国民の**消費実態**との**調整**を図るという方式

◆保護施設

居宅での生活が難しい要保護者が入所や利用をする施設です。『生活保護法』における保護施設は、次の５種類です。

■保護施設の種類

救護施設	身体上または精神上著しい障害があるために日常生活を営むことが困難な要保護者を**入所**させて、**生活扶助**を行うことを目的とする
更生施設	身体上または精神上の理由により**養護**及び**生活指導**を必要とする要保護者を**入所**させて、**生活扶助**を行うことを目的とする
医療保護施設	医療を必要とする要保護者に対して、**医療の給付**（**医療扶助**）を行うことを目的とする
授産施設	身体上もしくは精神上の理由または世帯の事情により**就業能力**の限られている要保護者に対して、**就労または技能の修得のために必要な機会及び便宜を与えて、その自立を助長する**（**生業扶助**）ことを目的とする
宿所提供施設	住居のない要保護者の世帯に対して、**住宅扶助**を行うことを目的とする

保護施設の設置主体は、**都道府県**、**市町村**、**地方独立行政法人**、**社会福祉法人**、**日本赤十字社**です。

施設数は**救護施設**が最も多く、次いで**医療保護施設**となっています。

救護施設と**更生施設**では、保護施設退所者を対象に、通所による生活指導・生活訓練等と居宅等への訪問による生活指導等の事業も行っています。

例題

Q 更生施設は、身体上又は精神上の理由により養護及び生活指導を必要とする要保護者を入所させて、生業扶助を行うことを目的とする保護施設である。〔第34回-問66〕

A × 更生施設は、身体上または精神上の理由により養護及び生活指導を必要とする要保護者を入所させて、**生活扶助**を行うことを目的とする保護施設である。

5 生活保護利用の流れ

保護の実施機関は、**都道府県知事**、**市長**、**福祉事務所を管理する町村長**であると『生活保護法』に定められています →詳細はSEC 6 参照。申請者（**要保護者・扶養義務者・その他の同居の親族**）は保護を受ける理由、資産の状況などを記載した申請書を提出することが原則となっています。

保護の実施機関は申請日から**14日以内**（**30日まで**延長可）に**資産調査**（**資力調査**）等を行い、書面で申請者へ通知します。特に急迫した場合は、口頭での申請が認められることもあります。

保護の申請をしてから**30日以内**に通知がないときは、申請者は、保護の実施機関が申請を**却下**したものとみなすことができます。

保護の開始または変更の申請は、**福祉事務所を設置していない町村長を経由**して行うこともできます。町村長は、申請を受け取ったときは**5日以内**にその申請に要保護者に対する資産及び収入の状況等参考となるべき事項を記載した書面を添えて、これを保護の実施機関に送付しなければなりません。

■生活保護申請から決定まで

❶申　　請	要保護者・**扶養義務**者・その他の**同居**の親族が、福祉事務所・保護の実施機関に申請
↓	
❷資産調査（資力調査）	〈収入認定〉 生活保護が受給できる場合 **最低生活費　＞　収入認定**額 ● **最低生活**費＝生活扶助＋住宅扶助＋教育扶助＋介護保険料自己負担額＋医療保険料負担額 ● **収入認定**額＝就労、年金等社会保障の給付、親族による援助等を認定。預貯金、不動産等の資産の売却収入等も認定 ● **最低生活**費－**収入認定**額＝生活保護費として受給できる
↓	
❸保護開始・却下の通知	保護の要否、種類、程度及び方法を決定し、書面で通知する。通知は原則 14 日以内であるが、30 日まで延長できる

例題

Q 資力調査等に日時を要する場合は、保護の開始の申請から60日まで保護の決定を延ばすことができる。 〔第29回-問69〕

A × 保護の決定を延ばすことができるのは**30**日までである。

◆保護の財源

生活保護費（施設事務費、委託事務費、就労自立給付金費等を含む）の財源は**全額公費負担**です。保護を受給する者の**居住地**によって、負担の割合は次表のとおりとなっています。

■保護の財源

居住地区分		国	都道府県または指定都市・中核市	市町村
居住地の明らかな者（居住地保護）	指定都市・中核市・市内居住者	3/4	1/4	―
	市または福祉事務所を設置している町村内居住者	3/4	―	1/4
	福祉事務所を設置していない町村内居住者	3/4	1/4	―
居住地の明らかでない者（現在地保護）		3/4	1/4	―

6 不服申立てと訴訟

生活保護を正当な理由もなく受けることができなかった場合や、処分に不服がある場合、**不服申立て**を行う権利があります。審査請求は簡易迅速な手続きにより、国民の権利利益の救済が目的なので、手数料は無料です。不服申立てには**審査請求**と**再審査請求**があります。

●ここがポイント

不服申立てと訴訟の流れ

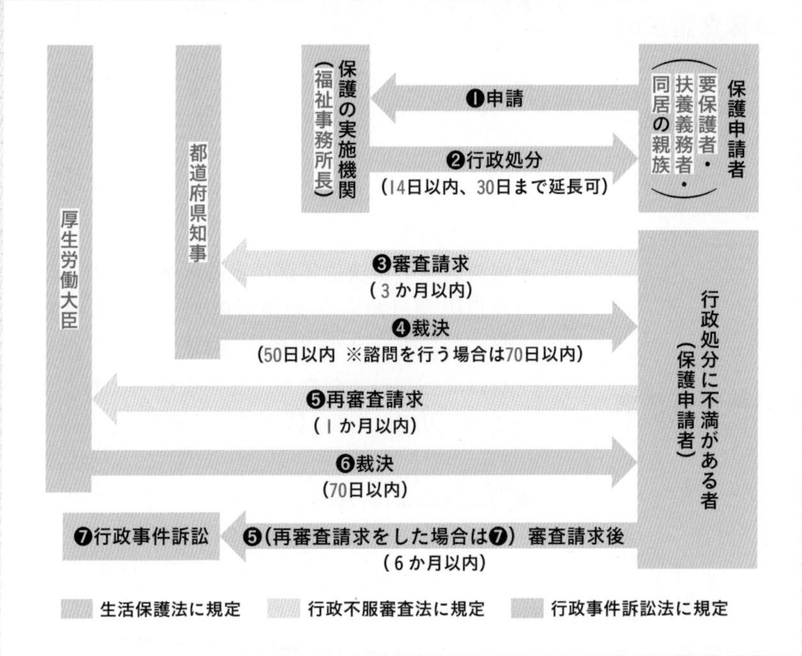

❶申請 → **❷行政処分** **❷の行政処分に不満がある場合**

❸審査請求	◆処分があったことを知った日の翌日から**3か月以内**、かつ、処分があった日の翌日から**1年以内**に**審査請求**をしなければならない。ただし、正当な理由があるときはこの限りではない【『行政不服審査法』第18条】 ✔CHECK! ❶ ◆審査請求は**都道府県知事**に対してすることができる【『生活保護法』第64条】

↓

❹審査請求の裁決	◆**都道府県知事は諮問を行わないとき**は、50 **日以内**に裁決をしなければならない ◆**諮問を行うとき**は 70 **日以内**に裁決をしなければならない ◆50日（70日）以内に裁決がなされないときは、棄却 されたとみなすことができる【『生活保護法』第65条】
↓	
❺再審査請求	◆**審査請求の裁決に不満のあるとき**は、裁決を知った日の翌日から 1 **か月以内**かつ、裁決があった日の翌日から 1 **年以内**に 再審査請求 をしなければならない。ただし、正当な理由があるときはこの限りではない【『行政不服審査法』第62条】 ✔CHECK! ❶ ◆再審査請求は 厚生労働大臣 に対してすることができる【『生活保護法』第66条】
↓	
❻再審査請求の裁決	厚生労働大臣は 70 **日以内**に裁決をしなければならない【『生活保護法』第66条】
↓	
❼行政事件訴訟（取消訴訟）	◆**生活保護の処分の取消の訴え**（ 取消訴訟 ）は、当該処分に対する**審査請求の裁決を経た後**でなければ提起することができない（ 審査請求前置 主義）【『生活保護法』第69条】 ✔CHECK! ❷ ◆裁決があったことを知った日から 6 **か月以内**かつ、裁決があった日から 1 **年以内**に 取消訴訟 をしなければならない。ただし、正当な理由があるときはこの限りではない【『行政事件訴訟法』第14条】 → 不服申立てと違って「翌日」が入らないことに注意。

✔CHECK! ❶ 不服申立てと取消訴訟の根拠法に注意

不服申立てができる期間（審査請求ができる期間、再審査請求ができる期間）は**『行政不服審査法』**、取消訴訟ができる期間は**『行政事件訴訟法』**に規定されている。すなわち、生活保護以外（例えば、介護保険の要介護認定）の不服申立てや取消訴訟でも同じ期間となっている。

✔CHECK! ❷ 審査請求前置主義

行政処分に不満がある場合、不服申立てもしくは取消訴訟のどちらをするかは自由選択となっているが、生活保護の場合は、**不服申立て**（**審査請求**）を先にしなければならない。審査請求の裁決を経た後ならば取消訴訟をすることは可能なので、再審査請求はしなくても取消訴訟は可能。当然、再審査請求の裁決を経た後でも取消訴訟は可能。

例題

Q 審査請求に対する裁決が50日以内に行われないときは、請求は認容されたものとみなされる。〔第33回−問66〕

A × 裁決が50日以内に行われないときは、請求は**棄却**されたとみなされる。

7 生活保護の最近の動向

2013（平成25）年に**『生活保護法』**が改正され、**就労自立給付金**の創設、健康や生活面等に着目した支援、不正・不適正受給対策の強化、生活扶助や医療扶助の基準適正化などが盛り込まれました。

就労自立給付金とは、保護受給中の就労収入の一定額を仮想的に積み立て、安定就労の機会を得たことにより**保護廃止に至ったときに支給する制度**です。

生活保護から脱却すると、税・社会保険料等の負担が生じます。生活保護を脱

却するための**インセンティブ**（動機）を強化するとともに、脱却直後の不安定な生活を支え、再度保護に至ることを防止することを目的として創設されました。

そのほか、福祉事務所が必要と認めた場合には、その必要な限度で、**扶養義務者**に対して報告するよう求めることができることや、指定医療機関制度について、指定更新制（6年間）の導入などが盛り込まれました。

また、生活保護世帯の子どもの大学等への進学率が全世帯の子どもより著しく低いことを踏まえ、生活保護世帯の子どもの自立を助長するため、2018（平成30）年に**『生活保護法』**が改正されました。

◆大学等進学時の一時金の創設

高校卒業から入学直後に必要な資金を賄うことができずに、進学を断念する生活保護を受給する世帯の子どもがいます。そのような貧困の連鎖を断ち切り、進学を後押しするため、**進学準備給付金**が創設されました。生活保護受給世帯の子どものうち、当該年度の前年度の3月に高等学校等を卒業し、原則当該年度の4月に大学や専門学校等に進学するため生活保護受給世帯から脱却することとなる者を対象に、**自宅通学**で**10万円**、**自宅外通学**で**30万円**給付されます。

ひとこと

大学等進学後も、自宅（出身の生活保護世帯）通学している場合は、大学等に通学している間に限り、子どもの分の住宅扶助額を減額しない措置も講じられます。

◆医療扶助における後発医薬品の使用原則化

年々増大する、医療扶助費の適正化を図るため、従来は患者の意向によっては拒否することができた**後発医薬品（ジェネリック医薬品）**を、医師等が医学的知見等に基づいて、後発医薬品を使用することができると認めたものについては、後発医薬品による給付を原則とすることが明記されました。

重要度 B

生活保護受給者への就労支援

生活保護受給者の自立を助長するため、生活保護による保護は**限定的**なものと捉え、**就労による経済的な自立**を達成し、**生活保護からの早期の脱却**を目指します。そのため、生活保護受給世帯の状況に合わせて多様な制度を整備し、段階的に支援していくことで社会復帰を促進させることが図られています。

ひとこと

生活保護受給者に対する就労支援では、本人の同意を得て**自立活動確認書**を作成します。

1 自立支援プログラム

2004（平成16）年の社会保障制度審議会福祉部会の「生活保護制度の在り方に関する専門委員会」の報告書において、生活保護制度は最低限度の生活保障だけでなく、被保護世帯が安定した生活を再建し、地域社会への参加や労働市場への「再挑戦」を可能とするための「バネ」としての働きをもたせることが特に重要としています。

2005（平成17）年度より導入された「自立支援プログラム」は、**地方自治体**が主体となり、被保護世帯の現状や自立阻害要因を類型化し、その類型に応じた**個別支援プログラム**を策定して、これに基づいた支援を実施するものです。

ひとこと

自立支援プログラムでは、個々の課題に適切に対処する「**多様な**対応」、自立を容易にするための「**早期の**対応」、効率的で一貫した支援を可能にする「**システム的な**対応」を目的としています。それぞれの自治体が独自性・自主性を生かして策定・実施している点が特徴です。

◆個別支援プログラムの整備

個別支援プログラムでは他法他施策、関係機関、既存の地域の**社会資源**を積極的に活用します。こうした社会資源がない場合には、実施機関等において必要なプログラムを整備することになっています。

■自立支援の種類と個別支援プログラムの例

自立支援の種類	個別支援プログラム例
経済的自立支援 （就労による自立）	●「**生活保護受給者等就労自立促進事業**」活用プログラム ●職場適応訓練 ●試行雇用（トライアル雇用）の機会の提供
日常生活自立支援 （健康管理・生活管理の自立）	●精神障害者への退院促進支援 ●健康管理などの日常生活支援
社会生活自立支援 （社会的つながりの維持・回復）	●ボランティア活動への参加 ●不登校児への支援

2020（令和２）年度において、自立支援プログラムは、福祉事務所設置自治体の**895**自治体（**98.9%**）で策定しています。そのうち、経済的自立に関するプログラムを策定している自治体は894自治体、日常生活自立・社会生活自立に関するプログラムを策定している自治体はそれぞれ、**375**自治体、**255**自治体と経済的自立に関するものと比べ少ない状況になっています。

例題

Q 自立支援プログラムは、就労による経済的自立のみならず、日常生活自立、社会生活自立など多様な課題に対応するものである。 〔第30回-問68・改〕

A ○ 自立支援プログラムは**被保護者**を対象とし、**経済的自立、日常生活自立、社会生活自立**を目指すものである。

◆自立支援プログラム実施の流れ

保護の実施機関が行う自立支援プログラムの実施の流れは、次のとおりです。

■自立支援プログラム実施の流れ

❶ 被保護者の状況・自立阻害要因の把握・類型化

◆状況…年齢や世帯構成など
◆自立阻害要因…就労意欲がない、病気、高齢など

↓

❷ 実情に応じた個別支援プログラムへの参加を指導

◆個別支援プログラムへの参加は強制によるものではなく被保護者の**同意**が必要

↓

❸ 本人の取組

↓

❹ 取組状況の評価

◆プログラムの内容が本人に不適当 → ❶へ
◆取組状況が不十分 → ❷へ
◆プログラム等への参加を**文書**にて**指導・指示** → ❸へ
改善がみられない場合は最終的には保護の変更・停止・廃止も考慮される

↓

❺ 自立した生活

例題

Q 自立支援プログラムに参加しない場合は、保護の停止又は廃止が行われる。〔第23回-問60〕

A ✕ 自立支援プログラムの参加を拒否する場合や、取組状況が不十分な場合は、**文書**により**指導・指示**。それでも改善がみられない場合は、最終的には、保護の変更・停止・廃止も考慮される。

2 生活保護受給者等就労自立促進事業

生活保護受給者等就労自立促進事業は、**生活保護受給者**を含めた生活困窮者等を対象とした事業です。**福祉事務所**に**公共職業安定所**の常設窓口を設置するなどして、公共職業安定所と福祉事務所が一体となったきめ細かい就労支援を推進することにより、支援対象者の**就労**による自立促進を図るものです。

●ここがポイント

生活保護受給者等就労自立促進事業の支援対象者

主な支援対象者	◆**生活保護受給者** ◆**児童扶養手当受給者** ◆**住居確保給付金受給者** ◆生活困窮者
支援対象者の条件	◆**稼働能力**がある ◆**就労意欲**が一定程度ある ◆就労するうえで著しい**阻害要因**がない ◆事業への参加に**同意**している

◆**事業の内容**

公共職業安定所と**福祉事務所**が連携して組織する**就労支援チーム**が、

❶**就労支援プラン**の策定
❷**職業準備プログラム**のメニューの選定
❸**就労支援プログラム**のメニューの選定
❹支援方針の決定
❺福祉事務所への定期的な**巡回相談**の実施
　を行います。

なお、就労支援チームは、公共職業安定所の**事業担当責任者**と**就職支援ナビゲーター**※、**福祉部門担当コーディネーター**などで構成されています。

※就職支援ナビゲーター
公共職業安定所に配置されており、支援対象者に対して、面接、求人開拓などによる職業紹介、就労後のフォローアップまで一貫した就労支援を個々人ごとにきめ細かく実施する者のこと。

◆事業の変遷

生活保護受給者等就労自立促進事業は、**「福祉から就労」支援事業**を発展的に解消し、**2013（平成25）年度**から新たに実施されているものです。

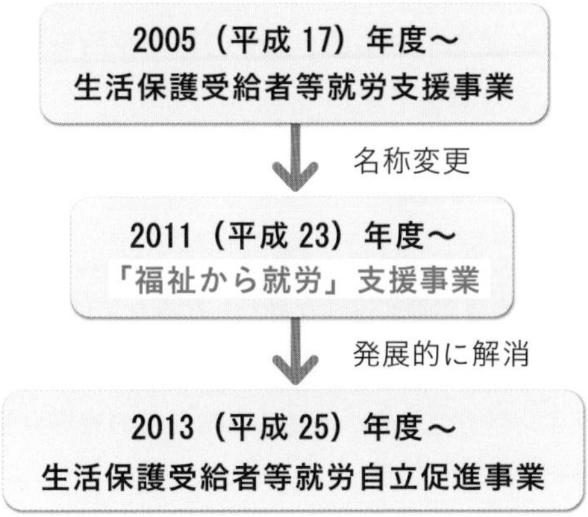

3 被保護者就労支援事業

被保護者就労支援事業は、**被保護者**からの相談に応じて、必要な情報の提供、助言を行うことで、被保護者の**自立促進**を図ることを目的とした事業です。

■被保護者就労支援事業の概要

対象者	**就労可能**な被保護者であって、個別支援を行うことで就労などが可能な者のうち、本事業への参加を**希望**する者
主な事業内容	●**就労**に関する相談、助言 ●求職活動への**支援** ●求職活動への**同行** ●個別の**求人開拓** ●公共職業安定所などの関係機関との**連絡調整** ●就労後の**フォローアップ**

4 被保護者就労準備支援事業

被保護者就労準備支援事業とは、**就労意欲**が低かったり、基本的な**生活習慣**に課題を抱えていたりする被保護者に対して、**一般就労に向けた準備**として、**就労意欲**の喚起や一般就労に従事する準備としての**日常生活習慣**の改善を総合的かつ計画的に一貫して実施する事業です。

■被保護者就労準備支援事業の概要

日常生活自立に関する支援	適切な**生活習慣**の形成を促すことを目的とした、規則正しい起床・就寝、食事内容、適切な身だしなみなどに関する助言・指導など
社会生活自立に関する支援	**社会的能力**の形成を促すことを目的とした、基本的なコミュニケーション能力の形成、地域の事業所での職場見学、ボランティア活動への参加など
就労自立に関する支援	**一般就労**に向けた技法や知識の習得などを促すことを目的とした、就労体験、模擬面接の実施、履歴書の作成訓練、ビジネスマナー講習の実施、キャリア・コンサルティングを通じた本人の適性確認など

CHAPTER 3

SECTION 3 生活困窮者自立支援法

このSECTIONのポイント

◆生活困窮者自立支援法の概要…生活困窮者自立支援法は、第２のセーフティネットです

◆支援の内容…生活困窮者自立支援法に基づく事業の内容を理解しましょう

重要度B 生活困窮者自立支援法の概要

生活保護を見直すとともに、生活困窮者対策について取り組むために、2013（平成25）年の「**社会保障審議会生活困窮者の生活支援の在り方に関する特別部会報告書**」で、新しい制度の創設の必要性が示され、同年に『**生活困窮者自立支援法**』が制定されました。これは、生活保護制度を利用しなければならない手前の段階で、早期の自立支援を行う新たなセーフティネットとして、**2015（平成27）年**に施行された法律です。

『**生活困窮者自立支援法**』は、**生活保護制度**を利用しなければならない手前の段階で、早期の自立支援を行う新たなセーフティネットとして、2013（平成25）年に制定、2015（平成27）年に施行された法律です。

■セーフティネットの種類

第１のセーフティネット	**社会保険**制度・労働保険制度（年金・医療・**雇用**・労災・介護）
第２のセーフティネット	**『生活困窮者自立支援法』** **求職者支援制度** →詳細はSEC４参照
第３のセーフティネット	**『生活保護法』**

その目的は、**生活困窮者**※に対する自立支援策を強化し、自立の促進を図ることであり、地域社会からの孤立の状況などに応じ取り組むことを基本理念とします。

※生活困窮者
就労の状況、心身の状況、地域社会との関係性その他の事情により、現に経済的に困窮し、最低限度の生活を維持することができなくなるおそれのある者。

ひとこと
生活困窮者自立支援法は、2018（平成30）年に改正され、「生活困窮者」の定義に、上記下線部が追加されました。

重要度B　支援の内容

生活困窮者自立支援法に基づく事業は、**必須事業**と実施が**努力義務**とされている事業、**任意事業**に分類されます。都道府県、市、福祉事務所を設置する町村が実施主体となり、社会福祉協議会、社会福祉法人、NPO法人などへの委託も可能とされています（**生活困窮者住居確保給付金**は除く）。**福祉事務所未設置町村**は、生活困窮者及び生活困窮者の家族等からの相談に応じ、必要な情報の提供や助言、都道府県との連絡調整、生活困窮者自立相談支援事業の利用の勧奨等を行う事業を行うことができるとされています。

1　生活困窮者自立相談支援事業（必須事業）

生活困窮者自立相談支援事業は、生活困窮者自立支援制度の理念を実現するための中核的な事業です。生活困窮者からの相談を受け、抱えている課題を評価・分析し、**ニーズ**を把握したうえで、**自立支援計画**を作成し、関係機関と連携して、自立に向けた支援を行います。自立相談支援機関には、**主任相談支援員**、**相談員**、**就労支援員**※が配置されることが基本となっています。

※主任相談支援員／相談員／就労支援員

- 主任相談支援員：相談支援業務のマネジメントや社会資源の開拓等の地域への働きかけを行う者
- 相談員：支援プランの作成など、相談支援全般を行う者
- 就労支援員：就労支援に関する知識、技術を有する者

■生活困窮者自立相談支援事業の流れ

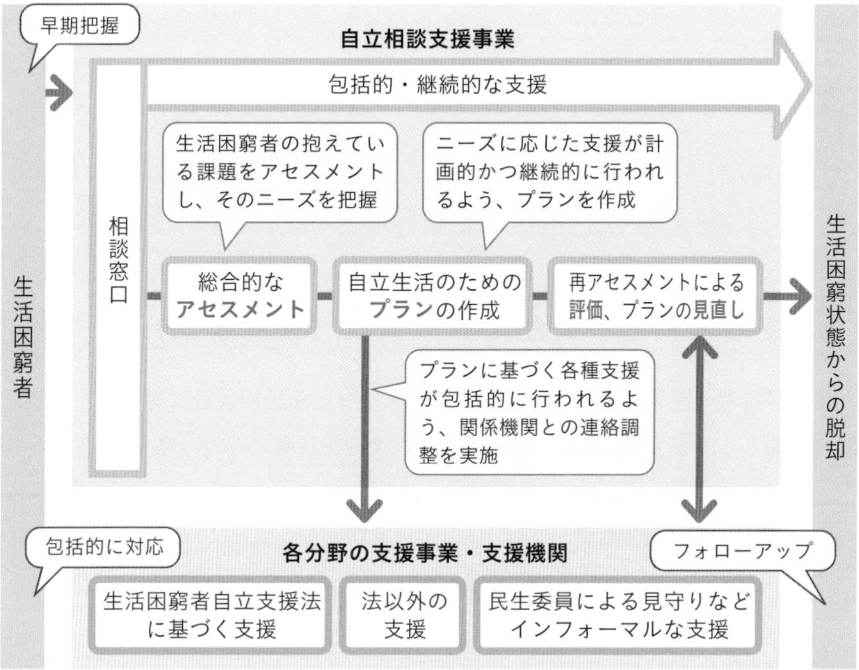

出典：厚生労働省社会・援護局地域福祉課　生活困窮者自立支援室
「生活困窮者自立支援制度について」より作成

2 生活困窮者住居確保給付金（必須事業）

離職により住居を失った、または失うおそれが高い生活困窮者に対して、安定した住居の確保と就労自立を図るため、一定期間（原則**3**か月間。就職活動を誠実に行っている場合は**3**か月延長可能〈最長**9**か月まで〉）で**家賃**相当額の住

居確保給付金を支給します。

3 生活困窮者就労準備支援事業（努力義務）

生活困窮者就労準備支援事業は、一般就労に従事する準備としての**基礎能力**の形成を、計画的かつ一貫して支援する事業です。**6か月〜1年**程度、プログラムに沿った支援や就労の機会の提供を行います。

4 生活困窮者家計改善支援事業（努力義務）

生活困窮者に対し、収入や支出などの状況を適切に把握し、家計改善の意欲を高めるよう支援するほか、生活に必要な資金の貸付けのあっせんを行います。

5 生活困窮者一時生活支援事業（任意事業）

生活困窮者一時生活支援事業は、**住居**をもたない生活困窮者に対して、一定期間（原則として**3**か月以内）、宿泊場所や衣食の提供などを行う事業です。

ひとこと

生活困窮者一時生活支援事業は、ホームレス緊急一時宿泊事業（シェルター事業）から移行したものです。

6 子どもの学習・生活支援事業（任意事業）

子どもの学習・生活支援事業は、**生活保護受給世帯**を含む生活困窮世帯における子ども等の生活習慣・育成環境の改善に関する助言（学校・家庭以外の**居場所づくり**や小学生等の家庭に対する**巡回支援**の強化等）や、教育及び就労（**進路**選択等）に関する相談に対する情報提供、助言、関係機関との連絡調整などを行う事業です。

例題

Q 子どもの学習・生活支援事業は、全ての都道府県、市町村に実施の責務がある。〔第35回-問67〕

A × 子どもの学習・生活支援事業は、任意事業である。

◆包括的な支援体制

生活困窮者に対する包括的な支援体制の強化を目的に、2018（平成30）年の法改正で、従来の任意事業のうち、**生活困窮者就労準備支援事業**と**生活困窮者家計改善支援事業**（**生活困窮者家計相談支援事業**から改称）について、その実施が努力義務とされました。さらに両事業と生活困窮者自立相談支援事業とを併せて一体的実施を促進するため、次の取組が講じられることとなりました。

■自立相談支援事業・就労準備支援事業・家計改善支援事業の一体的実施の促進

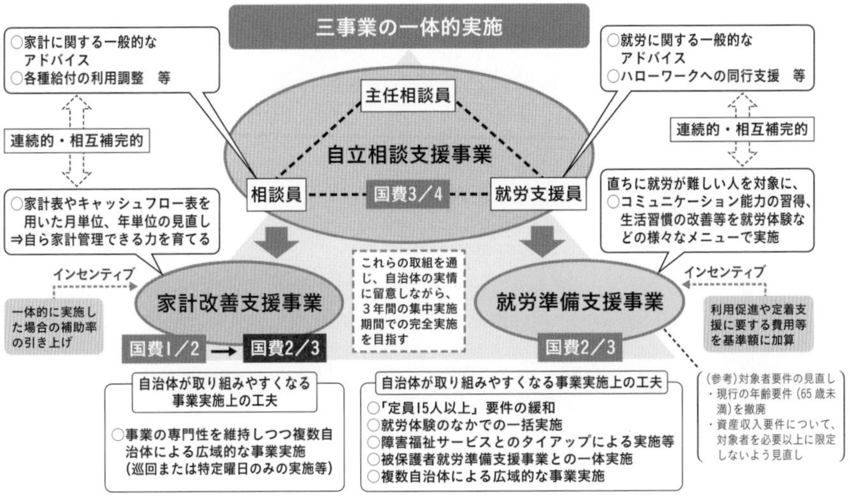

出典：厚生労働省「生活困窮者等の自立を促進するための生活困窮者自立支援法等の一部を改正する法律案の概要」より作成

CHAPTER 3

SECTION 4

低所得者対策

このSECTIONのポイント

- ◆生活福祉資金貸付制度…資金の種類について整理しましょう
- ◆無料低額宿泊事業・無料低額診療事業…生計困難者を対象とする事業です
- ◆求職者支援制度…求職者支援制度の概要をおさえておきましょう
- ◆公営住宅制度…公営住宅法についておさえておきましょう

重要度B 生活福祉資金貸付制度

「生活福祉資金貸付制度」は、低所得者等の生活を経済的に支えるとともに、その在宅福祉及び社会参加の促進を図ることを目的とした貸付制度です。また、資金の貸付による経済的な援助にあわせて、地域の**民生委員**が資金を借り受けた世帯の相談支援を行っています。

■生活福祉資金貸付制度の実施主体と対象世帯

実施主体		**都道府県社会福祉協議会** → 資金の交付や償還金の受入れなど直接利用者に関わる窓口業務は**市町村社会福祉協議会**に委託している
対象世帯	低所得者世帯	必要な資金を他から借り受けることが困難な世帯（**市町村民税非課税**程度）
	障害者世帯	身体障害者手帳、療育手帳、精神障害者保健福祉手帳の交付を受けた者等の属する世帯
	高齢者世帯＊	療養または介護を必要とするおおむね**65歳以上**の高齢者の属する世帯

＊SECTION 1（p.206）の高齢者世帯の定義とは異なる。

ひとこと

母子家庭・父子家庭などのひとり親世帯と寡婦世帯には『母子及び父子並びに寡婦福祉法』に規定する「**母子父子寡婦福祉資金貸付制度**」で資金の貸付を実施しています。一定条件のもと、**外国人世帯**にも貸付は可能です。

◆資金の種類

資金の貸付には、原則、**連帯保証人**が必要なものがありますが、連帯保証人が確保できない場合でも**貸付可能**です（保証人がいる場合は無利子、いない場合は年1.5％の利率の貸付利子）。一定の条件下とはなりますが、**同一世帯**で**重複貸付**を受けることができます。

■資金の種類

総合支援資金	**生活支援費**	生活再建までの間に必要な生活費用
	住宅入居費	敷金、礼金等住宅の賃貸契約を結ぶために必要な費用
	一時生活再建費	●生活を再建するために一時的に必要かつ日常生活費で賄うことが困難である費用 ●就職・転職を前提とした技能習得に要する経費 ●滞納している公共料金等の立替え費用 ●債務整理をするために必要な経費　など
福祉資金	**福祉費**	●**生業**を営むために必要な経費 ●技能習得に必要な経費及びその期間中の生計を維持するために必要な経費 ●住宅の増改築、補修等及び公営住宅の譲り受けに必要な経費 ●福祉用具等の購入に必要な経費 ●**障害者用の自動車の購入**に必要な経費 ●中国残留邦人等に係る国民年金保険料の追納に必要な経費 ●負傷または疾病の療養に必要な経費及びその療養期間中の生計を維持するために必要な経費 ●**介護**サービス、**障害者**サービス等を受けるのに必要な経費及びその期間中の生計を維持するために必要な経費

	福祉費	●災害を受けたことにより臨時に必要となる経費 ●冠婚葬祭に必要な経費 ●住居の移転等、給排水設備等の設置に必要な経費 ●就職、技能習得等の支度に必要な経費 ●その他日常生活上一時的に必要な経費
	緊急小口資金	●緊急かつ一時的に生計の維持が困難となった場合に貸し付ける**少額の費用**（無利子） ●医療費の支払いなど 特例貸付 災害救助法が適用される災害において被災し当座の生活費を必要とする世帯に対しては、緊急小口資金の特例貸付が実施される
教育支援資金	**教育支援費**	低所得**世帯に属する者**が高等学校、大学または高等専門学校に修学するために必要な経費（無利子）
	就学支度費	低所得**世帯に属する者**が高等学校、大学または高等専門学校への**入学**に際し必要な経費（無利子）
不動産担保型生活資金＊	**不動産担保型生活資金**	低所得**の**高齢者**世帯**に対し、一定の居住用不動産を担保として生活資金を貸し付ける資金（連帯保証人が必要）
	要保護世帯向け不動産担保型生活資金	要保護**の**高齢者**世帯**に対し、一定の居住用不動産を担保として生活資金を貸し付ける資金

＊貸付利子は年３％、または長期プライムレートのいずれか低い利率

出典：厚生労働省「生活福祉資金貸付条件等一覧」より作成

例題

Q 生活福祉資金貸付制度の資金の種類は、総合支援資金、緊急小口資金、教育支援資金の３種類である。〔第35回-問68〕

A × 資金の種類は、**総合支援資金**、**福祉資金**、**教育支援資金**、**不動産担保型生活資金**の４種類である。

◆借入申込みの流れ

借入の申込みの流れは、資金の種類により次の２つの場合に分かれます。

❶福祉費、教育支援資金、不動産担保型生活資金の借入を希望する場合

市町村社会福祉協議会に相談・申込みをします。申請書類等を基に、市町村社会福祉協議会及び都道府県社会福祉協議会において申込み内容の確認と貸付審査・決定を行います。借入希望者の状況に応じて、包括的な支援が必要な場合は、**生活困窮者自立支援制度**と連携しながら支援を行うこととなっています。

❷総合支援資金、緊急小口資金の借入を希望する場合

生活困窮者自立支援制度における**生活困窮者自立相談支援事業** →詳細はp.238参照 の利用が原則としては貸付の要件となります。

自立相談支援機関において、相談者の個々の状況に応じて、自立に向けた支援プランの検討とあわせて、生活福祉資金（総合支援資金、緊急小口資金）の利用の可能性が考えられる場合に、借入額や償還計画等について相談したうえで、必要書類を添付し、申請します。申請書類等を基に、**都道府県社会福祉協議会**において最終的な貸付の審査を行い、貸付決定となります。

ひとこと

生活福祉資金貸付制度は、償還期限までに償還しなかった場合には、**延滞利子**を付して返済しなければならないのですが、天災などやむを得ない事情で償還が困難なときには、民生委員や市区町村社会福祉協議会を通して届け出をすれば**猶予**されます。また、死亡ややむを得ない理由がある場合、償還未済額の全部または一部を**免除**する制度があります。

例題

Q 生活福祉資金貸付制度の借入れの申込先は、福祉事務所である。
〔第33回-問69〕

A × 生活福祉資金貸付制度の借入れの申込先は、**市町村社会福祉協議会**である。

重要度 C

無料低額宿泊事業・無料低額診療事業

生計困難者を対象として、『社会福祉法』に基づく無料低額宿泊事業・無料低額診療事業があります。いずれも**第二種社会福祉事業**なので、原則として、経営主体は制限されていませんが、事業開始に当たっては、事業経営地の**都道府県知事**に届出が必要です。

■無料低額宿泊事業・無料低額診療事業の概要

無料低額宿泊事業	●無料または低額な料金で、簡易住宅を貸し付け、または宿泊所その他の施設（**無料低額宿泊所**）を利用させる事業 ●❶宿所の提供のみ、❷宿所と食事を提供するもの、❸宿所と食事に加え、入所者への相談対応や就労指導等のサービスを提供するものなどがある ●生活保護法の**住宅**扶助を利用することができる
無料低額診療事業	無料または低額な料金によって施設（**無料低額診療施設**）で診療を行う事業

例題

Q 生計困難者に対する無料低額宿泊所は、食事を提供することができない。　〔第31回-問69〕

A × 無料低額宿泊所の提供するサービスには、❶宿所の提供のみ、❷宿所と**食事**を提供するもの、❸宿所と**食事**に加え、入所者への相談対応や**就労**指導等のサービスを提供するものなどがある。

重要度 B

求職者支援制度

求職者支援制度とは、『**職業訓練の実施等による特定求職者の就職の支援に関する法律**』（**求職者支援法**）に基づく制度で、**特定求職者**に対し、❶無料の職業訓練（**求職者支援訓練**）の実施（訓練期間は**2か月**から**6か月**）、❷一定の要件

を満たす者への職業訓練中の**職業訓練受講給付金**（月**10万円**）の支給、❸**公共職業安定所**での積極的な就職支援の3つを柱とした支援措置を講じることにより、特定求職者の就職を促進し、職業及び生活の安定に資することを目的とした制度です。

●ここがポイント

特定求職者の要件 

◆ 公共職業安定所 に求職の申込みをしていること

◆労働の 意思 と 能力 があること

◆職業訓練などの支援を行う必要があると 公共職業安定所長 が認めたこと

◆ 雇用保険被保険者 や 雇用保険受給者 でないこと

✔CHECK!

✔CHECK! 雇用保険被保険者や雇用保険受給者でないこと

具体的には、❶雇用保険の 受給終了者 、❷雇用保険の 受給資格要件 を満たさなかった者、❸雇用保険の 適用 がなかった者、❹ 自営業 を廃業した者、❺ 学卒未就職者 （就職先が決まらないまま学校を卒業した者）などが該当する。

職業訓練受講給付金の支給要件は、次のとおりです。

■職業訓練受講給付金の支給要件

❶本人収入が月 8 万円以下
❷世帯全体の収入が月30万円以下
❸世帯全体の金融資産が300万円以下
❹現在住んでいるところ以外に土地・建物を所有していない
❺訓練実施日全てに出席する（やむを得ない理由により欠席し、証明できる場合（育児・介護を行う者や求職者支援訓練の基礎コースを受講する者については証明ができない場合を含める）であっても、8 割以上出席する。）
❻世帯の中で同時に給付金を受給して訓練を受けている者がいない
❼過去 3 年以内に、偽りその他不正の行為により、特定の給付金の支給を受けていない
❽過去 6 年以内に、職業訓練受講給付金の支給を受けていない

※❶または❷を満たさない場合であっても、本人収入が月12万円以下かつ世帯収入が月34万円以下で❸〜❽を満たす場合は、訓練施設への交通費（通所手当）を受給することが可能

なお、親や配偶者と同居していて一定の世帯収入がある離職者や学卒未就職の者、フリーランスで働きながら正社員への転職を目指すなど、働いていて一定の収入のある在職者も、給付金を受けずに無料の訓練のみを受講することができます。

重要度C 公営住宅制度

公営住宅制度とは、『**公営住宅法**』を根拠法とし、健康で文化的な生活を住居面から保障するものです。国及び地方公共団体が協力して、住宅を整備し、住宅に困窮する低所得者に対して低廉な家賃で賃貸する制度です。

公営住宅の家賃は、❶家賃算定基礎額×❷立地係数×❸規模係数×❹経過年数係数×❺利便性係数により毎年決定されます。また、世帯の収入が上がれば、家賃は値上げされることとなります。逆に、入居時より経済的な状況が変化し、所得が減ることや生活保護を受けることとなった場合には、市の審査により家賃が減免されることとなります。なお、公営住宅の事業主体は、公営住宅の入居者から**3か月分の家賃**に相当する金額の範囲内において**敷金を徴収**することができます。

CHAPTER 3
SECTION 5

ホームレス対策

このSECTIONのポイント

◆ホームレス自立支援法の概要…ホームレスの自立を目的とする法の内容と取組について、理解しておくことが重要です

◆ホームレスの実態に関する全国調査…最新の調査結果をおさえておきましょう

重要度B ホームレス自立支援法の概要

『ホームレスの自立の支援等に関する特別措置法』（**ホームレス自立支援法**）第３条に述べられているとおり、ホームレスの自立のためには就業の機会が確保されることが最も重要です。

■**ホームレス自立支援法**

第１条 目的	ホームレス状態にある者に対し、自立支援を行うとともに、**国・地方公共団体**の責務を明らかにし、ホームレスの**人権**への配慮と、地域社会の**理解**と**協力**を得て、必要な施策を行うことにより、ホームレスに関する問題の解決を図る
第２条 定義	ホームレスとは、都市公園、河川、道路、駅舎その他の施設を**故なく起居の場所**とし、**日常生活**を営んでいる者をいう
第３条 ホームレスの自立の支援等に関する施策の目標等	❶自立の意思があるホームレスには、雇用の場、**就業の機会**、居住の場所、保健及び医療の確保に関する施策並びに生活相談及び指導を実施し、これらの者を自立させる ❷ホームレスとなることを余儀なくされるおそれのある者が多数存在する地域を中心に、これらの者に対する就業の機会の確保、生活相談及び指導の実施等により、ホームレスとなることを防止する ❸❶と❷以外には、宿泊場所の提供、日常生活に必要な物品の支給、生活保護の実施、国民への啓発活動等によるホームレスの人権擁

	護、地域における生活環境の改善等により、ホームレスに関する問題の解決を図る
第4条 ホームレスの 自立への努力	ホームレスは、国及び地方公共団体の施策を活用すること等により、**自らの自立**に努めなければならない
第5条 国の責務	**国**は、第3条に掲げる事項につき、総合的な施策を策定し実施する
第6条 地方公共団体 の責務	**地方公共団体**は、第3条に掲げる事項につき、当該地方公共団体の実情に応じた施策を策定し実施する
第7条 国民の協力	**国民**は、地域社会において、国及び地方公共団体が実施する施策に**協力**し、ホームレスの**自立**の支援等に**努めなければならない**

同法第8条の規定に基づき定められた「ホームレスの自立の支援等に関する基本方針」にあるように、ホームレスへの生活保護の適用については、一般の困窮者と同様の適用となります。単にホームレスであるというだけで保護の対象とはなりません。

また、居住の場所がないことや稼働能力があるからといって保護の要件に欠けるとはしないとしています。このような点を踏まえ、資産、能力、その他あらゆるものを活用してもなお**最低限度**の生活が維持できない者について、最低限度の生活を保障するとともに、自立に向けて必要な保護が実施されるとしています。

女性のホームレスに対しては、性別を考慮したきめ細かな自立支援を行うとともに、必要に応じて**女性相談支援センター**や**女性自立支援施設**等と十分に連携することが示されています。

ひとこと

『ホームレス自立支援法』は、2002（平成14）年の施行から10年間の時限立法でしたが、その後5年間延長され、さらに2027（令和9）年まで延長する改正法が2017（平成29）年に成立しました。

■ホームレスの自立の支援等に関する基本方針及び実施計画

第8条 基本方針	**厚生労働大臣**及び**国土交通大臣**は、ホームレスの実態に関する全国調査を踏まえ、以下の内容について基本方針を策定しなければならない ❶就業の機会の確保 ❷安定した居住の場所の確保 ❸保健及び医療の確保 ❹生活相談及び指導 ❺ホームレス自立支援事業※やその他の事業の実施 ❻ホームレスとなるおそれのある者が多数存在する地域での生活上の支援 ❼緊急に行うべき援助 ❽**生活保護**の実施 ❾ホームレスの**人権**の擁護 ❿地域における生活環境の改善及び安全の確保 ⓫ホームレスの自立の支援等を行う民間団体との連携 ⓬その他の自立支援
第9条 実施計画	❶**都道府県**は、必要があるときは、基本方針に即し、当該施策を実施するための計画（**都道府県実施計画**）を策定しなければならない ❷都道府県実施計画を策定した都道府県の区域内の**市町村**は、必要があるときは、基本方針及び都道府県実施計画に即し、当該施策を実施するための計画（**市町村実施計画**）を策定しなければならない ❸都道府県又は市町村は、実施計画を策定するときは、**地域住民**及びホームレスの自立の支援等を行う**民間団体**の意見を聴くように努めなければならない

※ホームレス自立支援事業
ホームレス自立支援施設（ホームレス自立支援センター）が、ホームレスに対し、一定期間宿泊場所を提供したうえ、健康診断、身元の確認並びに生活に関する相談及び指導を行うとともに、就業の相談及びあっせん等を行うことにより、その自立を支援する事業をいう。

重要度 C

ホームレスの実態に関する全国調査

「ホームレスの実態に関する全国調査」（厚生労働省）によると、ホームレス数は**減少**傾向にあります。性別比では、**圧倒的に男性**が多く、年齢層をみると、60歳以上が約**70%**を占めます。2021（令和３）年の生活実態調査では、70歳以上は34.4%で、前回調査より増加となりました。路上生活期間が10年以上と回答した人は40.0%で前回調査より増加、平均年齢が＋2.1歳となっていることからも、ホームレスの高齢化が進んでいることがみてとれます。

仕事をしている者の主な内訳は「**廃品回収**」が66.4%で最も多くなっています。

■ホームレスの実態に関する全国調査の概要

		令和５年 概数調査	令和３年 生活実態調査	平成28年 生活実態調査	平成24年 生活実態調査
全国のホームレスの数		3065人	3824人	6235人	9576人
ホームレスの多い都道府県	1位	大阪	大阪	大阪	大阪
	2位	東京	東京	東京	東京
	3位	神奈川	神奈川	神奈川	神奈川
生活の場所	1位	都市公園 (25.2%)	都市公園 (27.4%)	河川 (30.0%)	河川 (29.0%)
	2位	河川 (23.5%)	河川 (24.8%)	その他の施設 (24.1%)	都市公園 (28.2%)
	3位	その他の施設 (23.1%)	その他の施設 (23.1%)	都市公園 (23.1%)	その他の施設 (17.5%)
年齢層		—	平均年齢 63.6歳	平均年齢 61.5歳	平均年齢 59.3歳
仕事をしている者の割合		—	48.9%	55.6%	60.4%

※毎年概数調査、おおむね５年ごとに生活実態調査を実施。最新の生活実態調査は2021（令和３）年調査。

出典：厚生労働省「ホームレスの実態に関する全国調査」

CHAPTER 3

SECTION 6

貧困に対する支援における関係機関の役割

このSECTIONのポイント

◆国の役割…厚生労働大臣の役割についておさえましょう

◆都道府県の役割…都道府県知事の役割を学びます

◆市町村の役割…福祉事務所との関係を理解しましょう

◆福祉事務所の役割…福祉事務所の組織と所員、業務について把握しましょう

重要度 B

国の役割

生活保護は**国の責任**において行われます。厚生労働省の内部部局である**社会・援護局**が生活保護に関する事務を遂行しています。

厚生労働大臣の役割・権限

◆**生活保護基準を定める** → **基準**及び**程度**の原則【『生活保護法』第８条】（**5** 年に１度改定）

◆**国**の開設した医療機関（病院・診療所・薬局）について、医療扶助の指定医療機関の**指定**と**取消**、または期間を定めて、その指定の全部もしくは一部の効力を停止することができる

◆都道府県に対して、一定の事由があるときは、その運営する保護施設の設備もしくは運営の**改善**、その**事業の停止**またはその**保護施設の廃止**を命ずることができる

◆再審査請求の**裁決**

重要度 B

都道府県の役割

都道府県知事の役割と権限は次のとおりです。都道府県には、福祉事務所の設置が義務づけられています。

都道府県知事の役割・権限

◆市町村・福祉事務所の事務監査

◆**条例**で保護施設の設備及び運営基準を定める

◆**国**以外が開設した医療機関について、医療扶助の医療機関の**指定**と**取消**、**立入検査**、または期間を定めて、その指定の全部もしくは一部の効力を停止する権限を有する

◆市町村及び地方独立行政法人、社会福祉法人、日本赤十字社に対して、一定の事由があるときは、その運営する保護施設の設備もしくは**運営の改善**もしくはその**事業の停止**、またはその**保護施設の廃止**を命ずることができる

◆介護扶助の**介護機関の指定**

◆審査請求の**裁決**

ひとこと

都道府県知事は、生活保護法に定めるその職権の一部を、その管理に属する**行政庁**に委任することができます。

例題

Q 都道府県知事は、地域の実情を踏まえて生活保護法上の保護基準を変更することができる。〔第36回-問66〕

A ×　生活保護基準を定めるのは、**厚生労働大臣**の役割である。

重要度B 市町村の役割

市町村の役割と権限は次のとおりです。市と特別区は福祉事務所を設置しなければなりませんが、町村は**任意**です。町村が福祉事務所を設置しない場合は、**都道府県**の設置する福祉事務所がその業務を担います。

市町村の役割・権限

◆福祉事務所の設置（市と特別区は**必置**、町村は**任意設置**）

◆市町村の福祉事務所は『生活保護法』をはじめ**福祉六法事務**を担当

◆福祉事務所を設置していない町村の事務

❶特に急迫した事由により放置することができない状況にある要保護者に対して、**応急的処置としての必要な保護**

❷要保護者の発見、被保護者の生計その他の状況の変動を発見した場合に保護の実施機関または福祉事務所長への**通報**

❸保護の開始または変更の申請を受け取った場合の保護の実施機関への送付（５日以内に行う）

❹保護の実施機関または福祉事務所長から求められた場合に、被保護者等に対する保護金品の交付

❺保護の実施機関または福祉事務所長から求められた場合の要保護者に関する**調査**

例題

Q 保護の実施機関は、福祉事務所を設置していない町村に対し被保護者への保護金品の交付を求めることはできない。

〔第30回-問66・改〕

A × 福祉事務所を設置していない町村の事務として、**保護の実施機関**または**福祉事務所長**の求めに応じて、被保護者への保護金品の交付ができるとされている。

重要度 A

福祉事務所の役割

1 福祉事務所の組織体系

生活保護制度の保護の実施機関は、**都道府県知事**、**市長**、**福祉事務所を管理する町村長**となっています。しかし、実際の運営実施事務は**福祉事務所長**に委任されています。

●ここがポイント

福祉事務所の運営組織体制

福祉事務所 (『社会福祉法』に基づく)	◆社会福祉行政の中核的な第一線の**現業機関** ◆ 都道府県・市(特別区を含む)には必置、町村は任意設置
都道府県福祉事務所	◆**任意設置していない町村**を管轄する ◆『生活保護法』『児童福祉法』『母子及び父子並びに寡婦福祉法』の三法の事務を担当する
市町村福祉事務所	**福祉六法**(『生活保護法』『児童福祉法』『母子及び父子並びに寡婦福祉法』『老人福祉法』『身体障害者福祉法』及び『知的障害者福祉法』)の事務を担当する

福祉事務所の数

総数	都道府県	市(特別区含む)	町村
1244	203	994	47

(令和6年4月1日現在)

出典:厚生労働省

例題

Q 保護の実施機関は、厚生労働省の地方厚生局である。

〔第29回-問65〕

A ×

保護の実施機関は、**都道府県知事、市長、福祉事務所を管理する町村長**である。

2 福祉事務所の所員の役割

福祉事務所には、長及び少なくとも**指導監督**を行う所員（**査察指導員**）、現業を行う所員（**現業員、ケースワーカー**）、事務を行う所員（**事務員**）を置かなくてはならないと規定されています。査察指導員と現業員は**社会福祉主事**※でなければなりません。

※社会福祉主事

社会福祉主事は、『社会福祉法』第18、19条に規定される社会福祉職で都道府県知事または市町村長の補助機関である職員。**都道府県、市及び福祉に関する事務所を設置する町村は社会福祉主事は必置**であり、**それ以外の町村は置くことができる。**『生活保護法』第21条では、「都道府県知事又は市町村長の事務の執行を**補助**するものとする」と定められている。

ひとこと

社会福祉主事には、20歳以上で、大学等において厚生労働大臣が指定する社会福祉に関する科目を３科目以上修めて卒業した者、指定の課程や養成機関を修了した者、都道府県等講習会を受講した者、社会福祉士、精神保健福祉士がなることができます。

社会福祉主事

■福祉事務所の所員の職務内容・役割

福祉事務所長	都道府県知事または市町村長（特別区の区長含む）の指揮監督を受けて、福祉事務所の仕事を取りまとめる
指導監督を行う所員 （査察指導員）	所長の指揮監督を受けて、現業事務の**指導監督**（**スーパービジョン**）を行う
現業を行う所員 （現業員、ケースワーカー）	●所長の指揮監督を受けて、要保護者の家庭訪問や面接、資産調査や保護の要否を判断する ●保護が必要な場合、受給する扶助の種類の判断や被保護者に対する**生活指導**等も行う ●生活指導は『生活保護法』第27条に規定する指導及び指示に該当する
事務を行う所員 （事務員）	所長の指揮監督を受けて、庶務を担当する

なお、査察指導員及び現業員は、担当する職務にのみ従事することが原則ですが、その職務の遂行に支障がない場合には、ほかの社会福祉または保健医療に関する業務を行うことが認められています。

例題

Q 福祉事務所の長は、厚生労働大臣の指揮監督を受けて、所務を掌理する
〔第32回-問67〕

A × 福祉事務所の長は、**都道府県知事**または**市町村長**（特別区の区長を含む）の指揮監督を受けて、所務を掌理する。

◆福祉事務所の所員の定数

所員の定数は、都道府県及び市町村が**条例**で定めることになっていますが、所員のうち**現業員**については、『**社会福祉法**』に被保護世帯数に応じた**標準数**が規定されており、標準数を基に条例で定数を規定することとなっています。標準数は以下のとおりです。

■被保護世帯数に対する現業員の標準数

	現業員標準定数	標準定数に追加すべき定数
都道府県	390世帯以下の場合6人	65世帯増すごとに1人追加
市（特別区）	240世帯以下の場合3人	80世帯増すごとに1人追加
町村	160世帯以下の場合2人	80世帯増すごとに1人追加

ひとこと

社会福祉主事は、保護の実施機関を補助する機関、**現業員**は、家庭訪問・面接・生活指導などを行う所員、面接員、ケースワーカーのことをいいます。**民生委員**は、保護の実施機関や社会福祉主事に協力する機関となっています。

例題

Q 福祉事務所の現業を行う所員（現業員）の定数については、生活保護法で定めている。〔第32回-問67〕

A × 現業員の標準定数については、『**社会福祉法**』で定めている。

3 福祉事務所の業務

保護の実施機関から、以下のような指導や調査等、実際の業務に関する権限を委任されているのは**福祉事務所長**です。福祉事務所が行っている生活保護の内容を学習しましょう。

●ここがポイント

福祉事務所が実施する生活保護の内容

保護の停止及び廃止	被保護者が保護を必要としなくなったときは、速やかに、保護の **停止** または **廃止** を決定し、**書面** により**被保護者に通知**しなければならない（『生活保護法第26条』）
指導・指示	◆被保護者に対して、**生活の維持、向上**その他**保護の目的達成に必要な指導**または**指示**をすることができるが、被保護者の **自由** を尊重し、**必要最小限度** に止めなければならない ◆被保護者の意に反して、指導または指示を強制し得るものと解釈してはならない（『生活保護法』第27条）
相談及び助言	要保護者から求めがあったときは、**要保護者の** **自立** を助長するために、相談に応じ、必要な助言をすることができる（『生活保護法』第27条）
調査及び検診	必要があると認められるときは、要保護者の資産状況、健康状態等を調査するために、職員に、要保護者の**居住の場所に立入調査**させ、または当該要保護者に対して、保護の実施機関の指定する**医師の** **検診** を受けるように命ずることができる（『生活保護法』第28条）
扶養義務者等に対する報告の求め	必要があると認められるときは、**要保護者の扶養義務者等に対して**、**報告** を求めることができる（『生活保護法』第28条）

訪問調査	要保護者の**生活状況等を把握**し、処遇に反映させることや自立助長のための指導を行うことを目的として行う **〈種類〉** ❶**申請時**（申請書等を受理した日から **1週間 以内に訪問**） ❷**訪問計画に基づく訪問**（**最低 1 年に 2 回以上**家庭訪問、入院・施設利用者には**最低 1 年に 1 回以上**訪問） ❸**臨時訪問**（世帯状況等に変化があるときに随時訪問）

保護申請時において、福祉事務所は保護の受給要件、保護を受ける際の生活上の義務、届出の義務などについて十分な説明を行います。保護受給中における指導として、被保護者が**文書**による指導・指示に従わなかったり、調査及び検診への**拒否**がみられたりする場合、必要に応じて保護の変更・停止・廃止を行います。**保護停止中**においても、生活状況を把握します。

また、福祉事務所は、必要である場合において、官公庁等に対して被保護者（要保護者・被保護者であった者）の資料の閲覧や提供を求めたり、銀行、雇主、その他関係者等に**報告**を求めたりすることができます。

例題

Q 生活保護の現業を行う所員（地区担当員）は、保護の開始、変更、停止、廃止、被保護者への指導又は指示に関する権限を委任されている。〔第27回-問67〕

A × 保護の実施機関から、これらの権限を委任されているのは**福祉事務所長**である。

CHAPTER

4

保健医療と福祉

CHAPTER 4

SECTION 1

医療保険制度の概要

このSECTIONのポイント

◆医療費の動向…医療費の動向は頻出事項です。厚生労働省の「国民医療費の概況」を基に、必ず確認しておきましょう

◆医療保険制度…日本の医療保険制度のうち、国民健康保険、健康保険、各種共済組合の医療保険を中心に、それぞれの対象、財源、保険給付などの相違点をまとめて学びます

重要度A 医療費の動向

国民医療費は、保険診療**の対象となる病気やケガの治療費の推計**です。この費用には、医科診療や歯科診療にかかる診療費、薬局調剤医療費、入院時食事・生活医療費、訪問看護医療費等が含まれます。

一方、保険診療の対象とならない**先進医療、選定療養、不妊治療、正常な妊娠・分娩費用、健康診断、予防接種費用、義眼、義肢等の費用は含みません**。

1 国民医療費

2021（令和3）年度の国民医療費（下グラフⓐ）は**45兆359億円**（前年比**4.8%増**）、人口1人当たりの国民医療費は**35万8800円**（前年比**5.3%増**）となっています。国内総生産（GDP）に対する比率（ⓑ）は**8.18%**（前年度**7.99%**）となっています。

■国民医療費・対国内総生産比率・対国民所得比率の年次推移

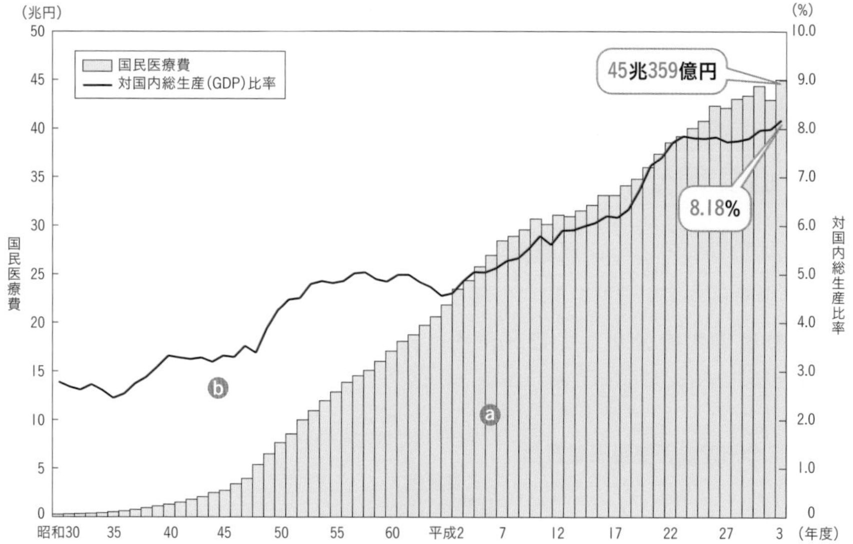

出典：厚生労働省「令和３（2021）年度　国民医療費の概況」より作成

ひとこと

「令和２（2020）年度 国民医療費の概況」以降、国民医療費の対国民所得に対する比率の公表はありません。

例題

Q 「令和３（2021）年度国民医療費の概況」によると、国民医療費の総額は40兆円を超えている。　〔第36回-問71・改〕

A ○　2021（令和３年）度の国民医療費は**45**兆359億円である。

2 年齢階級別国民医療費

年齢階級別国民医療費は、65歳未満が17兆5350億円（**39.4%**）であるのに対

し、65歳以上が27兆3036億円（**60.6%**）、そのうち75歳以上が17兆2435億円（**38.3%**）です。１人当たりの国民医療費をみると、65歳未満の**19万8600円**に対し、65歳以上は**75万4000円**で**約４倍**になっています。

3 制度区分別国民医療費

制度区分別にみると、**医療保険等給付分**が20兆5706億円（45.7％）と最も大きな割合を占めています。次いで**後期高齢者医療給付分**が15兆7246億円（34.9％）、**患者等負担分**が５兆4270億円（12.1％）、**公費負担医療給付分**が３兆3136億円（7.4％）となっています。

■制度区分別国民医療費構成割合

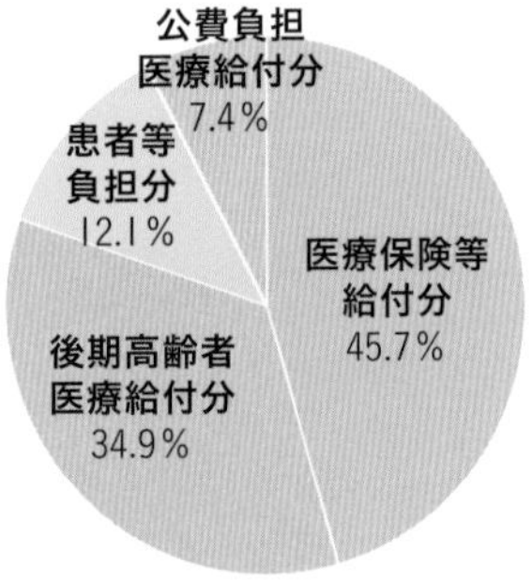

出典：厚生労働省「令和３（2021）年度　国民医療費の概況」より作成

例題

Q 制度区分別の国民医療費では，医療保険等給付分に比べて公費負担医療給付分が高い割合を占めている。〔第35回-問71〕

A ×　制度区分別の国民医療費では、最も大きな割合を占めるのは、**医療保険等給付分**。次いで**後期高齢者医療給付分、患者等負担分、公費負担医療給付分**の順。

4 国民医療費の財源別構成割合

財源別構成割合をみると、**保険料**が22兆4957億円（50.0%）、**公費**が17兆1025億円（38.0%）です。その他は５兆4378億円（12.1%）で、そのうち患者負担は５兆2094億円（11.6%）となっています。

■国民医療費の財源別構成割合

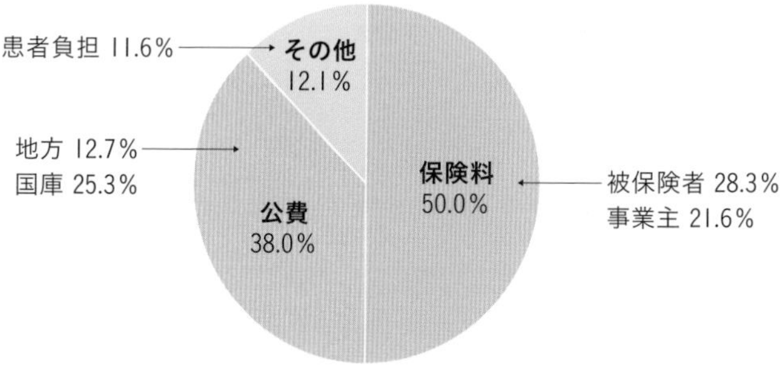

出典：厚生労働省「令和３（2021）年度　国民医療費の概況」より作成

例題

Q 国民医療費の財源に占める公費の割合は、保険料の割合よりも<u>高い</u>。〔第36回-問71〕

A ×　2021（令和３）年度の国民医療費の財源の内訳は、**保険料**50.0%、**公費**38.0%、**その他**12.1%となっている。

5 診療種類別国民医療費

診療種類別にみると、**医科診療医療費**が**32兆4025億円**（**71.9%**）で最も多くなっています。対前年度増減率をみると、医科診療医療費は5.3%の増加、歯科診療医療費は4.9%の増加、薬局調剤医療費は3.0%の増加となっています。

■診療種類別国民医療費構成割合

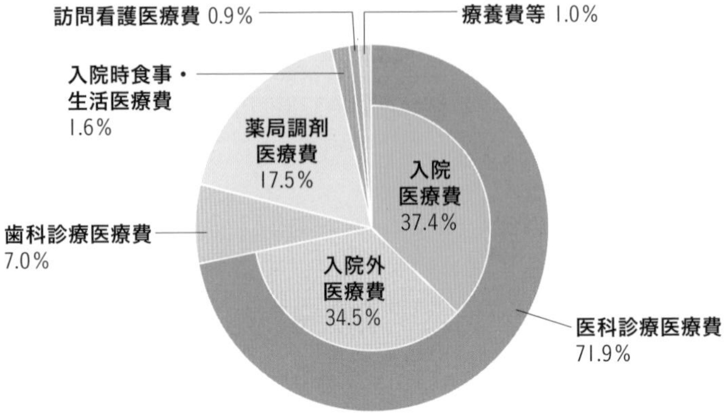

出典：厚生労働省「令和３（2021）年度　国民医療費の概況」より作成

例題

Q 国民医療費に占める<u>歯科診療医療費</u>の割合は、入院外医療費の割合より<u>高い</u>。〔第36回-問70〕

A ×　2021（令和３年）度の国民医療費に占める歯科診療医療費の割合は**7.0**%で、入院外医療費の割合は**34.5**%になっている。

6 傷病分類別医科診療医療費

国民医療費の医科診療医療費を主傷病による傷病分類別にみると、**循環器系の疾患**が６兆1116億円（**18.9%**）と最も多く、次いで**新生物**（**腫瘍**）が４兆8428億円（**14.9%**）、**筋骨格系及び結合組織の疾患**が２兆6076億円（**8.0%**）、**損傷、中毒及びその他の外因影響**が２兆4935億円（7.7%）、**腎尿路生殖器系の疾患**が２兆3143億円（**7.1%**）となっています。

例題

Q 医科診療医療費の傷病分類別の割合をみると、呼吸器系の疾患が最も高い。 〔第29回-問70〕

A × 循環器系の疾患が最も高い。

7 都道府県別国民医療費

都道府県（患者住所地）別にみると、**東京都**が４兆6155億円と最も高く、次いで**大阪府**が３兆4501億円、**神奈川県**が２兆9956億円となっています。また、**鳥取県**が2044億円と最も低く、次いで**島根県**が2669億円、**福井県**が2719億円となっています。

人口一人当たり国民医療費をみると、**高知県**が47万1300円と最も高く、次いで**鹿児島県**が44万400円、**長崎県**が43万3500円となっています。また、**埼玉県**が31万8100円と最も低く、次いで**千葉県**が32万600円、**滋賀県**が32万1700円となっています。

例題

Q 都道府県（患者住所地）別の人口一人当たり国民医療費が最も高い都道府県は、東京都となっている。 〔第35回-問71〕

A × 都道府県別の人口一人当たりの国民医療費が最も高いのは、**高知県**。東京都は、**都道府県別**の国民医療費の総額が最も高い。

重要度A 医療保険制度

医療保険制度とは、病気やケガ、死亡、出産などに備え、被保険者が保険料を保険者に支払うことで、一部の負担金で医療を受けることができる仕組みです。

1 医療保険制度の種類

医療保険制度は、職業別に**被用者保険**、**国民健康保険**、**後期高齢者医療制度**に大別されます。

被用者保険は、企業等に雇われている人や公務員など、雇われて働く給与所得者が加入する保険です。被保険者に扶養されている人も同様に対象となります。

国民健康保険は、自営業者、専業農家、無職の人などが加入する保険であり、扶養という概念はなく、**世帯単位**で加入し、一人ひとりが被保険者となります。

75歳以上の場合は**後期高齢者医療制度**が適用されます。

さらに被用者保険は、主に中小企業の従業員とその扶養家族を対象とした**全国健康保険協会（協会けんぽ）**、主に大企業や同種・同業種の企業が集まって組織された**組合管掌健康保険（組合健保）**、国家公務員、地方公務員、私立学校の教職員を対象とした**各種共済組合（各種共済）**、船員を対象とした**船員保険**に分けられます。各制度の保険者、財源の概要は次のとおりです。

■医療保険制度の概要

制度名		保険者	財源	
			保険料率	国庫補助
国民健康保険	農業者 自営業者等	都道府県・市町村	世帯ごとに応益割（定額）と応能割（負担能力に応じて）を賦課	給付費の41％
		国民健康保険組合		給付費等の 28.4～47.4％
	被用者保険の 退職者	市町村		なし
健康保険	協会けんぽ	全国健康保険協会	都道府県によって異なる（10％前後）	給付費等の16.4％
	組合	健康保険組合	各健康保険組合によって異なる	定額（予算補助）
各種共済	国家公務員	共済組合	—	なし
	地方公務員等	共済組合		
	私学教職員	事業団	—	

船員保険	全国健康保険協会	9.70%	定額
後期高齢者医療制度	[運営主体] 後期高齢者医療広域連合	各広域連合によって定めた**被保険者均等割額と所得割率**によって算定される	公費約50% [公費の内訳] **国：都道府県：市町村** **4：1：1**

出典：厚生労働省「令和５年版厚生労働白書　資料編」を基に作成

被用者保険と国民健康保険の療養の給付に要した費用の一部負担割合は、義務教育就学前２割、義務教育就学後から70歳未満３割、70歳以上75歳未満２割（現役並み所得者３割）、後期高齢者医療制度の一部負担割合は、原則、１割、一定以上所得者は２割、現役並み所得者は３割となっています。

ひとこと

会社を退職しても勤務していたときの健康保険を継続できる「**任意継続被保険者制度**」があります。最長で**２年**、保険料は**全額本人負担**です。加入には一定の条件があります。

例題

Q 療養の給付に要した費用の一部負担金の割合は、一律３割である。〔第36回-問71〕

A ×　被用者保険と国民健康保険では、義務教育就学前は２割、義務教育就学後から70歳未満は３割、70歳以上75歳未満は２割（現役並み所得者３割）、後期高齢者医療制度は、原則１割、一定以上所得者は２割、現役並み所得者は３割である。

2 国民健康保険、健康保険、各種共済

国民健康保険（市町村国保）、健康保険、各種共済を比較します。

■主な公的医療保険制度の比較

	国民健康保険	健康保険	各種共済
保険者（運営主体）	●都道府県・市町村（特別区を含む）＊1 ●国民健康保険組合（国保組合）	●全国健康保険協会（協会けんぽ） ●健康保険組合（組合健保）	●国家公務員共済組合 ●各種地方公務員共済組合 ●日本私立学校振興・共済事業団
対象	●都道府県・市町村は、**他の公的医療保険制度や生活保護等の対象者以外の全ての者**を対象 ●国保組合は、**同種の事業、業務で組織**され、組合が定める地域内に居住する事業者とその従業員が加入	●適用**事業所**に使用される者 ●任意継続**被保険者** 被保険者であった者が退職後2年間まで継続可	●国家公務員、地方公務員等とその被扶養者はそれぞれの共済組合に加入 ●私立学校教職員とその被扶養者は共済制度に加入
保険給付	出産育児一時金、葬祭費等を設けることが可（条例か規約による）	出産育児一時金、傷病手当金の給付金あり	出産手当金、傷病手当金の給付金あり
扶養の有無	全ての人が被保険者	●基本的に**家族は扶養**の対象＊2 ●扶養家族が何人いても、保険料はそのまま	●基本的に**家族は扶養**の対象 ●扶養家族が何人いても、保険料はそのまま
保険料	●保険者は世帯主から（国保組合は**組合員**から）保険料を徴収（多くは国民健康保険税として） ●保険者によって保険料の計算式は異なる ●国民健康保険には保険料の軽減制度あり	●会社員の健康保険では、標準報酬月額及び標準賞与額をもとに保険料を計算 ●会社と加入者で保険料を折半。折半された分が給料から天引き＊3 ●健康保険には保険料軽減制度はない	●健康保険同様に各共済組合で給料に応じて保険料を計算 ●負担割合も健康保険同様に労使折半。給料から天引き

＊1　国民健康保険の保険者は、都道府県が財政運営の責任主体。市町村は、資格管理、保険給付、保険料率の決定、賦課・徴収、保健事業等を行う。
＊2　健康保険の被扶養者は原則、国内居住者（日本国内に住民票がある者）に限定。
＊3　健康保険組合では、保険料の事業主負担割合を被保険者の負担割合よりも多く設定することができる。

医療保険制度は制度分立していますが、基本的な保険給付は各制度共通です。特に、2003（平成15）年４月から被保険者保険の本人の**患者一部負担が３割**に引き上げられたため、給付率は７割と市町村国保と同等になり、給付の公平化が図られました。

また、2018（平成30）年度より**国民健康保険改革**が実施されました（上記表＊１に関連）。これは「年齢構成が高く医療費水準が高い」「所得水準が低く保険料の負担が重い」「財政運営が不安定になるリスクの高い小規模保険者が多く、財政赤字の保険者も多く存在する」という国民健康保険制度の構造的な課題を解決するためのものです。国が約3400億円の追加的な財政支援（公費拡充）を行うこと、**都道府県**が市町村とともに国民健康保険の保険者となることなどが、見直しの柱に位置づけられています。

例題

Q 国民健康保険の被保険者に扶養されている者は、被扶養者として、給付を受けることができる。〔第35回－問70〕

A × 国民健康保険には扶養という概念はなく、**世帯単位**で加入し、**一人ひとり**が被保険者となる。

3 保険給付の種類と内容

医療保険制度のサービス（**保険給付**）には、医療機関に被保険者証を提示して受ける療養の給付や入院時食事療養費などの**医療給付**（**現物給付**）と、出産育児一時金や埋葬料、傷病手当金などの**現金給付**があります。

ここでは、保険給付の種類と内容、給付条件などを、健康保険と国民健康保険についてみていきます。なお、給付の種類に(健)が付いているものは、健康保険の被扶養者のみに対する給付であることを示しています。

■給付の種類と内容

療養の給付／(健)家族療養費	●診察、薬剤の支給、処置・手術・その他の治療、在宅療養・看護、入院・看護など（人間ドックなどの健康診査や眼鏡代は対象外） ●医療費に下記給付割合を乗じた額を支給 → 義務教育就学後から70歳未満は 7 割、義務教育就学前は 8 割、70～75歳未満は 8 割（現役並み所得者は 7 割）
入院時食事療養費	65歳未満は１食につき460円を超えた額（住民税非課税世帯で、長期入院の場合は91日目以降の入院は160円を超えた額）を支給
入院時生活療養費	●療養病床に入院する65歳以上の者の生活療養に要した費用について、保険給付として入院時生活療養費を支給 ●被扶養者の入院時生活療養にかかる給付は、家族療養費として給付 ●2017（平成29）年から、医療と介護の負担の公平化を図るため、生活療養標準負担額のうち、居住費にかかる部分について段階的に見直され、2018（平成30）年４月から難病患者や老齢福祉年金受給者を除いて１日370円の光熱水費の負担となった
保険外併用療養費	一般の保険診療に準じて 3 割（義務教育就学前までは 2 割）を自己負担して、残額は保険外併用療養費として保険給付 ●評価療養：（保険適用外の療養を受けると、保険が適用される療養にかかる費用も含めて、医療費の全額が自己負担となる）一定の条件を満たしたもの（例 保険適用外の新治療法や新薬など） ●患者申出療養：**高度の医療技術**を用いた療養であって、当該療養を受けようとする者の**申出に基づき**、療養の給付の対象とすべきものであるか否かについて、適正な医療の効率的な提供を図る観点から評価を行うことが必要な療養として厚生労働大臣が定めるもの ●選定療養：保険との併用が認められ、保険の枠を超えた部分についてを自己負担とし、保険が適用される療養にかかる費用は保険診療に準じた保険給付となる
訪問看護療養費／(健)家族訪問看護療養費	●難病や末期のがん、初老期の脳卒中等で自宅療養中の患者にかかりつけ医の指示に基づいて指定訪問看護事業者より看護師等が訪問看護を行う ●義務教育就学後から70歳未満は 7 割、義務教育就学前は 8 割、70～75歳未満は 8 割（現役並み所得者は 7 割）

療養費	海外で診療を受けたときの医療費など、患者が一時立替払いした場合、一定基準の現金を払戻し
高額療養費	医療費負担額（介護保険は対象外）が1人、1か月、1病院・診療所につき法定自己負担限度額（標準報酬月額により異なる）を超えた場合は、その超えた分を**高額療養費**として払戻し →詳細はp.276参照
高額医療・高額介護合算療養費	医療保険と介護保険の自己負担を合算し、新たに設定される自己負担限度額（標準報酬月額により異なる）を超えた場合は、超えた額の支給 →詳細はp.280参照
移送費／(健)家族移送費	医師が病気やケガで転院等が必要と認め、以下の全ての条件に該当した場合に、その要した費用の範囲内で支給 ●保険診療として適切 ●療養の原因である病気・ケガで移動が困難 ●緊急その他、やむを得ないこと
傷病手当金＊1	被保険者が療養のため**3**日以上連続して仕事を休み、給料を受けられないとき、**4**日目から休業1日につき直近12か月間の標準報酬月額を平均した額を30で割った額の3分の2相当額を、支給開始日から通算して1年6か月まで支給（労災保険が適用される場合は、全額が支給されない）
出産育児一時金＊2**／(健)家族出産育児一時金**	被保険者または被扶養者が出産したとき、1児につき原則**50**万円を支給
出産手当金	被保険者が出産のため仕事を休み、給料を受けられないとき、出産の日以前**42**日間、出産の日後**56**日間を限度として、休業1日につき直近12か月間の標準報酬月額を平均した額を30で割った額の3分の2相当額を支給（出産育児一時金も支給）
埋葬料（費）・葬祭費／(健)家族埋葬料	●被保険者が死亡したとき、埋葬を行った家族に**5**万円を埋葬料として支給 ●被扶養者が死亡したとき、被保険者に**5**万円を支給 ●死亡した被保険者に家族がいないとき、埋葬を行った者に、埋葬料の額（**5**万円）の範囲内で埋葬費を支給

＊1　市町村の場合は条例、国民健康保険組合の場合は規約に定める場合は保険給付可。
＊2　市町村の場合は条例、国民健康保険組合の場合は規約に定めるところにより保険給付を行う（特別の理由がある場合は、全部または一部を行わないことができる）。

健康保険は、労働者の業務外の事由による疾病、負傷、もしくは死亡または出産及びその被扶養者の疾病、負傷、死亡または出産に関して保険給付を行うとされているため、**自身の過失によるケガ**などについては**健康保険が適用**されます。労働者が業務上の事由または通勤による疾病、負傷、死亡した場合は労災保険が適用されます。

また、**退職**などにより被保険者でなくなった（資格喪失）後においても、一定の条件のもとに保険給付されます。

資格喪失後の継続給付

●**傷病手当金**　●出産手当金　●出産育児一時金　●埋葬料(費)

4 高額療養費制度

高額療養費制度は、**1か月に同一**医療機関等に支払った医療費が高額になったときに、その負担が大きくなりすぎないように、医療費負担を軽減する仕組みです。

限度額適用認定証※を**保険証**とあわせて医療機関等の窓口に提示すると、1か月（1日から月末まで）の窓口での支払いが自己負担限度額までとなります。また、後から申請して自己負担限度額を超えた額の支給を受けることもできます。その場合、支給までは**3**か月程度かかり、また、支給を受ける権利は**2**年で消滅します。なお、「**食費**」「**居住費**」「**差額ベッド代**」「**先進医療**」は対象外です。

※限度額適用認定証

加入している医療保険の保険者に事前に申請すると交付される。従来は70歳未満の人が対象だったが、2018（平成30）年８月から70歳以上でも年収が約370万～1160万円に相当する人も対象になった。申請は毎年必要だが、75歳以上の人は一度申請すればその後は申請の必要はない。市町村民税非課税者には、「限度額適用・標準負担額減額認定証」が発行され、入院時の食事代も減額になる。

■高額療養費制度の仕組み

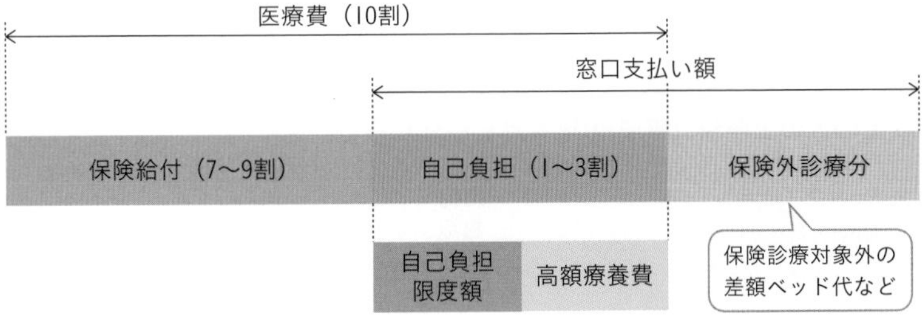

◆高額療養費の自己負担限度額

具体的な自己負担限度額は、次のようになります。世代間の負担の公平、負担能力に応じた負担の観点から、70歳以上の人を対象に、2017（平成29）年８月、2018（平成30）年８月と、段階を経て高額療養費の上限額が引き上げられました。

■高額療養費の自己負担限度額

〈70歳未満の人の上限額〉

所得区分		月単位の自己負担限度額（世帯単位）
ア	**上位所得者**（年収約1160万円以上） 健保：標準報酬月額83万円以上 国保：年間所得901万円以上	25万2600円＋ （総医療費－84万2000円）×１％ （多数該当14万100円）
イ	**上位所得者** （年収約770万～約1160万円） 健保：標準報酬月額53万～79万円 国保：年間所得600万～901万円	16万7400円＋ （総医療費－55万8000円）×１％ （多数該当９万3000円）
ウ	**一般所得者**（年収約370万～約770万円） 健保：標準報酬月額28万～50万円 国保：年間所得210万～600万円	８万100円＋ （総医療費－26万7000円）×１％ （多数該当４万4400円）
エ	**一般所得者**（年収約370万円以下） 健保：標準報酬月額26万円以下 国保：年間所得210万円以下	５万7600円 （多数該当４万4400円）

オ	住民税非課税世帯	3万5400円 （多数該当2万4600円）

〈70歳以上の人の上限額（平成30年8月診療分から）〉

<table>
<tr><th colspan="2" rowspan="2">所得区分</th><th rowspan="2">窓口負担</th><th colspan="2">月単位の自己負担限度額</th></tr>
<tr><th>外来のみ（個人ごと）</th><th>世帯単位（入院・外来）</th></tr>
<tr><td rowspan="3">現役並み所得者</td><td>Ⅲ 年収約1160万円以上
健保：標準報酬月額83万円以上
国保・後期：課税所得690万円以上</td><td rowspan="3">3割</td><td colspan="2">25万2600円＋
（総医療費＊1－84万2000円）×1％
（多数該当14万100円）</td></tr>
<tr><td>Ⅱ 年収約770万～約1160万円
健保：標準報酬月額53万～79万円
国保・後期：課税所得380万円以上</td><td colspan="2">16万7400円＋
（総医療費－55万8000円）×1％
（多数該当9万3000円）</td></tr>
<tr><td>Ⅰ 年収約370万～約770万円
健保：標準報酬月額28万～50万円
国保・後期：課税所得145万円</td><td colspan="2">8万100円＋
（総医療費－26万7000円）×1％
（多数該当4万4400円）</td></tr>
<tr><td>一般所得者</td><td>年収156万～約370万円
健保：標準報酬月額26万円以下
国保・後期：課税所得145万円未満等</td><td rowspan="3">2割＊2</td><td>1万8000円
（年間上限14万4000円）＊3</td><td>5万7600円</td></tr>
<tr><td rowspan="2">住民税非課税等</td><td>Ⅱ 住民税非課税世帯</td><td rowspan="2">8000円</td><td>2万4600円</td></tr>
<tr><td>Ⅰ 住民税非課税世帯
（年金収入80万円以下など）</td><td>1万5000円</td></tr>
</table>

＊1　総医療費とは、保険適用される診療費用の総額（10割）のこと。
＊2　75歳以上の人（2014〈平成26〉年3月31日以前に70歳に達した人及び65歳以上の障害認定者）は1割負担。
＊3　8月1日から翌7月31日の1年間における外来診療の合計が14.4万円を超えた場合に、申請により超過分を払い戻す仕組みがある。

出典：厚生労働省「高額療養費制度を利用される皆さまへ」「高額療養費制度の見直しについて（概要）」より作成

◆高額療養費の特例措置

高額療養費制度の特例措置として、次のものがあります。

■高額療養費制度の特例措置

世帯合算	複数の受診や**同じ**世帯にいる他の人（**同じ**医療保険に加入していることが条件。同じ世帯であれば被保険者と被扶養者の住所が異なっていてもよい）の受診について、窓口でそれぞれ支払った自己負担額を**1か月単位**で合算できる ●**70歳未満**…**2万1000円**以上の自己負担のみ合算 ●**70歳以上**…自己負担額の制限なく合算
高額長期疾病	**血友病**、人工透析を行う**慢性腎不全**、**後天性免疫不全症候群**の患者は、特定疾病療養受療証の交付を受けることで自己負担限度額は1万円（慢性腎不全で70歳未満の高額所得者は2万円）になる
多数該当	同一世帯で1年間（直近12か月）に3回以上高額療養費の支給を受けている（多数該当）場合は、4回目からは自己負担限度額を減額

■世帯合算の具体例〈70歳未満、年収約370万～約770万円の人〉

例	自己負担額	世帯合算後の自己負担額
被保険者A	甲病院　6万円 （医療費：20万円）	6万円＋2万4000円＋3万円 ＝**11万4000円** 高額療養費の支給対象となる
	乙薬局　2万4000円 （医療費：8万円）	
被保険者B	丙病院　3万円 （医療費：10万円）	

出典：厚生労働省「高額療養費制度を利用される皆さまへ」より作成

例題

Q 高額療養費における自己負担額の「世帯合算」では、被保険者と被扶養者の住所が異なっていても合算できる。

〔第27回-問70〕

A ○　被保険者と被扶養者の住所が異なっていても「世帯合算」の対象になる。

5 高額医療・高額介護合算療養費制度

高額医療・高額介護合算療養費制度は、医療と介護を必要とする人の自己負担を軽減する制度です。１年間（８月～翌年７月）に支払った**医療保険**と**介護保険**の**自己負担の合計額**が、基準額を超えた場合、超えた額が**申請**により払い戻される制度です。限度額は年齢や収入によって異なりますが、世帯内で**同じ公的医療保険**に加入している人の自己負担額も合算できます。

■高額医療・高額介護合算療養費の自己負担限度額（1年につき）

所得区分		70歳以上の世帯	70歳未満の世帯
現役並み	年収約1160万円～	212万円	
	年収770万～1160万円	141万円	
	年収370万～770万円	67万円	
一般（年収156万～370万円）		56万円	60万円
市町村民税世帯非課税		31万円	34万円
市町村民税世帯非課税（所得が一定以下）		19万円	

出典：全国健康保険協会「高額療養費・高額介護合算療養費」
厚生労働省「高額療養費制度の見直しについて（概要）」より作成

高額医療・高額介護合算療養費制度の留意点

◆入院中の「**食費**」「**居住費**」「**差額ベッド代**」「**先進医療**」など保険が適用されない実費負担分は対象外である

◆手続きには、医療保険と介護保険の２つの公的保険の窓口に申請を行う必要がある。国民健康保険や後期高齢者医療制度の加入者については、**市町村**が介護保険との共通窓口になる

◆自己負担額が高額であっても、**医療**のみの利用または**介護**のみの利用では**対象とならない**

◆支給までには**３か月**程度かかる

◆支給を受ける権利の消滅時効は**２年**である

6 後期高齢者医療制度

後期高齢者医療制度は、2006（平成18）年に『**老人保健法**』が『**高齢者の医療の確保に関する法律**』（**高齢者医療確保法**）に改正され、2008（平成20）年の改正法施行とともにスタートしました。

後期高齢者医療制度は、**75**歳以上の後期高齢者（**65歳以上75歳未満の一定の障害者を含み、生活保護世帯を除く**）を対象とする独立した制度です。

都道府県ごとに全ての市町村が加入する**後期高齢者医療広域連合**を設立し、事務処理をしますが、実際には市町村に委託されています。

■後期高齢者医療制度の運営の仕組み

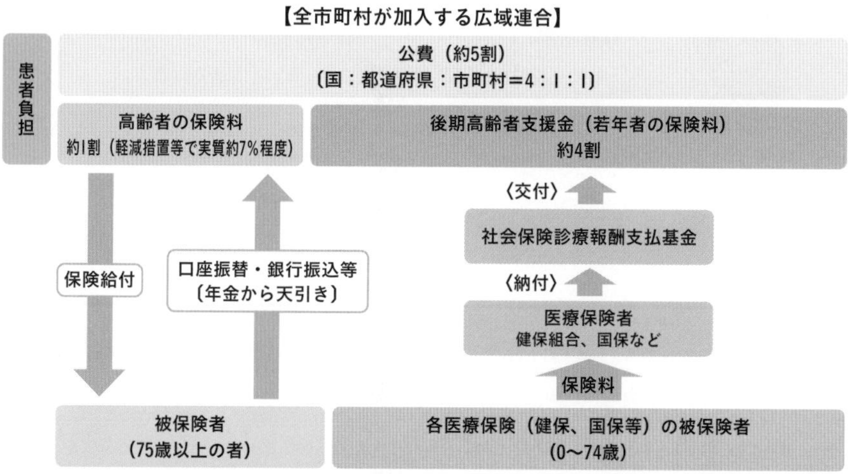

出典：厚生労働省ホームページ「後期高齢者医療制度について」より作成

例題

Q 後期高齢者医療制度の被保険者は、75歳以上の者に限られる。

〔第33回−問70〕

A ×

後期高齢者医療制度では、75歳以上の後期高齢者のほか、**65**歳以上**75**歳未満の一定の**障害者**も被保険者に含まれる。

◆保険料

保険料は、各広域連合が**条例**で定めます。加入者全員の**均等**割と所得に応じた**所得**割で構成され、所得が同じなら都道府県内では保険料は同じになります。なお、低所得者へは**軽減**、**減免**の措置があります。

◆加入手続き

75歳の誕生日から後期高齢者医療制度の被保険者となります。それまで加入していた医療保険は誕生日**前**日に脱退となります。

また、65歳以上75歳未満で一定の障害のある人は、年金手帳や身体障害者手帳などを添えて市町村に届け出て、障害認定を受けます。

ひとこと

前期高齢者（**65歳以上74歳以下**）は、それまでの**各医療保険制度に継続して加入**します。制度間の不均衡の調整のため、国民健康保険と被用者保険の各保険者が、75歳未満の加入者数に応じて費用負担を調整しています。

◆自己負担

後期高齢者支援金の負担方法は、より負担能力に応じた負担とする観点から、2017（平成29）年度より**全面総報酬割**が導入されました。自己負担割合は、原則**1**割、一定以上所得者（課税所得が28万円以上かつ「年金収入＋その他の合計所得金額」が単身世帯の場合は200万円以上、複数世帯の場合は合計320万円以上）は**2**割、現役並み所得者（年収383万円以上）は**3**割となります（**2**割負担が開始されたのは、2022〈令和４〉年10月１日より。2025〈令和７〉年９月30日までは、１か月の自己負担の増加額を最大3000円までとする経過措置）。

診療報酬制度の概要

このSECTIONのポイント	◆診療報酬制度の体系…医療機関が受け取る報酬のことを診療報酬といいます。保険診療の仕組みを理解し、近年重視されている在宅医療、ターミナルケアを支援する診療報酬制度について理解しましょう

重要度A　診療報酬制度の体系

診療報酬制度の仕組みと、在宅医療のケースなどについて理解しましょう。

1　診療報酬

診察や検査、薬の価格は、国によって定められています。診療報酬とは、この価格のことで、「**医科診療報酬**」「**歯科診療報酬**」「**調剤報酬**」の３種類があります。

診療報酬は、**診療報酬点数表**に基づいて計算されます。診療報酬点数に対する価格は、全国一律で**１点10円**と定められています。

具体的な点数の設定については、**社会保障審議会医療保険部会**及び**医療部会**で決定された基本方針に基づき、厚生労働大臣が**中央社会保険医療協議会**（**中医協**）に諮問して決定することとなっています。2024（令和６）年度の診療報酬（本体）は、**+0.88%の改定**です。

ひとこと

診療報酬改定は**2年**に１回、介護報酬改定は**3年**に１回のため、医療と介護のダブル改定は**6年**に１回行われています。

例題

Q 診療報酬点数は、Ｉ点の単価がＩ円とされている。
〔第36回-問72〕

A × 診療報酬点数に対する価格は、全国一律でＩ点10円と定められている。

2 診療報酬の支払い方式

診療報酬は、一般的な**出来高払い方式**と、診療内容にかかわらず一定の額を支払う**包括払い方式**（DPC／PDPS）があります。

■診療報酬の支払い方式の種類

出来高払い方式	●**医療行為**ごとに点数を合計して計算する方法 ●**外来診療**は基本的に出来高払い
包括払い方式（DPC／PDPS*）	●病名や診療内容別に、**入院Ｉ日当たり**の費用が決められた計算方式 ●診療内容にかかわらず**一定の金額**を支払う ●**特定機能病院**、療養病棟、地域包括ケア病棟などを中心に運用が拡大されている

＊DPC／PDPSは、Diagnosis Procedure Combination / Per-Diem Payment System（診断群分類に基づくＩ日当たり定額報酬算定制度）の略。

3 保険診療の仕組み

保険医療機関等は、患者である被保険者やその家族に診察や検査など、医療サービス（医療行為）を提供した場合、審査支払機関に**Ｉか月**単位で請求し、診療報酬として受け取ります。

保険診療の仕組み

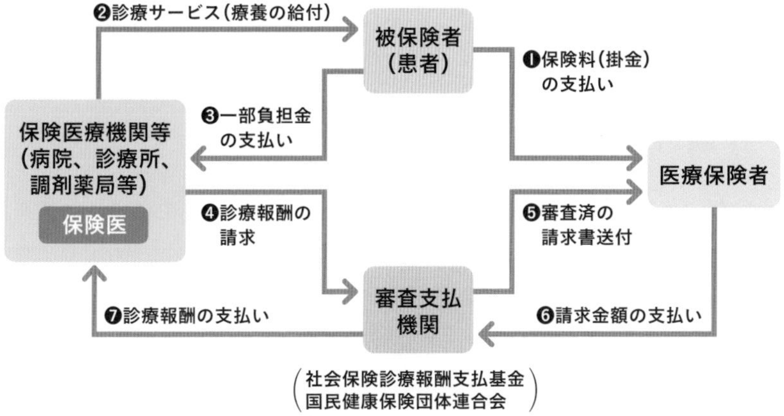

❶保険料（掛金）の支払い

↳ 被保険者（患者）は、**医療保険者**に保険料を支払う

❷診療サービス（療養の給付）

↳ 被保険者（患者）は、医療サービスを**現物給付**という形で受け取る

❸一部負担金の支払い

↳ 被保険者（患者）は、病院等に一部負担金を支払う。一部負担金の割合は、年齢・所得によって異なる

❹診療報酬の請求

↳ 保険医療機関は、被保険者（患者）への診療行為の費用を、**診療報酬点数表**を基に計算し、その合計額から患者の一部負担金を差し引いた額をレセプト※として**審査支払機関**に請求する

❺審査済の請求書送付

↳ 審査支払機関は、審査済の請求書を**医療保険者**に送付する

❻請求金額の支払い

↳ 医療保険者は、請求金額を**審査支払機関**に支払う

❼診療報酬の支払い

↳ 審査支払機関は、レセプトを審査し費用を保険医療機関に支払う

※レセプト
診療報酬請求書及び診療報酬明細書並びに調剤報酬請求書及び調剤報酬明細書のこと。

4 保険外併用療養費

混合診療（**保険のきく医療行為と保険のきかない医療行為の併用**）**は原則禁止**されています。ただし、例外的に「**評価療養**（先進医療、承認前の医薬品など）」と「**選定療養**（差額ベッド代、金歯など）」については、保険診療との**併用**が認められる「**保険外併用療養費**」という制度が設けられています。評価療養、選定療養を受けた場合、通常の治療と共通する部分（診察、投薬等）の費用は、一般の保険診療と同様に扱われ、共通しない特別な費用についてが全額自己負担となります。

評価療養と選定療養

□ **評価療養**
- **先進医療**
- 医薬品、医療機器、再生医療等製品の治験に係る診療
- **薬事法承認後**で保険収載前の医薬品、医療機器、再生医療等製品の使用
- 薬価基準収載医薬品の適応外使用
- 保険適用医療機器、再生医療等製品の適応外使用

□ **選定療養**
- **特別の療養環境**（**差額ベッド**）
- 歯科の金合金等
- 金属床総義歯
- **予約診療**
- **時間外診療**
- 大病院の初診
- 小児う蝕《しょく》（むし歯）の指導管理
- 大病院の再診
- **180日以上**の入院
- 制限回数を超える医療行為

また、2015（平成27）年には新たな保険外併用療養の仕組みとして**患者申出療養**が創設され、2016（平成28）年度より実施されています。

患者申出療養は、高度の医療技術を用いた療養であって、当該療養を受けようとする者の申出に基づき、療養の給付の対象とすべきものであるか否かについて、

適正な医療の効率的な提供を図る観点から評価を行うことが必要な療養として、厚生労働大臣が定めるものです。

例題

Q 75歳以上の加入者が選定した特別の病室の室料は、保険外併用療養費として全額支給対象である。 〔第28回-問70〕

A × **特別病室の室料**は**選定療養**であり、保険給付を前提としないため、**全額自己負担**となる。

5 在宅医療提供に関する診療報酬制度

在宅医療は、寝たきりで通院が困難な人などに対して、医師が患者宅などを訪れて医療を提供するものです。高齢化が進むにつれて、診療報酬も引き上げられ、2006（平成18）年に**在宅療養支援診療所**の仕組みが設けられてから在宅医療を提供する診療所が増えています。

診療所のない地域で在宅医療の主たる担い手となっているのが**在宅療養支援病院**です。2008（平成20）年に制度化されました。在宅療養支援診療所と在宅療養支援病院の主な要件は次のようになります。

在宅療養支援診療所・在宅療養支援病院の主な要件

◆患者宅から求めに応じ、**24時間の連絡**、**往診体制**、緊急入院の**病床**を確保し、それを**文書**で明示している

◆**ケアマネジャー**などと**連携**している

◆（在宅療養支援病院）**200床未満**または**半径4km以内**に**診療所**が存在しない

また、在宅療養支援診療所・病院の医師が死亡日前**14日以内**に2回以上訪問診療を行い、死亡前24時間以内に訪問し患者を看取った場合、「**在宅ターミナルケア加算**」が算定されます。自宅で最期を迎える際の、患者や家族を支える在宅医療の機能が位置づけられています。

CHAPTER 4

SECTION 3

医療施設の概要

このSECTIONのポイント

- ◆医療施設の概要…医療提供施設などの種類と機能、役割について、整理しておきましょう
- ◆医療施設の実態…医療施設調査における施設数と病床数をみておきましょう

重要度A 医療施設の概要

『医療法』における医療提供施設、特定機能病院と地域医療支援病院、回復期リハビリテーション病棟などや『災害対策基本法』に基づく災害拠点病院についてみていきます。

◆医療提供施設

日本の医療提供施設は、『**医療法**』によって様々な機能や特性に応じて分類され、医療が効率よく提供されるように構成されています。医療提供施設とは、**病院**、**診療所**及び**介護老人保健施設**、**介護医療院**、**調剤薬局**等をいいます。

■医療法上の医療提供施設

病院	**医師**または**歯科医師**が、公衆または特定多数人のため医業または歯科医業を提供する場所であって、入院のための病床数が**20床以上**の施設 病床の種類　**一般病床**、**精神病床**、**療養病床**、**結核病床**、**感染症病床**
診療所	**医師**または**歯科医師**が、公衆または特定多数人のため医業または歯科医業を提供する場所であって、入院設備がないものまたは入院のための病床数が**19床以下**の施設 病床の種類　**一般病床**、**療養病床**

介護老人保健施設	在宅復帰を目的に、医師による**医学的管理**とともにリハビリテーション、日常生活のサービスが提供される施設
介護医療院	主として長期にわたり療養が必要である要介護者を対象に、施設サービス計画に基づき行う療養上の管理、看護、医学的管理下における介護、機能訓練、その他必要な医療、日常生活上の世話を行う施設。重篤な身体疾患を有する者及び身体合併症を有する認知症高齢者等を対象とするⅠ型療養床と、Ⅰ型と比べて、比較的容態が安定した者を対象とするⅡ型療養床がある
調剤薬局	医師の処方に基づいて調剤するほか、患者に対して、薬の説明や服薬の仕方などを**対面**で説明する役割がある施設

例題

Q 診療所は、最大30人の患者を入院させる施設であることとされている。 〔第35回-問73〕

A × 診療所は、入院設備がないものまたは入院のための病床数が**19**床以下の施設とされている。

◆特定機能病院と地域医療支援病院

特定機能病院は、高度医療、最先端医療を提供する病院です。**地域医療支援病院**は、救急医療の提供やかかりつけ医、かかりつけ歯科医との連携など、地域医療を支援する機能をもった病院です。

特定機能病院・地域医療支援病院の役割や病床数などの主な違いは次のとおりです。紹介率とは、他の病院や診療所から紹介された患者の割合です。

■特定機能病院・地域医療支援病院の概要

	特定機能病院	地域医療支援病院
役割	●**高度**の医療を提供し、高度の医療技術の**開発・評価**を行う ●高度の医療に関する**研修**を行う	●地域の**かかりつけ医**、**かかりつけ歯科医**等を支援する ●**紹介患者**に対する医療の提供 ●建物、設備、医療機器等の共同利用 ●**救急医療**の提供 ●**地域医療従事者**への研修設備の確保

紹介率	50%以上	❶～❸のいずれかを満たすこと ❶紹介率**80%以上**（紹介率が65%以上であって、承認後２年間で**80%**達成することが見込まれる場合を含む） ❷紹介率**65%以上**、かつ逆紹介率**40%以上** ❸紹介率**50%以上**、かつ逆紹介率**70%以上**
逆紹介率	40%以上	
病床数	400床以上	200床以上
承認	厚生労働大臣	都道府県知事

ひとこと

特定機能病院は、第２次医療法改正、地域医療支援病院は、第３次医療法の改正に基づき設置されました。

例題

Q 地域医療支援病院は、その所在地の市町村長の承認を得て救急医療を提供する病院である。　〔第30回-問72〕

A × 地域医療支援病院は、**都道府県知事**の承認を受けることとされている。

◆一般病棟と療養病棟

一般病棟は、**急性期**にある患者の治療を行う病棟です。一方、療養病棟は、**慢性期**の患者の長期にわたる療養の入院が目的の病棟で、入院期間の制限はなく長期の医療的ケアやリハビリテーションを行います。

◆回復期リハビリテーション病棟

脳血管疾患や**大腿骨頸部骨折**などにより身体機能の低下した患者に対して、**ADL**（日常生活動作）能力の向上による**寝たきりの防止と家庭復帰を目的**とし

た**リハビリテーション**を集中的に行う病棟です。

◆地域包括ケア病棟

病院で骨折やがんなどの手術・治療など急性期医療を終えて病状が安定した患者を受け入れ、**在宅復帰**に向けたリハビリテーションや栄養指導などを行う病棟です。2014（平成26）年の診療報酬改定により創設されました。

入院期間が**60日以内**という基準があります。また、在宅復帰率は**7割以上**にすることも求められています。専任の**在宅復帰支援担当者1名以上**の配置が必要です。

例題

Q 地域包括ケア病棟の利用は、病院で長期にわたり医療的ケアが必要である者を対象としている。　〔第32回-問71〕

A × 地域包括ケア病棟は、急性期治療を経て、病状が**安定**した患者を対象に、在宅や施設への復帰に向けて診療、看護、**リハビリテーション**を行うことを目的とした病棟である。

◆緩和ケア病棟

主として苦痛の緩和を必要とする**悪性腫瘍**（がん）・**後天性免疫不全症候群**（エイズ）の患者を入院させて、**緩和ケア**を行うとともに、外来や在宅への円滑な移行も支援する病棟です。緩和ケアに関する研修を修了した医師が配置されます。

◆訪問看護ステーション

在宅での医療や看護サービスを提供する施設です。患者の自宅を訪問し、医師の指示に基づいて、看護師等により療養上の世話または必要な診療の補助を行います。原則として**保健師**または**看護師**である**管理者**、その他、**看護職員**（保健師、看護師、准看護師）、実情に応じて**理学療法士・作業療法士・言語聴覚士**が配置されます。

ひとこと

機能強化型訪問看護ステーションでは、利用者や家族からの連絡及び相談を24時間受ける体制を整備していることが指定要件となっています。

◆災害拠点病院

災害拠点病院は、**『災害対策基本法』**に基づいて**都道府県知事**が指定する病院で、災害時における初期救急医療体制の充実強化を図るための医療機関です。次の運営体制を有することが指定要件となっています。

■災害拠点病院の指定要件（運営体制）

❶**24時間緊急対応**し、災害発生時に被災地内の傷病者等の受入れ及び搬出を行うことが可能な体制を有すること
❷災害発生時に、被災地からの**傷病者の受入れ拠点**にもなること
❸**災害派遣医療チーム**（ＤＭＡＴ）を保有し、その派遣体制があること
❹**救命救急センター**または**第二次救急医療機関**であること
❺被災後、早期に診療機能を回復できるよう、**業務継続計画の整備**を行っていること
❻整備された業務継続計画に基づき、被災した状況を想定した**研修**及び**訓練**を実施すること
❼地域の第二次救急医療機関及び地域医師会、日本赤十字社等の医療関係団体とともに定期的な訓練を実施すること
❽ヘリコプター搬送の際には、同乗する**医師**を派遣できることが望ましいこと

このほか、施設及び設備の要件として、診療施設を有することや施設の耐震構造、自家発電機を保有し、**３日分**程度の燃料の確保や少なくとも**３日分**の病院の機能を維持するための水の確保など、細かい要件があります。

また、災害拠点病院には、地域の災害拠点病院の中核的役割を担う**基幹災害拠点病院**と**地域災害拠点病院**があり、前者は原則として**各都道府県**に１か所、後者は、原則として**二次医療圏** →詳細はp.297参照 に１か所設置することになっています。

例題

Q 災害拠点病院には、24時間対応可能な救急体制は必要ないとされている。　〔第36回-問72〕

A × 災害拠点病院は、**24時間救急対応**し、災害発生時に被災地内の傷病者等の**受入れ**及び**搬出**を行うことが可能な体制を有することが指定要件とされている。

重要度C　医療施設の実態

ここでは、「医療施設調査」（厚生労働省）から、医療施設数と病床数の実態についてみていきます。

◆施設数

「令和４(2022)年医療施設（動態）調査・病院報告の概況」（厚生労働省）によると、2022（令和４）年10月１日現在における全国の医療施設総数は**18万1093施設**で、前年に比べ**697施設増加**しました。「病院」は**8156施設**で、前年に比べ**49施設減少**、「一般診療所」は10万5182施設で、**890施設増加**しました。

施設数を施設の種類別にみると、「精神科病院」は**1056施設**で、前年に比べ**３施設増加**、「一般病院」は7100施設で、**52施設減少**しています。一般病院のうち「療養病床を有する病院」は**3458施設**（病院総数の**42.4％**）で、前年に比べ**57施設減少**しました。

一般診療所は「有床」が**5958施設**（一般診療所総数の**5.7％**）で、前年に比べ**211施設減少**し、このうち「療養病床を有する一般診療所」は**586施設**で、前年に比べ**56施設減少**しました。「無床」は９万9224施設（同94.3%）で、前年に比べ**1101施設増加**しました。

■施設の種類別にみた施設数

各年10月１日現在

	施設数		対前年		構成割合（%）	
	令和４年	令和３年	増減数	増減率（%）	令和４年	令和３年
総数	181,093	180,396	+697	+0.4	…	…
病院	8,156	8,205	−49	−0.6	100.0	100.0
精神科病院	1,056	1,053	＋３	+0.3	12.9	12.8
一般病院	7,100	7,152	−52	−0.7	87.1	87.2
（再掲）療養病床を有する病院	3,458	3,515	−57	−1.6	42.4	42.8
一般診療所	105,182	104,292	+890	+0.9	100.0	100.0
有床	5,958	6,169	−211	−3.4	5.7	5.9
（再掲）療養病床を有する一般診療所	586	642	−56	−8.7	0.6	0.6
一般病院	99,224	98,123	+1101	+1.1	94.3	94.1

資料：「令和４（2022）年医療施設（動態）調査・病院報告の概況」（厚生労働省）より作成

◆病床数

医療施設の病床数をみると、全病床数は**157万3451床**で、前年に比べ**１万332床減少**しました。病院は**149万2957床**で、前年に比べ**7100床減少**、一般診療所は**８万436床**で**3232床減少**しました。

病院の病床を病床の種類別にみると、「一般病床」は**88万6663床**（病院の全病床数の**59.4%**）で、前年に比べ**607床増加**、「精神病床」は**32万1828床**（同**21.6%**）で**1674床減少**、「療養病床」は**27万8694床**（同**18.7%**）で**5968床減少**しました。

一般診療所の「療養病床」は**5745床**で、前年に比べ**565床減少**しました。

■病床の種類別にみた病床数

各年10月1日現在

	施設数		対前年		構成割合（%）	
	令和４年	令和３年	増減数	増減率（%）	令和４年	令和３年
総数	1,573,451	1,583,783	−10,332	−0.7	…	…
病院	1,492,957	1,500,057	−7,100	−0.5	100.0	100.0
精神病床	321,828	323,502	−1,674	−0.5	21.6	21.6
精神科病院	244,049	244,422	−373	−0.2	16.3	16.3
一般病院	77,779	79,080	−1,301	−1.6	5.2	5.3
感染症病床	1,909	1,893	＋16	＋0.8	0.1	0.1
結核病床	3,863	3,944	−81	−2.1	0.3	0.3
療養病床	278,694	284,662	−5,968	−2.1	18.7	19.0
一般病床	886,663	886,056	＋607	＋0.1	59.4	59.1
一般診療所	80,436	83,668	−3,232	−3.9	100.0	100.0
（再掲）療養病床	5,745	6,310	−565	−9.0	7.1	7.5

資料：「令和４（2022）年医療施設（動態）調査・病院報告の概況」（厚生労働省）より作成

例題

Q 病床種別の中で病院病床数を比較すると、療養病床の方が一般病床よりも多い。〔第26回-問73〕

A ×
「令和４（2022）年医療施設（動態）調査・病院報告の概況」（厚生労働省）によれば、一般病床は88万6663床、療養病床は27万8694床で、一般病床の方が多い。

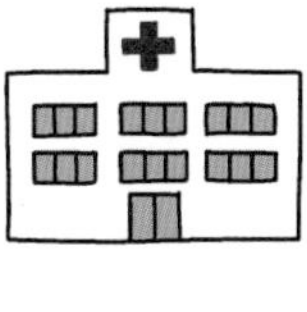

CHAPTER 4

SECTION 4

保健医療対策の概要

このSECTIONのポイント

◆保健医療対策の概要…各都道府県が策定する「医療計画」について学習し、地域の医療体制はどのように整備、調整されているのか理解しましょう

◆保健所の役割…地域住民の健康を支える保健所についてみていきます

重要度A　保健医療対策の概要

病院は、どこにでも自由に開設できるわけではありません。国が定める基本方針を踏まえて、**各都道府県**が地域に合った医療提供体制を確保するための「**医療計画**」**を策定**し、それに基づいて**病床数の決定や救急体制の整備等**が行われます。

◆医療計画

医療計画は、医療施設の適正な配置や病院の機能分化を図ることを目的として、**都道府県**が策定します（6年を一期として策定、中間年で必要な見直し）。「**医療圏**」の設定や病床数、緊急時の医療体制など、地域における**切れ目のない医療**を提供（**地域完結型医療**）し、患者本位の効率的で質の高い医療体制を提供することを目的としています。その実現のために、医療と介護の連携強化の推進が図られています。

◆医療圏

医療圏とは、地域の実情に応じた保健医療資源の適切な配置と医療提供体制の体系化を図るための地域的単位で1985（昭和60）年の『**医療法**』改正（第一次）において創設されました。原則として**都道府県**の区域を単位とした「**三次医療

圏」と、三次医療圏を除く複数の**市町村**からなる「**二次医療圏**」があります。それぞれの目的は次のとおりです。

■医療圏の対象区域と設定目的

	対象	目的
三次医療圏	都道府県単位の区域	特殊な医療を提供する病院の整備を図る
二次医療圏	三次医療圏を除く複数の市町村	特殊な医療を除く一般の入院に関係する医療を提供する病院の整備を図る

例題

Q 医療圏は、一次医療圏と二次医療圏の２つから構成されている。
〔第36回-問73〕

A × 医療圏は、原則として都道府県の区域を単位とした「三次医療圏」と、三次医療圏を除く複数の市町村からなる「二次医療圏」で構成されている。

◆医療連携体制

都道府県が策定する医療計画には、５疾病・６事業について盛り込むことが義務づけられています。2006（平成18）年の『医療法』の改正により、**４疾病・５事業**について義務づけられ、その後、2011（平成23）年に**精神疾患**が追加されて**５疾病・５事業**になりました。また、2013（平成25）年に**在宅医療**が追加され、**５疾病・５事業**及び在宅医療に対応した医療連携体制の推進が図られました。さらに、2024（令和６）年度からは、**新興感染症発生・まん延時における医療**が追加され、**５疾病・６事業**となっています。

■５疾病・６事業

５疾病	**がん・脳卒中・心筋梗塞等の心血管疾患・糖尿病・精神疾患**
６事業	**救急医療・災害時における医療・へき地の医療・周産期医療・小児医療**（小児救急医療を含む）・**新興感染症発生・まん延時における医療**

■医療計画の概要

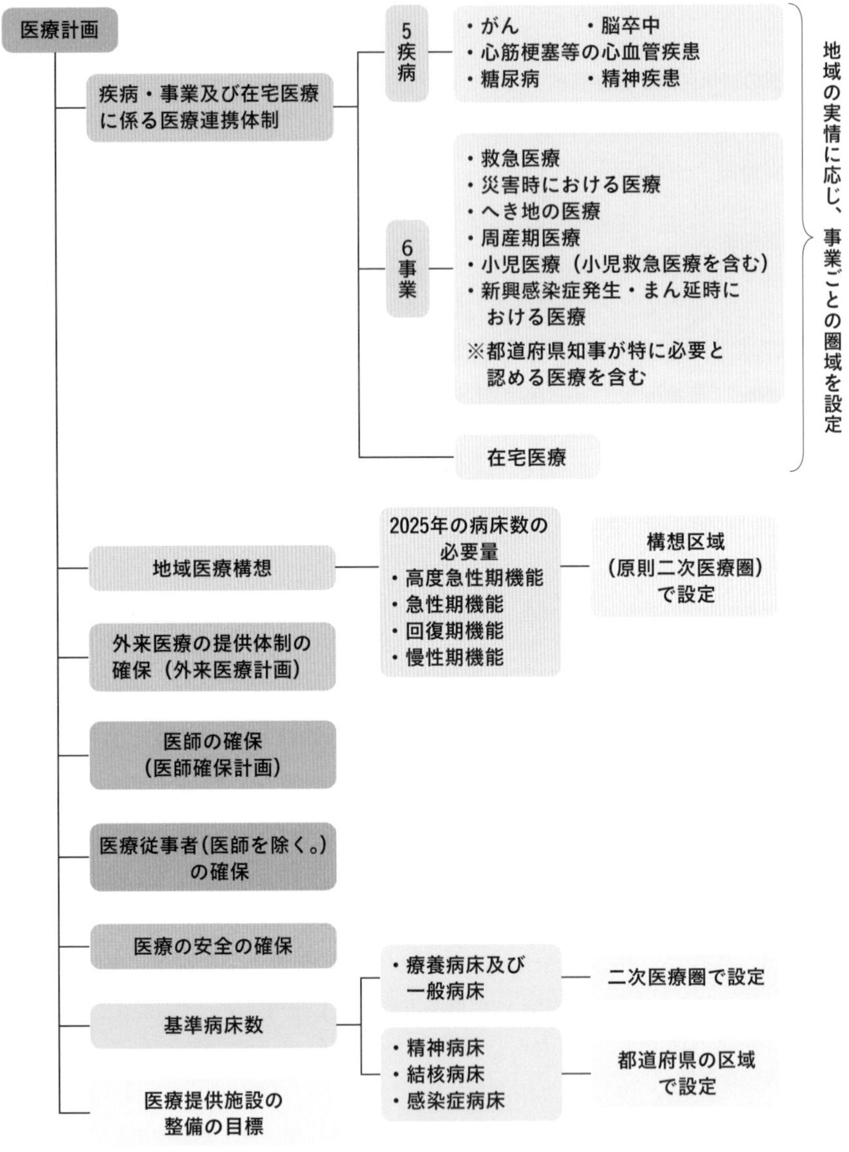

出典：厚生労働省「令和５年版厚生労働白書　資料編」より作成

ひとこと

へき地の医療において重要な役割を果たすのが、**へき地医療拠点病院**です。これは、へき地診療所等への医師等の派遣、医療従事者に対する研修、遠隔医療等の各種診療支援などが実施できる病院のことです。

例題

Q 医療法等による地域医療構想の構想区域の設定については、三次医療圏を原則とする。〔第33回−問73〕

A ×　地域医療構想では、二次医療圏を原則に構想区域を設定している。

◆特定健康診査及び特定保健指導

『高齢者の医療の確保に関する法律』により、2008（平成20）年から**特定健康診査（特定健診）・特定保健指導**が実施されています。対象は、**40**歳以上**74**歳以下の医療保険加入者で、同じ内容の事業者健診を受けていれば、新たに特定健診を受診する必要はありません。なお、特定健診については、結果にかかわらず健診機関から受診者に通知されます。特定保健指導は、特定健康診査の結果を受け、**生活習慣病**のリスクは高いが、予防効果の期待できる人を対象に行われます。

例題

Q 特定健康診査及び特定保健指導の対象年齢は、40歳以上60歳以下である。〔第32回−問72〕

A ×　特定健康診査及び特定保健指導の対象年齢は、**40**歳以上**74**歳以下である。

◆**医療事故調査制度**

医療事故調査制度は、2014（平成26）年の『医療法』改正（第六次）に盛りこまれた制度です。医療事故について、第三者機関の**医療事故調査・支援センター**が調査報告を分析することで、再発防止を目指すものです。

病院、診療所または助産所の管理者は、医療事故が発生した場合には、医療事故調査・支援センターに報告する必要があります。

■**医療事故調査の流れ**

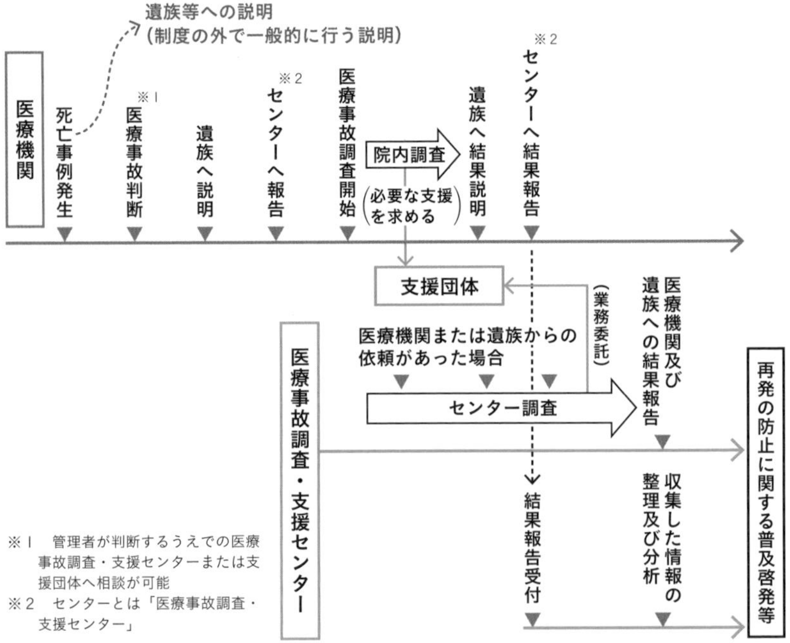

出典：厚生労働省「医療事故調査制度について」

重要度 B 保健所の役割

保健所は、地域住民の健康を支える中核となる施設です。疾病の予防、衛生の向上など、地域住民の健康の保持増進に関する業務を行っています。『**地域保健法**』に基づいて、**都道府県**、**指定都市**、**中核市**、**特別区**などに設置されています。

管轄区域は、『**医療法**』に規定する**二次医療圏**と『**介護保険法**』に規定する区域が考慮されます。保健所の具体的な活動は次のとおりです。

■保健所の具体的な活動

対策項目		内容・関連する法律
対人保健分野	感染症等対策	健康診断、患者発生の報告等、**結核**の定期外健康診断、**予防接種**、訪問指導、管理検診等（感染症法）
	エイズ・難病対策	**HIV・エイズ**に関する検査・相談（エイズ予防指針）、難病医療相談等（難病の患者に対する医療等に関する法律）
	精神保健対策	**精神保健**に関する現状把握、精神保健福祉相談、精神保健訪問指導、医療・保護に関する事務等（精神保健福祉法）
	母子保健対策	**未熟児**に対する訪問指導、**養育医療**の給付等（母子保健法）
対物保健分野	食品衛生関係	飲食店等営業の**許可**、営業施設等の監視、指導等（食品衛生法）
	生活衛生関係	営業の**許可**、届出、立入検査等（生活衛生関係営業の運営の適正化に関する法律、興行場法、公衆浴場法、旅館業法、理容師法、美容師法、クリーニング業法）
	医療監視等関係	病院、診療所、医療法人、歯科技工所、衛生検査所等への**立入検査**等（医療法、歯科技工士法、臨床検査技師等に関する法律）
	企画調整等	広報、普及啓発、衛生統計、健康相談

出典：厚生労働省「令和４年版厚生労働白書　資料編」より作成

例題

Q 保健所における対人保健分野の業務として、エイズに関する個別カウンセリング事業がある。〔第29回-問72〕

A ○ 保健所は**エイズ**、**結核**、**性病**、**感染症**その他疾病の予防を行うことが『地域保健法』に規定されている。

CHAPTER 4

SECTION 5

保健医療領域における専門職の役割と連携

このSECTIONのポイント

◆保健医療領域における専門職…医師、保健師、看護師をはじめとした保健医療領域の専門職の役割をみていきます

◆保健医療領域における連携・協働…多職種連携と地域連携クリティカルパスをおさえましょう

重要度B　保健医療領域における専門職

1　医師の役割

医師は、**『医師法』**に基づく**業務独占**並びに**名称独占**の国家資格で、次のような役割が規定されています。

医師の役割

- 医療及び保健指導を掌《つかさど》る
- その仕事は医業とされ、行う行為は医療行為と呼ばれる
- 公衆衛生の向上及び増進に寄与し、国民の健康な生活を確保する
- 患者または現にその看護に当たっている者に対して処方せんを交付する
- 医師自らの処方による**調剤**は認められている
- 診療時には遅滞なく診療に関する事項を診療録に記載し、**5**年間保存する

ひとこと

医師は診察治療の求めがあった場合には、正当な事由なしにこれを拒んではいけません。

例題

Q 医師は診察治療の求めがあった場合には、事由のいかんにかかわらず、拒むことはできない。 〔第33回-問74〕

A × 医師は、診察治療の求めに対し、**正当な事由**がなければ拒んではならない。

◆インフォームドコンセント

『医療法』では、医師が医療者側の判断を強制する**パターナリズム**（家父長主義）に基づく医療を脱却し、患者の人権を尊重し患者中心の医療を重視した**インフォームドコンセント**※（**説明と同意**）が強調されています。

『医療法』第１条の４第２項では、「医師、歯科医師、薬剤師、看護師その他の医療の担い手は、医療を提供するにあたり、**適切な説明**を行い、医療を受ける者の**理解**を得るよう努めなければならない」とされています。さらに医療提供者は、患者の入院時の**入院診療計画書**の作成や患者または家族へ説明を行うよう求められています。

※インフォームドコンセント
患者が治療などの内容について十分に説明を受け、理解し納得したうえで方針に合意することを指す。

例題

Q 医療法には、患者が病気と治療法について十分な説明を受け、検査や治療の選択と同意を行う患者の権利を規定した文言が、明確に記されている。 〔第24回-問68〕

A × **医療従事者**の規定はあるが、患者の権利を明確に規定した文言はない。

2 保健師、看護師等の役割

看護師、保健師、助産師は、『**保健師助産師看護師法**』に基づく国家資格で、次のように規定されています。なお、「准看護師」は、国家資格ではなく**都道府県の認定資格**で、都道府県知事の免許を受けます。

■看護師、保健師、助産師

看護師	厚生労働大臣の免許を受けて、傷病者若しくはじょく婦に対する療養上の世話または診療の補助を行うことを業とする者。**業務・名称**独占の資格
保健師	厚生労働大臣の免許を受けて、保健指導に従事することを業とする者。**名称**独占の資格
助産師	厚生労働大臣の免許を受けて、助産または妊婦、じょく婦もしくは新生児の保健指導を行うことを業とする女子。**業務・名称**独占の資格

保健師、助産師は、看護師と同じく、傷病者もしくはじょく婦に対する療養上の世話または診療の補助を行うことができると規定されています。

ひとこと

2013（平成25）年に厚生労働省から通知された「**地域における保健師の保健活動に関する指針**」では、保健師の役割について、**地域診断**を行い、取り組むべき健康課題を明らかにし、住民主体の地域の健康づくりを促進することとしています。

例題

Q 保健師に対して、療養上の世話又は診療の補助が行える旨の規定が設けられているが、助産師には設けられていない。

〔第27回−問74〕

A ×

保健師及び助産師にも**療養上の世話または診療の補助が行える**と規定されている。

3 リハビリテーション専門職の役割

リハビリテーション医療では、医師、看護師、保健師、医療ソーシャルワーカー等のみならず、次のようなリハビリテーション専門職が連携し、医療・保健・福祉専門職がチームで対応することが基本です。

リハビリテーション専門職は、看護師・准看護師に認められている診療補助業務について、『**保健師助産師看護師法**』の規定にかかわらず、**診療の補助**としてそれぞれの業を行うことができます。

ここがポイント

リハビリテーション専門職の種類と役割

理学療法士 (PT)	◆**名称独占**の国家資格 ◆医師の指示の下に、**理学療法**を行うことを業とする者をいう ◆理学療法とは、「身体に障害のある者に対し、主としてその**基本的動作能力の回復**を図るため、治療体操その他の運動を行なわせ、及び電気刺激、マッサージ、温熱その他の物理的手段を加えることをいう」(『理学療法士及び作業療法士法』第2条第1項)
作業療法士 (OT)	◆**名称独占**の国家資格 ◆医師の指示の下に、**作業療法**を行うことを業とする者 ◆作業療法とは、「身体又は精神に障害のある者に対し、主としてその**応用的動作能力**又は**社会的適応能力の回復**を図るため、手芸、工作その他の作業を行なわせることをいう」(『理学療法士及び作業療法士法』第2条第2項)

言語聴覚士（ST）	◆ 名称独占 の国家資格 ◆「音声機能、言語機能又は聴覚に障害のある者について、その機能の維持向上を図るため、言語訓練その他の訓練、これに必要な検査及び助言、指導その他の援助を行うことを業とする者」（『言語聴覚士法』第２条） ◆『保健師助産師看護師法』の規定にかかわらず、診療の補助として、医師又は歯科医師の指示の下に、**嚥下訓練**、**人工内耳**の調整その他厚生労働省令で定める行為を行うことを業とすることができる
視能訓練士（ORT）	◆ 名称独占 の国家資格 ◆「医師の指示の下に、両眼視機能に障害のある者に対するその両眼視機能の回復のための矯正訓練及びこれに必要な検査を行なうことを業とする者」（『視能訓練士法』第２条）
義肢装具士（PO）	◆ 名称独占 の国家資格 ◆「医師の指示の下に、 義肢 及び 装具 の装着部位の採型並びに義肢及び装具の製作及び身体への適合を行うことを業とする者」（『義肢装具士法』第２条第３項）

ひとこと

言語聴覚士は、その業務を行うにあたって、音声機能、言語機能または聴覚に障害のある者に主治の医師または歯科医師があるときは、その**指導**を受けなければなりません。

例題

Q 理学療法士又は作業療法士の行う理学療法又は作業療法は、保健師助産師看護師法の規定にかかわらず、診療の補助としての位置づけがなされている。〔第25回-問75〕

A ○ 理学療法士または作業療法士は、**『保健師助産師看護師法』**の規定にかかわらず、**診療の補助**として**理学療法**または**作業療法**を行うことを業とすることができる。

4 介護福祉士、精神保健福祉士の役割

◆介護福祉士

介護福祉士は『社会福祉士及び介護福祉士法』によって、次のように定められています。

介護福祉士の定義

名称独占の国家資格で、身体上または精神上の障害があることにより日常生活を営むのに支障がある者につき心身の状況に応じた**介護**（喀痰《かくたん》吸引等※を含む）を行い、並びにその者及びその介護者に対して**介護に関する指導**を行うことを業とする者

※喀痰吸引等

痰の吸引、経管栄養を指す。2011（平成23）年の『社会福祉士及び介護福祉士法』の改正によって、**研修**を修了した介護福祉士は、**医療や看護との連携による安全確保が図られていること**等、一定の条件の下でこれらの行為を行うことができるようになった。

◆精神保健福祉士

精神保健福祉士は、『精神保健福祉士法』によって、次のように定められています。

精神保健福祉士の定義

→ **専門的知識**及び**技術**をもって、

→ **精神科病院**その他の医療施設において精神障害の医療を受け、または精神障害者の**社会復帰の促進**を図ることを目的とする施設を利用している者の**地域相談支援**の利用に関する相談その他の社会復帰に関する相談に応じ、

→ 助言、指導、**日常生活**への適応のために必要な**訓練**その他の援助を行うこと（**相談援助**）を業とする者をいう。

例題

Q 介護福祉士であれば、痰の吸引、経管栄養等の医行為を、介護施設、在宅の訪問介護等において実施できる。〔第25回−問75〕

A × 2011（平成23）年の法改正により、痰の吸引、経管栄養等の医行為が認められたが、**一定の研修を受ける必要**がある。

重要度B

保健医療領域における連携・協働

1 多職種連携の3つのモデル

多職種チームの連携方法は、次の3つのモデルに類型化されます。

■多職種チームの3つのモデル

マルチディシプリナリーモデル	主に**急性期**医療の場面で**医師**を中心として、チームの各専門職が各々の役割を果たすことに重点を置くチーム。専門職同士の意見交換は**少ない**のが特徴
インターディシプリナリーモデル	**リハビリテーション**医療の場面で専門職同士が意見交換をしながら、各々の役割を果たすことに重点を置くチーム

トランスディシプリナリーモデル	**リハビリテーション**医療や**地域**医療の場面で、専門職同士の意見交換ばかりでなく、多職種間での役割の交代や相互乗り入れで治療を行うチーム

例題

Q 回復期リハビリテーション病棟における復職を支援するチームは、マルチディシプリナリーモデルを用いて活動する。

〔第28回-問76・改〕

A ×　**リハビリテーション医療**では、患者家族を中心に専門職同士が連携・協働する**インターディシプリナリーモデル**が望ましい。

2 多職種連携の2つの機能

多職種連携のチームワークには、次の2つの機能があります。

チームワークの機能モデル

- **タスク機能**…………チームの**目標達成**、課題を遂行する機能
- **メンテナンス機能**…チームを**維持**、**強化**して関係を補修する機能

3 地域連携クリティカルパス

クリティカルパスとは、病気や治療法ごとに作成された治療の**予定表**のことです。1つの病院における入院から退院までの検査・治療・ケアなどが時系列にまとめられているものであり、質の高い医療の提供、根拠に基づく医療（EBM）の実施、**インフォームドコンセント**の充実、チーム医療の実現などを図ろうとするものです。患者向けのクリティカルパスを作っている病院もあり、治療の流れや退院までの予定が見通せる治療スケジュールとなっています。

■クリティカルパス（例）

入院診療計画表

＿＿＿＿＿＿＿＿様

月／日	／	／	／		／	／
入院経過	手術前	手術前日	手術当日 （手術前）	手術当日 （手術後）	手術後１日目～４日目	退院 手術後５日目
食　事		（　　）時以降は飲食はできません	朝から、飲食不可です	手術後（　　）時間後から水分摂取できます	手術の翌朝より全粥食 食べられれば普通食に変更いたします	
安静度	医師の指示に従ってください	医師の指示に従ってください	手術室には看護師が付き添い歩行します	ベッドで安静です	点滴が終われば、病棟内フリーです	
清　潔		入浴か清拭かは医師の指示に従ってください	手術前に清拭し、手術用の衣服に着替えます		毎日清拭します。 シャワーは術後（　　）日目より、入浴は（　　）日目よりできます	
排　泄		尿および便の回数を記録してください	尿および便の回数を記録してください	手術（　　）時間後より排泄歩行できます	尿および便の回数を記録してください	
服　薬		現在、服用している薬があれば医師に申し出てください			鎮痛薬を食事30分前に服用します（痛みがなくなれば医師と相談の上服用を中止してもかまいません） 鎮痛薬以外の薬はなくなるまで全部服用してください	鎮痛薬以外の薬はなくなるまで全部服用してください
検査、処置方法	術前検査があります。 採血、レントゲン 心電図、検尿	午前中麻酔科医の診察があります	手術室に入る前に、気持ちを落ち着かせる薬を肩に注射することがあります			
医師および医療専門職より説明		麻酔医から麻酔の説明が、入院生活について看護師の説明があります。また医師より手術内容の説明があります		手術後担当医師より説明があります	医師および看護師より退院に向けての生活上の注意の説明があります	
家族の方へ		手術の説明後「同意書」「入院診療計画書」にサインをお願いします	家族の方は手術が終わるまで待合室で待機してください			

＊患者さんのそれぞれの状態に応じて計画が多少異なることがあります。経過については個別に説明いたします。

〇〇総合病院　　　担当医：　　　　　　　　担当看護師：

年　　月　　日　　署名＿＿＿＿＿＿＿＿

地域連携クリティカルパスとは、急性期病院から回復期病院を経て早期に自宅に帰れるように、**保険薬局などを含む、治療を受ける全ての医療機関や地域の福祉機関などで共有して用いるもの**で、**疾患**別に**シームレスケア研究会**※等において医療関係者同士が患者に関する情報交換や研究を行って、作成されます。１人の患者の疾病の発生から治療、リハビリテーションなどの一連の診療計画を、診療に当たる複数の医療機関が役割分担して、患者に提示・説明することにより、地域で安心、安全で納得できる医療を受けることができるようにするものです。

■地域連携クリティカルパス（例）

生活習慣病連携パス(1年)

医師　　　　　　　　　　　　○○総合病院

患者氏名　　　　　　　　　様　　　　　　　　病名：(1型・2型)糖尿病、境界型糖尿病

	現在の状態 田山総合病院で診察	定期的管理 かかりつけ医師診察	1～3か月後 田山総合病院で検査 (経過診療)	半年後 田山総合病院で検査 (経過診療)	1年後 田山総合病院で検査 (経過診療)
月　日	年　月　日	(　週間)(　か月)受診	年　月頃	年　月頃	年　月頃
安静度	制限なし 制限あり(　　　)	左記の指示継続	状態に応じて指導	→	→
食　事	塩分制限(　　)g/日 エネルギー制限 タンパク質制限 カリウム制限	左記の指示継続	食事(エネルギー)等を変更	→	→
検査、処置	HbA1c、脂質検査、血糖値、血圧、体重、腹囲、尿検査 注1)合併症検査	HbA1c、脂質検査、血糖値、血圧、体重、腹囲、尿検査	進行状態に応じて合併症の検査	→	→
予防指導項目	インスリン注射指導、薬の服用の仕方、運動、食事	左記の指示継続	→	→	→
薬　剤	インスリン注射 経口薬	左記の指示継続	薬剤の変更	→	→
患者さんへの説明	診察後、病気の状態と治療方針、今後の通院加療日程を説明 注2)	かかりつけ医師による現在の病状と定期的な通院について説明	病状と今後の受診説明	→	→
その他			田山総合病院に事前に電話予約してください。そのときに連携パスの使用を伝えてください	→	→

注1）神経検査、眼底検査、腎機能検査
注2）糖尿病連携パスの説明・同意も合わせて行います

※シームレスケア研究会
継ぎ目のない（シームレス）な連携を図るための調整会議。地域の様々な問題点や解決策を共有し、より良い医療の提供を目指す研究会。

例題

Q 地域連携クリティカルパスに関して、連携する機関に保険薬局は含まれない。　〔第29回－問76・改〕

A ×　保険薬局を含む、患者の治療に関わる**全ての医療機関**や**地域の福祉機関**などで、診療計画や診療情報を共有する。

CHAPTER 4

SECTION 6

保健医療領域における支援の実際

このSECTIONのポイント

◆社会福祉士の役割…保健医療領域で働く社会福祉士は医療ソーシャルワーカーと呼ばれます

◆医療ソーシャルワーカー業務指針…医療ソーシャルワーカーの業務についておさえておきましょう

◆終末期ケア…支援の実際として終末期ケアについてみていきます

重要度A 社会福祉士の役割

社会福祉士は『社会福祉士及び介護福祉士法』で次のように定められています。

社会福祉士の定義

名称独占の国家資格で、身体上もしくは精神上の障害があることまたは環境上の理由により日常生活を営むのに支障がある者の**福祉に関する相談**に応じ、**保健医療サービスを提供する者**との**連絡**及び**調整**その他の援助を行うこと（「相談援助」）を業とする者

保健医療領域で働く社会福祉士は、**医療ソーシャルワーカー**（**MSW**）と呼ばれます。

重要度A 医療ソーシャルワーカー業務指針

医療ソーシャルワーカーの**業務の範囲や業務の方法**は、1989（平成元）年に厚生省（現厚生労働省）が「**医療ソーシャルワーカー業務指針**」によって定めています。その後、2002（平成14）年に改訂されました。

病院等において管理者の監督のもとに次のような業務を行います。

医療ソーシャルワーカー業務指針

業務の範囲

❶療養中の心理的・社会的問題の解決、調整援助

入院、入院以外の場合にかかわらず、生活と傷病の状況から起こりうる心理的・社会的問題の予防や早期の対応を行う

- 受診や入院、在宅医療に伴う不安等の解決を援助
- 社会資源の活用を念頭に、療養中の家事、育児、教育、就労等の問題の解決を援助
- 高齢者等の在宅療養環境を整備するための援助
- 傷病等に伴う家族関係の葛藤や家族内の暴力への対応と緩和など家族関係の調整援助
- 患者同士や職員、学校、職場、近隣等地域での人間関係の調整援助
- がん、エイズ、難病等傷病の受容が困難な場合への解決の援助
- 患者の死による家族の精神的苦痛の軽減・克服、生活の再設計の援助
- 患者会、家族会等の育成と支援

❷退院援助

退院・退所に伴い起こり得る心理的・社会的問題の予防や早期の対応を行うため、諸問題を予測し、退院・退所後の選択肢を説明し、相談に応じ、解決に必要な援助をする

- 在宅ケア諸サービス等についての情報を整備。傷病や障害の状況に応じたサービス利用の方向性を検討し、これに基づいた援助をする
- 介護保険制度利用のための支援。介護支援専門員等と連携を図り、患者、家族の了解を得たうえで入院中に訪問調査を依頼するなどの退院準備について相談・協議
- 転院のための医療機関、退院・退所後の介護保険施設、社会福祉施設等利用可能な地域の社会資源の選定を援助
- 住居の確保、傷病や障害に適した改修等住居問題の解決を援助

❸社会復帰援助

- 患者の職場や学校との調整。復職、復学の援助
- 社会復帰を円滑に進めるための関係機関、関係職種との連携や訪問活動など

❹受診・受療援助

- 生活と傷病の状況に適切に対応した医療の受け方などの情報提供等
- 診断、治療を拒否するなど医師等の医療上の指導を受け入れない場合の**心理的・社会的問題**についての**情報収集**と**解決**を援助
- 診断、治療内容に関する不安がある場合における患者、家族の理解への援助
- 心理的・社会的原因で症状の出る患者についての情報収集。医師等への情報提供と人間関係の調整、社会資源の活用等による問題解決援助
- 入退院・入退所の判定に関する委員会へ参加し、経済的・心理的・社会的観点から情報提供を行う
- 診療に参考となる情報収集と医師、看護師等への情報提供
- 通所リハビリテーション等の支援、集団療法のためのアルコール依存症者の会等の育成、支援

❺経済的問題の解決、調整援助

患者が医療費、生活費に困っている場合は、**社会福祉**、**社会保険**等の機関と連携を図りながら、福祉、保険等関係諸制度を活用できるよう援助する

❻地域活動

患者のニーズに合うサービスが地域で提供されるよう、関係機関、関係職種等と連携し、地域の**保健医療福祉システム**づくりに参画する

- 他の保健医療機関、保健所、市町村等と連携し、地域の患者会、家族会等を育成、支援
- 他の保健医療機関、福祉関係機関等と連携し、地域のボランティアを育成、支援
- 地域ケア会議等を通じて保健医療の場から患者の在宅ケアを支援。地域におけるネットワークづくりへの貢献
- 高齢者、精神障害者等の在宅ケアや社会復帰への地域の理解を求め、普及を進める

業務の方法等

❶個別援助に係る業務の具体的展開

- 患者、家族への直接的な個別援助では**面接**を重視
- 継続的な**アセスメント**が必要

❷患者の主体性の尊重

問題解決のための代行等は必要な場合に限り、患者の自律性・主体性を尊重する

❸プライバシーの保護

社会的に求められる守秘義務を遵守し、高い倫理性を保持する

留意点
・個人情報の収集は**援助に必要な範囲**に限る
・第三者との連絡調整を行うために本人の状況を説明する場合も含め、本人の了解なしに個人情報を漏らさない
・患者からの求めがある場合、医療に関する情報については説明の可否を含め、医師の指示を受ける　など

❹他の保健医療スタッフ及び地域の関係機関との連携

医師の医学的判断を踏まえながら、保健医療スタッフと連携を密にする

❺受診・受療援助と医師の指示

- 医師からの指示により援助を行うだけではなく、患者、家族から相談を受けた場合や、自身で問題を発見した場合等も、医師に相談し、医師の指示を受けて援助を行う
- **経済**的、**心理**的、**社会**的観点から意見を述べる

❻問題の予測と計画的対応

- 生活と傷病の状況から起こり得る問題を早期に予測し、予防的、計画的な対応を行う

❼記録の作成等

- 問題点を明確にし、専門的援助を行うために患者ごとに記録を作成
- 情報提供、業務分析、業務評価を行う

例題

Q　医療ソーシャルワーカー業務指針にのっとって、患者が医療上の指導を受け入れない場合には、その理由となっている心理的・社会的問題の解決に向けて援助を行う。

〔第28回－問題75・改〕

A　○　心理的・社会的問題について**情報**を収集し、問題の解決に向けた援助を行う。

◆医療ソーシャルワーカーの歴史

日本の医療ソーシャルワーカーの歴史は、1929（昭和４）年に**聖路加国際病院に医療社会事業部が創設**され、アメリカで学んだ**浅賀《あさか》ふさ**が医療ソーシャルワーカーとして着任したことから始まります。結核患者の自宅を訪問して物質的な援助を行いました。

■医療ソーシャルワーカーの変遷

1929（昭和４）年	聖路加国際病院に医療社会事業部が創設。**浅賀ふさ**が日本初の医療ソーシャルワーカーとして着任
1948（昭和23）年	連合国軍最高司令官総司令部（GHQ）の指導のもと、**杉並保健所**に医療社会事業係として専任の医療ソーシャルワーカーを配置
1953（昭和28）年	全国的な医療ソーシャルワーカーの職能団体である日本医療社会事業家協会（現日本医療社会福祉協会）が設立
1987（昭和62）年	社会福祉士及び介護福祉士法制定
2007（平成19）年	社会福祉士及び介護福祉士法改正。社会福祉士養成課程における実習施設等の範囲に**医療機関**が含まれる
2008（平成20）年	診療報酬改定により、社会福祉士が行う退院支援が退院調整加算（現**入退院支援加算**）として初めて診療報酬点数上に位置づけられる

例題

Q 第二次世界大戦後に、連合国軍最高司令官総司令部（GHQ）主導の下、モデル保健所として初めて専任の「医療社会事業係」が配置されたのは板橋保健所である。〔第27回-問75〕

A × 初めて専任の医療社会事業係が配置されたのは**杉並保健所**である。

重要度 B 終末期ケア

1 終末期ケアの基本的な考え方

高齢多死社会の進展に伴い、医療ソーシャルワーカーは、終末期医療にかかる患者のケアに携わることも増えてきます。終末期ケアにあたっては、死を迎える患者の尊厳を尊重し、より良いQOLの実現をサポートするとともに、全人的ケアを提供することが求められます。**患者が自分らしく安らかな最期を迎え、残された家族が悲しみを乗り越えていくための支援**を**チームアプローチ**によって行うことが大切です。

■終末期ケアに関する用語

緩和ケア	**【世界保健機関（WHO）による定義（2002年）】** 生命を脅かす疾患による問題に直面している患者とその家族に対して、痛みやその他の**身体**的問題、**心理社会**的問題、**スピリチュアル**な問題を早期に発見し、的確な**アセスメント**と対処（治療・処置）を行うことによって、苦しみを予防し、和らげることで、**QOL**を改善するアプローチ
ターミナルケア（終末期ケア）	死にゆく人の**症状を緩和**し、**患者**と**家族**の双方を**チーム**で支えようとするケア
ホスピスケア	患者の**その人らしさを最大限に尊重**し、その人の身体的・精神的・社会的・霊的側面など総合的に捉えて行うケア
グリーフケア	身近な人、大切な人との**死別**を経験して悲嘆にある人を、その悲しみから立ち直ることができるよう寄り添うケア

2 終末期ケアの実際

◆事前指示書

事前指示書は、自分で意思決定・意思表明できない状態になったときに、どのような医療を受けたいかなど**自らの意思表示を明記しておく文書**で、次の２つの要素をもっています。

●**リビングウィル**（終末期をどう過ごしたいか、どのような医療やケアを望むか、延命拒否などの意思表示）

●**医療代理人の指名**

◆コンセンサス・ベースド・アプローチ

リビングウィルの確認ができなかった場合には、長く利用者と接してきた家族、医療職、介護福祉職、介護支援専門員などがそれぞれの情報を共有して話し合い、利用者本人の意思を推測して、関係者の総意に基づいて方針をまとめていくことを**コンセンサス・ベースド・アプローチ**といいます。家族にはいえないことを介護者に伝えた、医師にはいえない本音があった、などの情報が出てくる可能性があります。

◆人生の最終段階における医療・ケアの決定プロセスに関するガイドライン

人生の最終段階を迎えた患者と家族や、医師をはじめとする医療従事者が、患者にとって最善の医療とケアをつくり上げるためのプロセスを示すガイドラインとして、2007（平成19）年、**厚生労働省**によって、「**人生の最終段階における医療の決定プロセスに関するガイドライン**」が策定されました。

その後、内容の見直しが行われ、2018（平成30）年には改訂されたガイドラインが発表され、名称も「**人生の最終段階における医療・ケアの決定プロセスに関するガイドライン**」に変更されました。主な改訂のポイントは、次のとおりです。

改訂のポイント

●医療・ケアチームの対象に、介護従事者が含められた
●関係者での話し合いは繰り返し行い、その都度文書化して共有することが重要である
●本人が意思を伝えられない状態になる前に、本人の意思を推定できる者として、家族等（親しい友人等を含む）の信頼できる者を定めておくことが重要である

　このガイドラインにおける医療・ケアの方針決定は次によるものとされています。

■人生の最終段階における医療・ケアの方針の決定手続

❶本人の意思の確認ができる場合	●方針の決定は、本人の状態に応じた専門的な医学的検討を経て、医師等の医療従事者から適切な情報の**提供**と**説明**がなされることが必要である。そのうえで、本人と医療・ケアチームとの合意形成に向けた十分な話し合いを踏まえた**本人**による意思決定を基本とし、多専門職種から構成される医療・ケアチームとして**方針の決定**を行う ●時間の経過、心身の状態の変化、医学的評価の変更等に応じて本人の意思が**変化**しうるものであることから、医療・ケアチームにより、適切な情報の提供と説明がなされ、本人が自らの意思をその**都度**示し、伝えることができるような支援が行われることが必要である。この際、本人が自らの意思を伝えられない状態になる可能性があることから、家族等も含めて話し合いが**繰り返し**行われることも必要である ●このプロセスにおいて話し合った内容は、その都度、**文書**にまとめておくものとする
❷本人の意思の確認ができない場合	本人の意思確認ができない場合には、次のような手順により、医療・ケアチームの中で慎重な判断を行う必要がある ●家族等が本人の意思を**推定**できる場合には、その**推定**意思を尊重し、本人にとっての最善の方針をとることを基本とする ●家族等が本人の意思を**推定**できない場合には、本人にとって何が最善であるかについて、本人に代わる者として家族等と十分に話し合い、本人にとっての最善の方針をとることを基本とする。時間の経過、心身の状態の変化、医学的評価の変更等に応じて、このプロセスを**繰り返し**行う ●家族等がいない場合及び家族等が判断を医療・ケアチームに委ねる場合には、本人にとっての最善の方針をとることを基本とする ●このプロセスにおいて話し合った内容は、その都度、**文書**にまとめておくものとする
❸複数の専門家からなる話し合いの場の設置	上記❶及び❷の場合において、方針の決定に際し、 ●医療・ケアチームの中で心身の状態等により医療・ケアの内容の決定が**困難**な場合 ●本人と医療・ケアチームとの話し合いの中で、妥当で適切な医療・ケアの内容についての**合意**が得られない場合 ●家族等の中で意見がまとまらない場合や、医療・ケアチームとの話し合いの中で、妥当で適切な医療・ケアの内容についての**合意**が得られない場合 等については、複数の専門家からなる話し合いの場を別途設置し、医療・ケアチーム以外の者を加えて、方針等についての**検討**及び**助言**を行うことが必要である

なお、このガイドラインでは、生命短縮の意図をもつ積極的な安楽死は対象としないとされています。

ひとこと

人生の最終段階において自らが望む医療・ケアについて、医療・ケアチーム等と話し合い、共有するための取組を**アドバンス・ケア・プランニング**（**ACP**）といいます。

例題

Q Gさん（72歳）は、妻（70歳）と二人暮らし。10年前より筋萎縮性側索硬化症（ALS）と診断を受け、在宅で療養を続けてきた。診断を受けた当初、「人工呼吸器は装着せずに、自宅で自然な状態で最期を迎えたい」と言っていた。1か月前から言語の表出、自発呼吸が困難となり、人工呼吸器の装着について検討することとなった。
「人生の最終段階における医療・ケアの決定プロセスに関するガイドライン（2018年（平成30年）改訂版）」（厚生労働省）に沿った対応の方針として、**最も適切なものを1つ**選びなさい。

〔第36回-問76〕

1　診断を受けた当初の**G**さんの意思を優先する。
2　**G**さんに代わって、妻の判断を優先する。
3　**G**さん、家族、医療・ケアチームによる話し合いの場を設定する。
4　家庭裁判所に判断を求める。
5　医師の医学的判断により決定する。

A **3** ガイドラインでは、本人の意思を尊重した方針の決定に際しては、**本人、家族、医療・ケアチーム**との話し合いの場を設定することが示されている。

CHAPTER

5

ソーシャルワークの基盤と専門職（専門）

CHAPTER 5

SECTION 1

ソーシャルワークに係る専門職の概念と範囲

このSECTIONのポイント

- **ソーシャルワーク専門職の概念と範囲**…ソーシャルワーク専門職は、社会的な課題に対処し、人々の生活を改善するために幅広い方法で働く多様なプロフェッショナルです
- **社会福祉士の職域**…社会福祉士の職域は多岐にわたり、様々な分野で活動しています
- **福祉行政等における専門職**…各専門職の職務内容と役割についておさえましょう

重要度B　ソーシャルワーク専門職の概念と範囲

ソーシャルワーク専門職は、個人やグループ、コミュニティなどの社会全体の福祉を向上させるために活動する専門家のことを指します。ソーシャルワークの概念と範囲は広範であり、さまざまな分野や活動にわたります。

◆目的と価値観

ソーシャルワークの主な目的は、人々の**生活の質を向上**させ、**社会的な正義や公平を促進**することです。ソーシャルワーク専門職は、尊重、公平、尊厳、自己決定権などの価値観に基づいて行動します。

◆クライアント

ソーシャルワークのクライアントは非常に幅広い範囲にわたります。**児童**、**高齢者**、**障害者**、**家族**、**コミュニティ**、**犯罪被害者**など、さまざまなグループが含まれます。また、クライアントの**権利**と**尊厳**を尊重し、**自己決定権**を重視します。専門職はクライアントと協力し、共同で目標を設定し、支援計画を策定します。

◆活動領域

ソーシャルワーク専門職は、個別支援、家族支援、グループワーク、コミュニティ開発、政策制定など、多岐にわたる活動領域で働きます。保健、教育、精神保健、福祉、法律など、**異なる分野での専門職としても活動**します。

◆問題領域

ソーシャルワーク専門職は、**貧困**、**虐待**、**健康**問題、**心理**的課題、**家族**の問題、**差別**、**犯罪**など、様々な問題領域に取り組みます。

◆スキルとアプローチ

ソーシャルワークには**コミュニケーションスキル**、**カウンセリング技術**、**問題解決能力**、**リーダーシップスキル**などが必要です。また、その実践には、様々なアプローチが採用されます。

◆支援と資源の提供

ソーシャルワーク専門職は、クライアントが必要とするサービスや**資源**を特定し、提供します。また、クライアントがより良い状態で自立できるよう、**資源**の開発をサポートします。

◆多様性の尊重

ソーシャルワーク専門職は、異なる文化や背景を持つクライアントに対して、**包括的なサービスを提供**します。**文化的な多様性を尊重**し、差異を理解し、尊重することが重要です。

◆専門職としての倫理

ソーシャルワーク専門職は、**倫理的な原則**に基づいて行動します。クライアントの権利、プライバシー、機密性を守ります。また、継続的な職業倫理の向上と専門的なスキルの維持に努めます。

ひとこと

ソーシャルワーク専門職は、人間関係の構築、サポートの提供、社会的な変革の促進など、さまざまな役割を果たします。

重要度B 社会福祉士の職域

社会福祉士の職域は多岐にわたり、様々な分野で活動しています。以下に、主な職域とその概要を示します。

■社会福祉士の職域

行政関係	地方自治体や国の行政機関で福祉関係の多岐にわたる仕事
福祉関係	●高齢者領域：老人福祉施設や地域での高齢者支援、介護予防活動など ●障害者領域：障害者支援機関での仕事、障害者の自立支援や施設運営など ●児童・母子領域：子どもや母子家庭への支援、保育施設や児童養護施設での勤務など ●生活困窮者自立支援・生活保護領域：生活困窮者や生活保護受給者への支援、福祉施設でのサポートなど
医療関係	医療ソーシャルワーカー（MSW）として、病院等で患者やその家族へのカウンセリング、社会的な支援の提供など
司法関係	虐待や家庭内の問題に関わるケースワーカーとして、児童相談所や家庭裁判所での仕事など。また、福祉専門官として、矯正施設（刑務所など）に収容された高齢者、障害を有する受刑者等の出所後の円滑な社会復帰のために必要な各種調整など
独立型事務所	個別の相談業務、コンサルティング、トレーニングプログラムの提供など個人で独立しての仕事

社会福祉士の職域拡大については、社会の変化や課題に応じて新たな職域が生まれつつあります。例えば、児童・家庭福祉の問題や多様性の増加に伴い、それに特化した職域や新しいサービスが求められています。また、デジタル技術の進展により、オンラインカウンセリングや遠隔支援など、新たな働き方やサービス提供方法が拡大しています。これにより、社会福祉士がより広範囲で活躍できる機会が増えています。

重要度B 福祉行政等における専門職

福祉行政における専門職は、国家資格をはじめとする各種資格や任用資格をもって日々の業務にあたっています。

1 福祉事務所の現業員、査察指導員、社会福祉主事

福祉事務所には、**福祉事務所長**及び少なくとも現業を行う所員（**現業員**、**ケースワーカー**）、指導監督を行う所員（**査察指導員**）、事務を行う所員（**事務員**）を置かなくてはならないと規定されています。現業員と査察指導員は**社会福祉主事**でなければなりません。→詳細はp.257参照

■現業員と査察指導員の職務内容・役割

現業員	●福祉事務所長の指揮監督を受けて、要保護者の家庭訪問や面接、資産調査や保護の要否を判断する ●保護が必要な場合、受給する扶助の種類の判断や被保護者に対する**生活指導**等も行う ●生活指導は『生活保護法』第27条に規定する指導及び指示に該当する
査察指導員	福祉事務所長の指揮監督を受けて、現業事務の指導監督（**スーパービジョン**）を行う

例題

Q 指導監督を行う所員（査察指導員）は、都道府県知事の指揮監督を受けて、生活保護業務の監査指導を行う。〔第35回-問96〕

A × 査察指導員は、**福祉事務所長**の指揮監督を受けて、現業員の指導監督を行う。

2 児童福祉司、身体障害者福祉司、知的障害者福祉

その他の福祉事務所や相談機関等に配置される、**児童福祉司**（『**児童福祉法**』に規定）、**身体障害者福祉司**（『**身体障害者福祉法**』に規定）、**知的障害者福祉司**（『**知的障害者福祉法**』に規定）は次のとおりです。

■相談機関等に配置されている専門職の職務内容・役割

児童福祉司	**児童相談所**に配置義務。児童の保護その他児童の福祉に関する事項について、相談に応じ、専門的技術に基づいて必要な指導を行う
身体障害者福祉司	都道府県が設置する**身体障害者更生相談所**に配置義務、市町村が設置する**福祉事務所**は任意設置。身体障害者更生相談所の業務のうち、専門的な知識や技術を必要とするものを行う専門職。都道府県に配置される場合は**市町村**に対して、市町村に配置される場合は、**福祉事務所の所員**に対して技術的・専門的な指導を行う。
知的障害者福祉司	都道府県が設置する**知的障害者更生相談所**に配置義務、市町村が設置する**福祉事務所**は任意設置。知的障害者更生相談所の業務のうち、専門的な知識や技術を必要とするものを行う専門職。都道府県に配置される場合は**市町村**に対して、市町村に配置される場合は、**福祉事務所の所員**に対して技術的・専門的な指導を行う

CHAPTER 5

SECTION 2 ミクロ・メゾ・マクロレベルにおけるソーシャルワーク

このSECTIONのポイント

◆ミクロ・メゾ・マクロレベルの対象…それぞれのレベルの対象を覚えましょう

◆ミクロ・メゾ・マクロレベルにおけるソーシャルワーク…それぞれのレベルの意味と介入方法をみていきます

重要度B　ミクロ・メゾ・マクロレベルの対象

ソーシャルワークの対象は、貧困や障害といった特定の課題を範囲としているわけではありません。日常生活のなかにさまざまな課題があると捉え、個人だけでなく、集団や組織、地域や社会も含みます。

ソーシャルワークの代表的な 3 つの技術として、❶**ミクロレベル**のソーシャルワーク、❷**メゾレベル**のソーシャルワーク、❸**マクロレベル**のソーシャルワークがあります。ソーシャルワークにおいて、ミクロ、メゾ、マクロのレベルは、それぞれ異なる対象やアプローチに焦点を当てています。

■ソーシャルワーク実践におけるミクロ、メゾ、マクロの各レベル

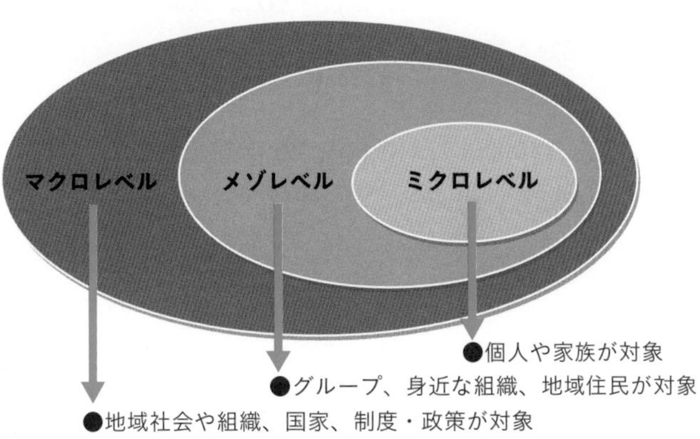

ひとこと

このほか、クライエントに関わる補助的な人や機関などが対象となる**サブレベル**、メゾレベルとマクロレベルの間に位置する、行政やマスメディア、近親者の関わる環境が対象となる**エクソレベル**という考え方もあります。

重要度B　ミクロ・メゾ・マクロレベルにおけるソーシャルワーク

1　ミクロレベルのソーシャルワーク

◆ミクロレベルのソーシャルワークとは

ミクロレベルのソーシャルワークとは、個人・家族に対するソーシャルワークをいいます（**個別援助**、**ケースワーク**）。**生活**課題をかかえ、**援助**を必要とする人（**クライエント**）を個別に援助するものです。

ソーシャルワーカーは、クライエントに対して**受容**的・**非審判**的態度でかかわることが原則です。相手の気持ちや感情をそのまま受け止め、それについての評価を行わずに、**共感**的に働きかけることで、クライエントが自ら問題を整理し、**自己決定**をしていけるように支援します。

◆ミクロレベルのソーシャルワークの方法

ミクロレベルのソーシャルワークは、一般に、**問題**の把握、**情報**収集、**援助計画**の策定、援助の**実践**、**評価**という流れで行われますが、相談面接がおもな手法となります。

相談面接により、クライエントの状況や生活課題を把握しながら、クライエントの意思や希望を確認し、計画を立案します。援助の実践のなかでも、クライエントの状況の変化、ニーズの変化をとらえるのに相談面接は重要な役割を果たします。したがって、ミクロレベルのソーシャルワークにあたっては、相談面接の**技法**に習熟しておくことが必要です。場合によっては、**カウンセリング**や**家族療法**というような、心理療法の技法が必要になることもあります。

そのほか、計画の立案や実際の援助にあたっては、利用できる**制度**や**サービス**、地域の**社会資源**に対する知識や情報、他の専門職との**連携**が欠かせないものとなります。

2 メゾレベルのソーシャルワーク

◆メゾレベルのソーシャルワークとは

メゾレベルのソーシャルワークとは、グループ、地域住民、身近な組織を対象として、あるいはそれら**集団**を媒介として援助を行うものです（**集団援助**、**グループワーク**）。

集団は社会的行動の基本となるもので、集団ならではの効果をもちます。

集団関係がもたらす効果

❶他のメンバーを観察する機会
→自分の行動の**客観**視ができる。同じ問題をかかえている集団では、自分の行動の**確認**、別の**見方**の獲得などが可能

❷共通問題の発見
→自分だけの問題でないことを確認でき、**孤立**感の解消につながる

❸役割交換
→リーダーや傍観者、生徒など、さまざまな役割を担うことにより、自分自身を見直すきっかけとなる。ソーシャルワーカーも同様に体験を通じて成長ができる

❹社会的学習
→集団内での交流、活動により体験が拡大することで、生活の活性化や新しい目標の獲得、新しい自己発見などができる

❺援助の分かち合い体験
→グループ活動を通して、仲間の力の大きさを信頼し、援助者を独占する必要のないことを理解する

集団内では、常にメンバー間の関係に動きがあり、グループのまとまりが強くなったり、規範がつくられたり、あるいは崩れたりします。このような集団の動きを**集団過程**といい、その集団過程にソーシャルワーカーが意識的に介入して、

メンバーの個別的なニーズやグループ活動の促進、相互関係の変容に働きかけることもあります。

◆メゾレベルのソーシャルワークの活用例

ここでは、高齢者を例にとってメゾレベルのソーシャルワークの活用例をみてみます。

高齢者へのメゾレベルのソーシャルワークの活用例

❶自立期にある高齢者
→老人クラブや介護予防活動の現場で、**人間関係**や生活を豊かにするための支援

❷心理的ニーズの高い高齢者
→**治療的**なアプローチ、セルフヘルプグループ

❸身体的な自立度が低い高齢者
→**リハビリテーション**を重視、通所介護やさまざまなグループ活動

なお、介護現場で行われることが多い高齢者へのメゾレベルのソーシャルワークについては、集団活動の経験が少ないことに配慮し、十分な**準備**、ゆっくりした**導入**、**離脱**の自由の保障などの工夫が必要です。

3 マクロレベルのソーシャルワーク

マクロレベルのソーシャルワークとは、生活課題の背景にある社会的問題の解決に向け、地域社会、国家、制度・政策、社会規範、地球環境等を対象として援助を行うものです（**地域援助**、**コミュニティワーク**）。すなわち、地域の生活課題を地域社会が自ら解決していくことを援助する活動といえます。

●ここがポイント

マクロレベルのソーシャルワークの機能

地域における**情報**の流れの円滑化	地域住民が福祉サービスを積極的に利用できるための手段をつくり、充実・改善させる ◆情報センター、総合相談窓口の設置 ◆電話相談事業の開発　など
新しいサービスの**開発**、現行サービスの**充実・改善**	地域社会全体に呼びかけて、福祉サービスへの参加を促す ◆ **ボランティア** の募集 ◆サービス改善事業や計画への住民の代表者参加や十分な情報提供　など
特定の利用者集団へのサービスや**資源**の開発	災害の被災者集団などに対する新しいサービス、資源、施設、設備等の開発 ◆当事者および **支援集団** の結成 ◆新たな財源の開発　など
利用者集団の**権利擁護**	サービスの利用者集団のための権利擁護・弁護・代弁・支援活動の展開 ◆ **自助集団** への支援　など
サービスの**制度化**への広報・啓発活動	よりよい福祉サービスの制度化に向けての情報収集、広報、啓発活動を展開するため、法律の実施状況を常に見守り、正確な情報提供を行う

日本においては、**社会福祉協議会**がマクロレベルのソーシャルワークの中核的役割を果たしており、NPOやNGOも活動を展開しています。また、市町村の福祉担当職員、地域包括支援センターの職員、福祉事務所のワーカー、市民ボランティア団体などの活動も、個人の援助にとどまらず、マクロレベルのソーシャルワークの領域までもその範囲としています。

例題

Q

L民生委員は、Mさん（45歳）の件で市の福祉事務所を訪れ、K職員（社会福祉士）に相談をした。Mさんは勤め先を３年前に人員整理で解雇されてからは仕事をせず、親が残してくれた自宅で一人、昼夜逆転の生活をしているとのことであった。現時点では、Mさんには緊急の要保護性は感じられないが、仕事をしておらず、生活費が底をつく心配がある。Mさんは「今すぐに仕事をする自信はないが、今後に備えて相談をしたい」と望んでおり、Mさんの了解のもとに相談に訪れたとのことであった。

K職員が取り組む様々な対応のうち、メゾレベルの対応として、**適切なものを２つ**選びなさい。〔第36回-問92〕

1　中高年を対象とする就労支援制度の課題を、所属機関を通して国に提示する。
2　相談意欲のあるMさんと相談援助の関係を樹立する。
3　Mさんに対して、生活費を確保するために、不動産担保型生活資金を検討するよう勧める。
4　市内の事業所に対して、Mさんのような中高年者が利用可能な自立相談支援に関する事業の実施状況の情報を収集する。
5　L民生委員からの情報をもとに、同様の事例に関する今後の支援について、所内で検討する。

A　**4・5**

選択肢１は、**マクロ**レベルの対応、選択肢２と３は、**ミクロ**レベルの対応である。

CHAPTER 5

SECTION 3

総合的かつ包括的な支援と多職種連携の意義と内容

このSECTIONのポイント

◆総合的かつ包括的な支援の意義と内容…社会福祉士による総合的かつ包括的な援助の基礎をおさえておきましょう

◆多職種チームの連携の意義と内容…多職種チームに求められる役割と機能を理解しましょう

重要度B　総合的かつ包括的な支援の意義と内容

ソーシャルワークにおける総合的かつ包括的な支援とは、**地域での生活**を基盤としたクライエントとクライエントの**住む地域**への実践を指します。従来の対象者別による実践に代わり、このような実践が求められるようになった背景には、

- **従来の枠組みでの支援の難しさ**…福祉ニーズの**多様化**により、対象別に分けられていた既存の社会福祉制度で対応することが困難となった
- **課題の深刻化**…生活問題が複合化、複雑化し、多面的な要素が絡み合っていることが多くみられ、多機関の各専門職との**ネットワーク**形成が必要となった
- **地域福祉の強力な推進**…「地域の問題は地域で解決する」という考えの下、困難な事例を含め、**地域住民**と専門職が協働して問題解決に取り組むことが重要となった
- **クライエントを取り巻く環境へ目を向ける必要性**…困難な問題が重複したクライエントについては、各専門職や機関の担当者が個々に援助していくのではなく、クライエントの生活を中心に考え、複数の人が**連携**して関わっていくことが求められるようになった
- **社会福祉基礎構造改革の影響**…地域での**生活**支援、**総合**相談が求められるようになった

が挙げられます。

1 地域を基盤としたソーシャルワーク実践

地域を基盤とした総合的かつ包括的な援助を行うには、次のようなジェネラリストの視点に基づく実践による援助が必要です。

■ジェネラリストの視点に基づくソーシャルワーク実践

視点	内容
本人の生活の場で展開する援助	クライエントの生活全体に焦点を当て、**環境**と一体化した支援を展開する。クライエントの生活の場で援助を展開することで、**長期的**かつ**継続的**な援助が可能になる
援助対象の拡大	分野対象別の援助ではなく、「**生活のしづらさ**」に焦点を当てて、クライエントの問題を総合的に把握する
予防的かつ積極的な働きかけ	クライエントからの援助の申請を待つのではなく、発見と見守りの機能を強化し、**アウトリーチ** →詳細はp.348参照 を含めた**予防的**なアプローチにより、問題を未然に防ぐ取組を積極的に行う
ネットワークによる連携と協働	複数の援助機関や多職種、地域住民が**ネットワーク**や**チーム**を形成し、連携や協働体制により援助を展開する

例題

Q 総合的かつ包括的な相談援助に向けたジェネラリストの視点は、援助者の方からクライエントに積極的に働きかけるのではなく、本人の意志を尊重して自ら援助を求めてきた人を対象とすることを基本とする。〔第23回-問90・改〕

A × 総合的かつ包括的な相談援助では、**援助者側からのアウトリーチ**を含めた支援が求められる。

2 ジェネラリスト・アプローチ

SECTION 3で学んだように、**ジェネラリスト・ソーシャルワーク**は、ケースワーク、グループワーク、コミュニティ・オーガニゼーションの各レベルを融合した共通基盤として確立された援助方法です。これを実践する専門職が**ジェネラリスト・ソーシャルワーカー**であり、この実践のアプローチ法を**ジェネラリスト・アプローチ**といいます。

◆ジェネラリスト・アプローチのポイント

ジェネラリスト・アプローチの特徴には、次のようなものがあります。

ジェネラリスト・アプローチの特徴

◆クライエント個人への働きかけではなく、クライエントと**地域**との関係をアセスメントしながら**交互作用**に働きかけていく

◆主体者は援助者ではなく**クライエント**であり、援助者が主導的になったり保護的になったりする、いわゆる「**パターナリズム**」ではない

◆クライエントの強み、できること、といった「**ストレングス**」を捉え、〝問題を抱えた人〟ではなく〝**地域生活を送る主体者**〟として、ストレングスを活かした援助の展開を行う

◆特定のクライエントのニーズだけでなく、多様なニーズ、新たなニーズにも対応する。制度の不備などで生活の問題を抱えている場合は、**ソーシャルアクション** →詳細はp.353参照 を展開することで社会資源の創出を図り、クライエントの権利を擁護していく

ひとこと

ジェネラリスト・アプローチの基本は、総合的かつ包括的な視点からのニーズの把握と生活への介入であるため、**生活の管理統制につながる**という批判を受けることもあります。

重要度 B

多職種チームの連携の意義と内容

地域生活を想定した総合的かつ包括的な援助を実践するためには、多くの施設や機関、多くの職種の人が関わってきます。１人のクライエントに対して**多職種の複数の援助者との連携**（**チームアプローチ**）が必要になります。

1 多職種チームの形態

多職種チームは、ある目的のためにそれぞれが連携して援助を行いますが、それぞれの特徴から、次のような３つのチームに分けられます。

■多職種チームの３形態

マルチディシプリナリー	さまざまな専門職がお互いの専門性と役割を**尊重**しながら、チームとしての連携を保つ。専門職間の**ヒエラルキー**（階層）をもち、**緊急性**の高い問題に対して有効である
インターディシプリナリー	さまざまな専門職の専門性を活かしつつ、役割としては重なる部分がある。チームメンバー全員が秩序のあるレベルで情報を**共有**している。**在宅支援**などで有効である
トランスディシプリナリー	インターディシプリナリーと近い形態だが、さまざまな専門職・非専門職共に、**役割**の重なる部分がより多い

ひとこと

多職種チームは、**タスク機能**（チームの目標達成や課題を遂行する機能）と**メンテナンス機能**（チームの人間関係を維持する機能）を基本的要素として、チームを維持しています。この２つの機能は相互に関連し合います。

2 多職種チームによるアプローチ

チームアプローチのためには、保健、医療、福祉のサービスにとどまらず、家族、近隣住民、ボランティアといった**インフォーマルな社会資源**の力も重要です。

多職種チームによるアプローチには次のような利点があります。

多職種チームによるアプローチの利点

◆関連する複数の専門職が集まることで、**多角的**な見方ができる

◆多角的な見方から得られた情報を共有できるので、**支援の質**が向上する

◆多くのチームメンバーとの交流により、参加する**専門職の力量**が上がる

◆**サービスの重複**を避け、効率的なサービス展開が期待できる

3 多職種チームでのアプローチの留意点

多職種チームはさまざまな専門職等で構成されるため、それぞれの価値観や視点の違いからチーム内で差異が生じることがあります。このようなときは、チームが抱える**葛藤**を共有することで、**チーム・コンピテンシー**（チームメンバーが協力し合い、効果的に目標を達成する能力）はより向上します。

そのほかにも、次のような留意点があります。

チームアプローチの留意点

◆クライエントとチームメンバーを**固定**させずに、多くの人と関われるようにする

◆チームに**クライエント**や**家族**の参加を促し、それが可能となるチーム体制を確立できるようにする

◆クライエントや家族の**プライバシー保護**に留意する

◆援助者側とクライエント側の**対立構造**が生まれないように留意する（**援助者側**が強固な一枚岩とならないこと）

ひとこと

クライエントとチームメンバーを固定させたチームを、**パーマネント・チーム**といいます。このようなチームは、クライエントのニーズが特殊な場合に形成されがちです。

例題

Q 担当地区の民生委員の**C**さんより、一人暮らしの**D**さん（80歳、男性）のことでＴ市の地域包括支援センターに相談の電話があった。**D**さんは３か月ほど前に妻を亡くした後、閉じ籠もりがちとなり、十分な食事をとっていないようである。**D**さんはこれまで要支援・要介護認定は受けていない。Ｂ社会福祉士が**D**さんの下を訪ねたところ、**D**さんは受け答えはしっかりしていたが、体力が落ち、フレイルの状態に見受けられた。

多職種連携の観点から、この時点でのＴ市の地域包括支援センターのＢ社会福祉士の対応として、**適切なもの**を**２つ**選びなさい。　〔第33回－問97〕

1　法定後見制度の利用を検討するため、弁護士に助言を求める。
2　サロン活動の利用を検討するため、社会福祉協議会の福祉活動専門員に助言を求める。
3　日常生活自立支援事業の利用を検討するため、介護支援専門員に助言を求める。
4　介護老人福祉施設への入所を検討するため、医師に助言を求める。
5　栄養指導と配食サービスの利用を検討するため、管理栄養士に助言を求める。

A **2・5**

Ｄさんには、体力低下がみられ、交流の機会も少ないこと、また、十分な食事をとっていない状況にあることから、サロン活動の利用を検討するため、社会福祉協議会の**福祉活動専門員**に、また、栄養指導と配食サービスの利用を検討するため、**管理栄養士**に助言を求めることが適切な対応である。

CHAPTER

6

ソーシャルワークの理論と方法(専門)

CHAPTER 6

SECTION 1

ソーシャルワークにおける援助関係の形成

このSECTIONのポイント

◆援助関係の意義と概念…援助者・クライエント間の「援助関係」のイメージを把握します

◆援助関係の形成方法…良好な「援助関係」を形成するための方法をおさえておきましょう

◆面接技術…援助を展開するうえで重要な手段である「面接」について、理解しましょう

◆アウトリーチ…課題解決やサービス利用への動機づけのための方法として、おさえましょう

重要度B 援助関係の意義と概念

援助関係とは、援助を必要とする人（**クライエント**）と援助を提供できる人（**援助者**）との関係であり、友人や職場での人間関係とは異なる専門的な関係です。援助者は、クライエントの抱える**課題**や**困難な状況**を解決するために、両者の**相互作用**を活用しながら**クライエント自身**が問題解決できるように支援します。

良好な援助関係を形成していくことは、ソーシャルワークを展開するうえでの基本となります。

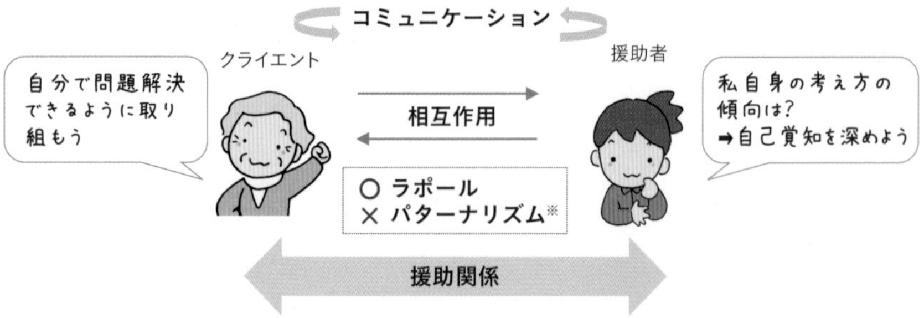

※パターナリズム

日本語では「父権主義」と訳される。権限などが強い立場の者が、弱い立場の者の利益のために、その人の意思に関わりなく、介入や干渉、意思決定を行うことをいう。

例題

Q パターナリズムとは、ソーシャルワーカーの権威と自由裁量を否定し、対等な立場を重視した援助関係のことである。

〔第36回-問106〕

A × パターナリズムとは、ソーシャルワーカーとクライエントは対等な立場ではなく、**ソーシャルワーカー**の権威と裁量を優先した援助関係のことである。

重要度B 援助関係の形成方法

良好な援助関係を形成するためには、**コミュニケーション能力**や**ラポール**の構築、援助者自身の感情への配慮を含む**自己覚知**などが重要です。

1 コミュニケーション

コミュニケーションは、援助関係を形成するうえでの重要な要素です。**カデューシン**（Kadushin, A.）は、コミュニケーションの交互作用について、次のような指摘をしています。

コミュニケーションにおける交互作用の注意点

- **援助者**の言葉は、ふつうの人の言葉とは異なる
- 人は、相手が話した内容よりも、**期待**しているものを聞きたいと思う
- 伝えられたメッセージは同じでも、人の**反応**は異なる
- 人は反応を表出する前に、つじつまを合わせようとする
- 人は相手の言動を受け取る過程で五感と**第六感**を使う
- 人は**身体的**・**情緒的**に感じていることを常に認知している

なお、コミュニケーションには、**言語的コミュニケーション**（バーバル・コミュニケーション）と**非言語的コミュニケーション**（ノンバーバル・コミュニケーション）があり、特に**非言語的コミュニケーション**に配慮することが必要です。

2 ラポール

援助者とクライエントとの**信頼関係**を**ラポール**といい、その前提として、両者の**対等・公平**な関係性が求められます。

ラポールを築くことは、援助関係を形成するうえでの土台となるものです。

3 自己覚知

援助者が、自身のもつ感情を**自覚**し**理解**することを**自己覚知**といいます。

クライエントに対する共感的な理解と公平な視点をもつためには、自らの価値観や援助観、思考傾向の特徴を知っておくことが大切です。

4 援助関係の過程における感情

援助関係を形成するうえで、時に関係が不調となることがあります。**感情の転移**（**転移**と**逆転移**）や**選好感情**が生じた場合は特に注意が必要です。

■援助過程で生じる感情

転移	**クライエント**がかつて抱いていたさまざまな感情を、**援助者**に向ける（投影する）こと 例「母親に対する敵意を、母親と同年代の女性援助者に向ける」 → 転移を援助関係の進展に活用することは可能
逆転移	**援助者**がかつて抱いていたさまざまな感情を、**クライエント**に向けること → 逆転移は避けるべきもの
選好感情	援助者が自らの好みでクライエントを**序列化**したり、**偏った気持ち**で見たりすること

感情の転移などが生じた場合は、その感情についてクライエントと話し合い、**気づき**を促すことが必要となります。また、自己覚知を深めるためには**スーパービジョン**を受けることが効果的です。

例題

Q 転移とは、ソーシャルワーカーが、クライエントに対して抱く情緒的反応全般をいう。〔第35回-問104〕

A ○ 記述は**逆転移**。転移は、クライエントがソーシャルワーカーに対して抱くさまざまな感情をいう。

重要度A 面接技術

1 面接技術の意義と目的

◆面接の意義

あらゆる援助場面において面接は行われます。そのため、援助者は、面接のもつ意味や効果、必要な専門的技術などを熟知しておくことが必要です。

面接は、単なる日常会話や社会資源の説明とは異なります。一定の目的の下、クライエントに対する**理解**を深め、クライエントと共に**問題解決**や**目標達成**を図るという点で重要な意味をもちます。

◆面接の目的

適切な面接は、より良い援助関係の構築に役立ちます。

カデューシンが提示した面接の目的は、次の２つです。

- 何らかの課題や機能の達成のために必要な**情報**を得ること
- クライエントのニーズ充足や問題解決に向けての**協同作業**を行うこと

2 面接技術の方法・留意点

◆面接の基盤

面接の基盤となるものには、**傾聴**、**共感**、**支持**があります。これらを通して、クライエントと援助者の**ラポール**を形成します。

■面接における3つの基盤

傾聴	クライエントの話に**耳を傾ける**こと。クライエントが話しやすい雰囲気をつくり**受容的態度**で丁寧に話を聴くことで、必要な**情報**を多く引き出すことができる
共感	クライエントの気持ちに対し、援助者自身の感情で受け止め、**理解**しようとすること
支持	クライエントの思いや感情を受け止め、クライエントを**支えていく姿勢**を示すこと

◆面接の基本姿勢

バイステック（Biestek, F.）は、著書『ケースワークの原則』（1957年）において、相談援助における援助者が遵守すべき**7つの原則**を示しています。これらは、面接を展開するうえでの基本姿勢といえます。

■面接における7つの原則

個別化の原則	クライエントの**問題**やおかれている**状況**の違いを理解し、一人ひとりが異なる人、異なる状況であると捉え、**個別的**に対応する
意図的な感情表出の原則	クライエントがあらゆる**感情**（**否定的な感情**を含む）を自由に表出・表現できるように働きかける
統制された情緒的関与の原則	援助者自身の感情を念入りに調べ、十分に吟味・把握したうえで、クライエントに接する

受容の原則	クライエントを**ありのまま**（良い面も悪い面も全て）受け入れる 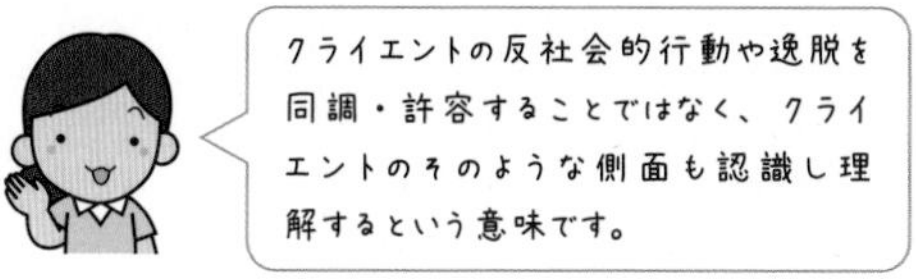
非審判的態度の原則	援助者自らの価値観を基に、クライエントを**批判**したり**攻撃**したりしない
自己決定の原則	クライエント自身が自らの人生に関する**選択**と**決定**ができるように援助する
秘密保持の原則	クライエントに関する**情報**を漏らさない

例題

Q 統制された情緒的な関与の原則とは、クライエント自身が自らの情緒的混乱をコントロールできるようにすることである。

〔第34回-問116〕

A × **援助者**自身が自らの感情を理解し、コントロールすることである。

◆基本的な面接技法

次の基本的な面接技法を用いることで、効果的な面接を行うことができます。

■基本的な面接技法

	内容	会話例
言い換え	●クライエントが発言した言葉を、援助者の言葉で言い換えること →クライエントの**気づき**を促すために有効	クライエント 毎日介護に追われ、もうこれ以上やってられないですよ。 援助者 大変な思いをされながらも、毎日、必死に介護をされているんですね。

要約	●クライエントの重要な発言に焦点化して短縮させ応答する →状況の整理をするのに有効	クライエント 子どものときから苦労続きで、18歳で上京して24歳くらいで妻と一緒になって、その後2回離婚して、子どもとも全然会えてなくて。どうしているんだろうな、子どもたち。 援助者 いろいろ苦労されながらも、2回の結婚生活を送ってこられたんですね。お子さんのことも気がかりですね。
感情の反映（反射）	●クライエントが感情で表現したことを、援助者が言葉で返すこと →共感的理解と状況の整理や気づきの促しにつながる	クライエント 自分の子どものころの体験が思い出されて、自分の子どもとうまく向き合えないように思います。 援助者 ご自身の辛い体験から、子どもとうまく向き合えないんじゃないか、といった不安な気持ちを抱いておられるのですね。
繰り返し	●クライエントの発言をそのままの表現で言い返す技法 →傾聴、受容、共感的理解のメッセージが強く伝わる	クライエント 僕は障害があっても一人暮らしをしたいんです。 援助者 一人暮らしをしたいのですね。
感情の明確化	●クライエントの抱く感情を、援助者が言葉にして返すこと →うまく表現できていない感情を明確にできる	クライエント 僕は障害があっても一人暮らしをしたいんです。それなのに母親は心配だからと反対ばかりして…。 援助者 お母さんに対する感謝の気持ちと同時に怒りの感情もあるようですね。

I（アイ）メッセージ		●援助者を**主語**として、**主観的な意見**を伝えること →**受容**や**共感**のメッセージが強く伝わる	クライエント 一人暮らしなんて、やはり無理なことなんでしょうか。 援助者 私は、地域のなかで一人で暮らしたいというあなたの気持ちがよくわかりますよ。
自己開示		●援助者の**個人的経験**や**感情**を開示すること →援助者を**身近**に感じ、感情を表出しやすくなる	クライエント 介護って出口の見えないトンネルみたいです。 援助者 わかります。私も5年間の介護と看取りを経験しました。
質問	閉じられた質問	●「はい」「いいえ」で答えられる質問 →**事実確認**やクライエントが質問に**答えにくい**場合に有効	援助者 あなたのお仕事は、土日がお休みですか？ クライエント はい。
質問	開かれた質問	●Why（どうして）やHow（どのように）を聞く質問 →幅広く**自由な答え**を引き出すことができる	援助者 あなたはこのお話を聞いて、どのように感じましたか？ クライエント とても悲しく、そして寂しい気持ちになりました。

例題

Q 開かれた質問とは、クライエントが、「はい」や「いいえ」など一言で答えが言える質問方法である。〔第33回-問109〕

A ×　開かれた質問は、Why（どうして）やHow（どのように）を用いてクライエントに多くの語りを促す質問方法。記述は、**閉じられた**質問の説明。

重要度 B
アウトリーチ

1 アウトリーチとは

アウトリーチとは、サービス利用に関して消極的・拒否的なクライエント（**インボランタリーなクライエント**）に対し、住まいや地域に積極的に出向き働きかけをすることで、クライエント自身の課題解決やサービス利用に向けた**動機づけ**を行うことをいいます。慈善組織協会（COS）の友愛訪問員活動に起源をもちます。

ひとこと

アウトリーチには「**手を差し伸べる**」という意味があります。援助者自身がクライエントの元へ出向き、手を差し伸べる活動であり、本人・家族だけでなく、**地域住民**や**地域社会**も対象とします。

2 アウトリーチの目的と機能

アウトリーチを行うことで、主に次の3点の効果が期待できます。

■アウトリーチの効果

ニーズの発見と掘り起こし	●クライエント自身が自らの**課題**や**ニーズ**を理解できるように働きかける（生理的・安全のニーズだけでなく、社会的ニーズに対するアプローチも含む） ●**未発見**の**課題**を見つけることにもつながる
必要なサービスの利用促進	サービスに消極的・拒否的であったとしても、サービスに関する**情報**を提供することで、必要なサービス利用につながる
ネットワークの構築	ケースを通して多様な関係機関と**連携**し、**ネットワーク**を構築することができる

3 アウトリーチの方法

具体的なアウトリーチの方法として、❶家庭への**個別訪問**による実態把握、❷自治会や民生委員との**ネットワーク形成**、❸関係機関や地域住民に対する**啓発活動**（出前相談や出張講座の開催）などが挙げられます。

4 アウトリーチの留意点

インボランタリーなクライエントは、福祉サービスや専門職に対する否定的な感情を抱くことも少なくありません。そのため、長期的な関わりを要することでも、クライエントに対する**受容的態度**や丁寧な働きかけを通して粘り強く対応する姿勢が必要です。

ひとこと

アウトリーチは、援助者個人が単独でできるものではありません。所属する機関や組織の理解とバックアップ体制が必要です。

例題

Q アウトリーチは、相談機関を訪れたクライエントが対象になる。
〔第35回-問109〕

A × アウトリーチは、支援に**消極的**なクライエントに対し特に有効。援助者がクライエントの元へ訪れる。

CHAPTER 6
SECTION 2

ソーシャルワークにおける社会資源の活用・調整・開発

このSECTIONのポイント

◆社会資源の活用・調整・開発の意義、目的、方法…社会資源の活用などについて、具体的な方法をおさえておきます

重要度A　社会資源の活用・調整・開発の意義、目的、方法

1 社会資源とは

援助者は、多種多様な**社会資源**を活用して支援を展開しています。クライエントのニーズを充足し、問題解決を図るために活用される人材、物質、資金、制度、方法、知識、仕組みなど、援助に利用できるものは全て社会資源と捉えます。

社会資源は、**フォーマル**なものと**インフォーマル**なものに区分することができます。

社会資源の種類

□ **フォーマルな社会資源**
公的・社会的なサービス全般で、制度に基づくサービスなどを指す
例 行政機関や福祉施設によるサービス

□ **インフォーマルな社会資源**
私的なつながりや交流などで形成されており、制度化されていないものを指す
例 家族、親族、近隣住民、学校や職場の関係者、ボランティア

フォーマルな社会資源とインフォーマルな社会資源の長所・短所

●フォーマルな社会資源

- **長所** サービスは**専門職**により提供されるため、**安定的**、**専門的**なサービス提供が可能
- **短所** 柔軟性や機敏性に**乏しい**

●インフォーマルな社会資源

- **長所** **情緒面**などへの細やかな関わりが期待できる
- **短所** **非専門職**によるサポートのため、関わりが**不安定**になり得る

例題

Q インフォーマルな社会資源は、フォーマルな社会資源に比べ、クライエントの個別的な状況に対しての融通性に乏しい。

〔第34回－問110〕

A × クライエントの個別的な状況に対しての融通性に乏しいのは、**フォーマル**な社会資源の特徴である。

2 社会資源の活用・調整

フォーマルな社会資源もインフォーマルな社会資源も、それぞれサービスの提供はしますが、それらのサービスを利用者の立場で効率的に調整する機能はもっていません。とくにフォーマル分野とインフォーマル分野との間の調整は難しい部分があります。相談援助を展開するうえでは、社会資源をうまく活用し、状況に合わせて調整することが必要です。

●ここがポイント

社会資源の調整手順

事前評価（アセスメント）	クライエントの **ニーズ** や **希望** に関する事前評価をする
↓	
社会資源の選択	どのような社会資源が存在するかを確認し、必要な社会資源を **選択** する
↓	
社会資源の提供	社会資源の **組合せ** 、活用の **時期** や **頻度** を考慮して提供する
↓	
見直しと調整	社会資源の提供状況を **モニタリング** し、必要に応じて **見直し** と **調整** をする

3 社会資源の開発

社会資源の開発は、クライエントと援助者が**協働**して行い、クライエント自身の気づきや力を高めることにつなげます。

社会資源の開発は、援助者にとって重要な役割の１つです。

◆新規開発と再資源化

必要な社会資源が存在しない場合は、新規に開発する必要があります。

例 ・待機児童の多い地域で保育所建設に向けて働きかける。

・一人暮らしのお年寄りのために、ボランティアによる訪問活動を開始する。

一方、すでに資源があるにもかかわらずそれが十分に活用できていない場合は、**再資源化**を行います。具体的には、サービスの提供方法の再検討をするなどです。

例 既存の保育所で新たに病後児保育を開始する。

◆社会資源開発のプロセス

社会資源開発のプロセスは、社会資源の活用・調整と同様のプロセスですが、これに加え、新規開発や再資源化した社会資源がどのように活用・調整されているかを**評価**することも必要です。

4 ソーシャルアクション

人々に訴え世論を喚起しながら、**行政機関**や**政府**に適切な対応を求める組織的な活動が**ソーシャルアクション**（社会活動法）です。ソーシャルアクションの源流は、アメリカにおける黒人などのマイノリティーに対する権利保障を求めた**公民権運動**にみることができます。

社会資源の活用・調整・開発には、社会に対する働きかけが欠かせません。地域住民などの要求やニーズを充足するために、**社会福祉関係者やその他関係者との組織化**を図り、**サービス改善**に向けて活動することが必要です。

具体的な展開には、**署名活動**や集会の開催、**請願・陳情**といったものがあります。なお、現行制度やサービスの改善ばかりではなく、それらの撤廃や新設を求めることもあります。

例題

Q ソーシャルアクションとは、地域の問題について、専門家を入れずに住民がグループでの取組を通して問題解決を図れるようにするものである。〔第29回-問112〕

A × ソーシャルアクションとは、住民のグループ活動のみではなく、**専門家も交えて**協働しながら問題解決に向けて取り組むことである。

CHAPTER 6

SECTION 3

ネットワークの形成

このSECTIONのポイント

◆ネットワーキングの意義、目的、方法…重要性が高まっているネットワーキングの意義などについて、理解しましょう

◆家族や近隣その他の者、サービス提供者間のネットワーキング…身近なネットワーキングについて、おさえておきます

◆ケア会議の意義…ネットワーキングの展開の場である有用なケア会議の意義などについて、おさえましょう

重要度A　ネットワーキングの意義、目的、方法

ネットワーク（Network）は、人と人、人と集団、人と地域、集団と集団、集団と地域など、あらゆる「**つながり**」のことを意味し、それらのネットワークを形成することを**ネットワーキング（Networking）**といいます。

ネットワーキングを提唱した**リップナック**（Lipnack, J.）と**スタンプス**（Stamps, J.）は、ネットワークとは、「我々を結びつけ、活動、希望、理想の分かち合いを可能にするリンクである」とし、ネットワーキングとは「**他人とのつながりを形成するプロセス**」と定義しています。

このように考えると、相談援助におけるネットワーキングとは、人や地域とのつながりを創出し、それを**援助**に活用する技術と捉えることができます。

1　ネットワーキングの意義と目的

少子高齢化や地域社会の希薄化、さまざまな格差が拡大する今日において、相談援助の対象は**多様化**、**複雑化**、**深刻化**しています。そのため、既存の制度や施策、あるいはネットワークだけでは対応しきれないことも多く、新しくネットワ

ークを構築し、ネットワーキングを発展させることが必要です。

ネットワーキングにより、高齢、障害、児童といった分野間の垣根や制度の谷間をなくし、柔軟で**横断的な連携**と**協働**の可能性が広がります。**住民主体**や地域を基盤とした相談援助が重視されるなか、いかにネットワーキングを展開させるかが重要な課題となっています。

2 ネットワーキングの展開

ネットワーキングが展開される場や形はさまざまですが、おおむね次のように分類することができます。

■ネットワーキングの展開の種類

クライエント間のつながり	代表的なものとして、セルフヘルプグループ（**自助グループ**）や**ピア・カウンセリング**※などがある
地域全体のつながり	住民同士の見守り支援や、ボランティア、友人、隣人などの**インフォーマル**なつながりが想定される。その他、**ソーシャルサポートネットワーク**や、**専門職**と住民が協働するネットワークなどが挙げられる
専門職間のつながり	相談援助における**多職種・多機関の連携**を意味する。多職種連携・専門職間協働は**IPW（Inter Professional Work）**といわれ、近年特に注目されている

※ピア・カウンセリング
同じ障害がある仲間（peer）同士が対等・平等な立場で、互いに相談し合ったり、サポートし合ったりすること。

3 ソーシャルサポートネットワーク

ネットワーキングの１つの方法として**ソーシャルサポートネットワーク**が注目されています。これは、**フォーマル、インフォーマルを問わず**、個人を取り巻く多様なサポートを結びつけ、支援を必要とする個人に対し包括的な支援を提供する活動です。**社会資源**を有機的につなぎ、ネットワークを形成します。

サポートの分類

□ **フォーマル・サポート**

- 国や自治体による、施策として行われる援助
- 一定の水準にある**専門的**知識・技術・価値を有する
- クライエントとの関係を保ちつつ、感情を統制した**客観的**なサポート

□ **インフォーマル・サポート**

- 地域社会やボランティアなどによる、非公式的な援助
- **自然発生的**な関係性から生じる
- 自分と相手を**同一視**する、感情移入された**主観的**なサポート

◆ソーシャルサポートとソーシャルネットワーク

ソーシャルサポートネットワークは、**ソーシャルサポート**（社会生活上の支持機能）と**ソーシャルネットワーク**（社会関係）のつながりから説明することができます。

■ソーシャルサポートとソーシャルネットワークの関係

ソーシャルサポート

個人を支持する機能のこと
→ **自然発生的に存在するもの**（家族、友人、職場の同僚など）や**意図的につくられるもの**（セルフヘルプグループ、ボランティアグループなど）、**社会制度化されたもの**（施設や機関に配置された専門職など）がある

ソーシャルネットワーク

個人のもつ社会関係のこと
→ その人にとって
有益なものと
有益ではないものがあり、
有益なものは
ソーシャルサポート
となる

例題

Q ソーシャルサポートネットワークは、インフォーマルなサポートよりも、フォーマルなサービスの機能に着目して活性化を図る。 〔第35回-問110〕

A × ソーシャルサポートネットワークでは、**フォーマルとインフォーマルの双方**の機能に着目して活性化を図る。

重要度B 家族や近隣その他の者、サービス提供者間のネットワーキング

1 小地域福祉活動と小地域ネットワーク活動

ソーシャルサポートネットワークのなかでも、特に注目されているのが、**小地域福祉活動**と**小地域ネットワーク活動**です。

いずれも、新しいつながりを構築するもので、地域包括ケアシステムを形成していくうえで不可欠です。

■小地域福祉活動と小地域ネットワーク活動の定義

小地域福祉活動	住みよい**福祉**のまちづくりに関する活動で、**自治会**や地区の社会福祉協議会などが主体で行う 例 3世代交流の場づくり、福祉学習活動、サロン
小地域ネットワーク活動	小地域福祉活動のなかで行われる、クライエントに対する**個別の援助活動**。「**見守り**」や「助け合い」を通して、クライエントの抱える課題や**ニーズを発見**することができる 例 一人暮らし高齢者やひとり親世帯への見守り活動

2 サービス提供者間のネットワーキング

多職種・多機関との連携により、個別の事例はもちろん、当該地域の**福祉課題**への対応も担います。

多職種チームによる相談援助では、チームメンバーが専門性を発揮し、役割分担を図りながら、共通の**目標**をもち、相互理解を深めることが必要です。

重要度C ケア会議の意義

ケア会議は、ケアに関わる多職種・多機関の関係者が集まり、**ネットワーキング**を展開する場として重要です。ここでは、関係者間で情報や課題を共有し、双方の役割と分担を確認することや情報の取扱いなどを確認します。

また、事例を基にした**ケースカンファレンス**の開催により、ネットワーキングが展開されることもあります。カンファレンスでは、さまざまな職種が参加するため、多様な価値観を取り入れることができる点でも有効です。

1 地域包括ケアシステム

地域包括ケアシステムとは、住民同士、専門職同士、住民と専門職といったネットワーキングにより、地域生活を支えるための**連携**の仕組みのことをいいます。

地域包括ケアシステムによって、今後の福祉の在り方として、**誰もが安心して暮らせる地域づくり**を目指します。

2 地域ケア会議

地域ケア会議は、**地域包括支援センター**が中心となり開催される、**地域内専門職・専門機関**間のネットワークです。同じ地域の多職種・多機関が集まることで、当該地域にとって有効なネットワーキングの場となります。

CHAPTER

7

福祉サービスの組織と経営

CHAPTER 7

SECTION 1

福祉サービスに係る組織や団体の概要と役割

このSECTIONのポイント

- ◆社会福祉法人…社会福祉法人の業務や組織のあり方などを学びます
- ◆NPO法人（特定非営利活動法人）…NPO法人の活動分野や組織のあり方などを学びます
- ◆認定NPO法人（認定特定非営利活動法人）…認定NPO法人の認定基準などを理解しましょう
- ◆その他の組織や団体…医療法人、公益法人など各組織の特徴などをおさえておきましょう

重要度 A 社会福祉法人

社会福祉法人は、**『社会福祉法』**に基づいて創設された、**社会福祉事業**を行うことを目的とする非営利の法人です。

社会福祉法人は、社会福祉事業の主たる担い手としてふさわしい事業を確実、効果的かつ適正に行うため、自主的にその**経営基盤の強化**を図るとともに、提供する福祉サービスの質の向上及び事業経営の**透明性の確保**を図らなければなりません。

1 社会福祉法人が行う業務

社会福祉法人は、社会福祉事業のほか、**公益事業**や**収益事業**を行うことができます。

◆社会福祉事業

社会福祉事業とは、社会福祉を目的とする事業のうち、規制と助成を通じて**公明かつ適正な実施の確保**が図られなければならないものとされています。具体的

には『社会福祉法』第２条で**第一種社会福祉事業**と**第二種社会福祉事業**の２つに分類されています。

■**社会福祉事業の概要**

	第一種社会福祉事業	第二種社会福祉事業
特徴	●公共性が高く利用者への影響が大きい事業のため、経営安定を通じた利用者の保護の必要性が高い ●主として入所**施設サービス**	●比較的利用者への影響が小さいため、第一種社会福祉事業よりも、公的規制の必要性が低い ●主として在宅**サービス**
経営主体	●原則、行政及び社会福祉法人（社会福祉施設を設置して第一種社会福祉事業を経営しようとするときは、都道府県知事**への届出**が必要） ●その他の者が第一種社会福祉事業を経営しようとするときは、都道府県知事**の許可**を得ることが必要 ●個別法により、保護施設並びに養護老人ホーム及び特別養護老人ホームは、行政及び社会福祉法人に限定されている	●制限なし ●全ての主体が届出をすることにより事業経営が可能
届出	●事業の開始前に都道府県知事に届出が必要 ●事業の変更の日から１か月以内に、都道府県知事への届出が必要。廃止の場合、１か月前までに届出が必要	●事業の開始日、届出内容の変更、事業廃止の日からそれぞれ１か月以内に、都道府県知事への届出が必要
主な事業内容	救護施設、更生施設、乳児院、母子生活支援施設、児童養護施設、障害児入所施設、養護老人ホーム、特別養護老人ホーム、軽費老人ホーム、障害者支援施設、女性自立支援施設	助産施設、保育所、母子・父子福祉施設、老人デイサービスセンター、老人福祉センター、老人介護支援センター、障害福祉サービス事業、身体障害者福祉センター、知的障害者更生相談事業

前ページの主な事業内容は、第一種社会福祉事業は、『生活保護法』『児童福祉法』『老人福祉法』『障害者総合支援法』『売春防止法』に規定される事業、第二種社会福祉事業は、『生活困窮者自立支援法』『児童福祉法』『認定こども園法』『養子縁組あっせん法』『母子及び父子並びに寡婦福祉法』『老人福祉法』『障害者総合支援法』『身体障害者福祉法』『知的障害者福祉法』に規定される事業です。
その他の事業として、第一種社会福祉事業では、

- **授産施設**を経営する事業及び生計困難者に対して**無利子または低利で資金を融通**する事業

第二種社会福祉事業では、

- 生計困難者に対して、その住居で**衣食**その他日常の**生活必需品**やそれに要する**金銭**を与え、または生活に関する**相談**に応ずる事業
- 生計困難者のために、無料または低額な料金で、**簡易住宅を貸し付け、または宿泊所その他の施設を利用させる**事業
- 生計困難者のために、**無料または低額な料金で診療を行う**事業
- 生計困難者に対して、無料または低額な費用で**介護老人保健施設または介護医療院を利用させる**事業
- 隣保事業
- 福祉サービス利用援助事業
- 各社会福祉事業に関する連絡または助成を行う事業

が規定されています。

例題

Q 社会福祉法人は福祉サービス提供のための法人であるため、診療を行う事業を実施できない。　〔第32回-問119〕

A × 社会福祉法人が行うことのできる社会福祉事業の第二種社会福祉事業には、生計困難者のために、**無料または低額な料金**で診療を行う事業が掲げられている。

◆公益事業と収益事業

社会福祉法人は、**社会福祉事業に支障がない場合**において、公益事業及び収益事業を行うことができます。なお、公益事業及び収益事業は、「社会福祉事業に

対して従たる地位にある」ことが前提であるため、**年間事業費**や**規模**で社会福祉事業を超える事業運営はできません。

●ここがポイント

公益事業と収益事業

公益事業	◆社会福祉と関係のある、**公益**を目的とする事業 ◆公益事業の収益は、**社会福祉事業**または**公益事業**に充てなければならない 例 居宅介護支援事業、介護老人保健施設、有料老人ホームを経営する事業
収益事業	◆その収益を**社会福祉事業**または一定の**公益事業**に充てることを目的とする事業 ◆事業の種類として、法人の**社会的信用**を傷つけるおそれがあるものや**投機的**なものは不適当 例 貸ビルの経営、駐車場の経営、公共的な施設内の売店の経営

例題

Q 社会福祉法人は、株主がいないため、事業経営の透明性の確保は求められない。〔第30回-問119・改〕

A × 社会福祉法人は事業経営の**透明性**の確保を図らなければならないとされている。

2 社会福祉法人の設立

社会福祉法人を設立するには、**所轄庁の認可**を受け、設立の**登記**をすることが必要です。認可申請には、**定款**を定め、社会福祉事業を行うための**資産**を備え、法人運営のための**役員**（**理事及び監事**）や理事会、評議員、**評議員会**を設置する必要があります。また、定款で定めるところにより**会計監査人**を置くことができます（一定規模以上の法人は必置）。

■役員、評議員会、会計監査人の概要

理事	●6名以上 ●社会福祉事業についての学識経験を有する者または地域の福祉関係者が含まれなければならない ●任期は2年以内（再任可） ●理事により理事会を構成 →理事会は法人の業務執行に関する意思決定**機関** →理事会は、理事の中から理事長1人を選定しなければならない →理事長以外にも社会福祉法人の業務を執行する理事として業務執行理事を理事会で選定することができる ●理事の人数構成については、各役員の配偶者や三親等以内の親族、特殊関係者の数を制限することが社会福祉法に規定されている（法第44条第6項）
監事	●2名以上 ●法人の理事または職員を兼任することはできない ●社会福祉事業について識見を有する者、財務管理について識見を有する者が含まれなければならない ●任期は2年以内（再任可） ●監事の人数構成については、各役員の配偶者や三親等以内の親族、特殊関係者の数を制限することが社会福祉法に規定されている（法第44条第7項）
評議員会	●理事の員数を超える数以上の評議員によって組織する ●評議員は、法人の理事、監事または職員を兼任することはできない ●法人運営に係る重要事項の議決**機関** ●役員の選任を行う →評議員会の決議を必要とする事項について、理事、理事会その他の評議員会以外の機関が決定することができることを内容とする定款の定めは、その効力を有しない ●評議員会の人数構成については、各役員の配偶者や三親等以内の親族、特殊関係者の数を制限することが社会福祉法に規定されている（法第40条第5項）
会計監査人	●公認会計士または監査法人でなければならない ●任期は1年（原則再任）

なお、社会福祉法人は、社会福祉事業を行うために直接必要な全ての物件について、**所有権を有すること**、または、**国もしくは地方公共団体から貸与または使用許可を受けていること**が必要です。

例題

Q 社会福祉法人は、理事長以外に業務執行理事を評議員会で選定することができる。〔第35回-問119〕

A × 業務執行理事を選定することができるのは、理事会においてである。

◆社会福祉法人の所轄庁

社会福祉法人の所轄庁は、原則として**主たる事務所がある都道府県の知事**となります。ただし、

- 主たる事務所が市の区域内にあり、その行う事業が当該市の区域を越えない社会福祉法人…**市長**（特別区の区長）→下図 a.
- 主たる事務所が指定都市の区域内にあり、その行う事業が1の都道府県の区域内において2以上の市町村の区域にわたる社会福祉法人及び地区社会福祉協議会である社会福祉法人…**指定都市の長** →下図 b.
- その行う事業が2以上の地方厚生局の管轄区域にわたる社会福祉法人…**厚生労働大臣** →下図 c.

となります。

a. 市長

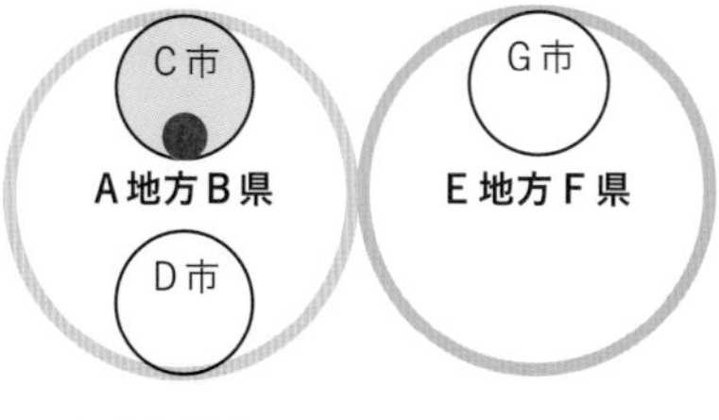

b. 指定都市の長

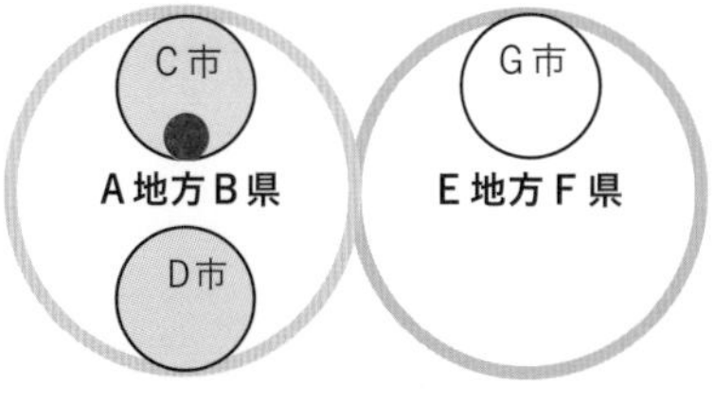

c. 厚生労働大臣

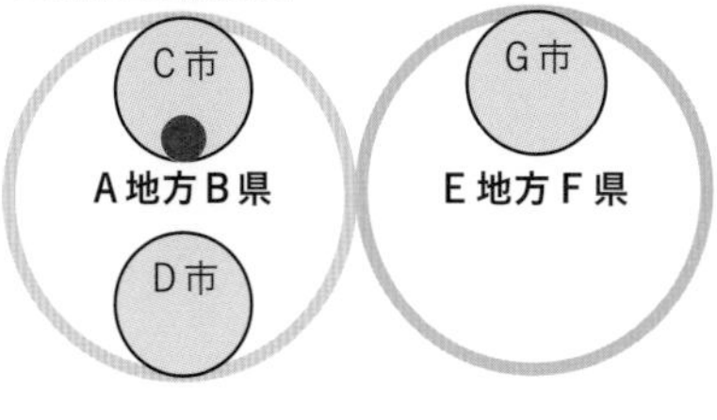

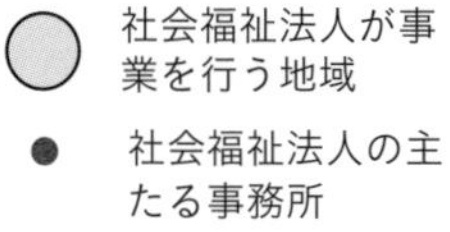

例題

Q　１つの市の区域のみを事業の対象とする社会福祉法人の所轄庁は、都道府県知事である。〔第28回-問119〕

A　×　主たる事務所が市の区域内にある社会福祉法人で、１つの市の区域のみで事業を行うものは、**市長**が所轄庁となる。

3 社会福祉法人の解散

社会福祉法人は、次のいずれかの事由によって解散します。

社会福祉法人の解散の事由

❶理事の**3分の2**以上の同意及び定款でさらに**評議員会**の議決を要するものと定められている場合には、その議決
❷**定款**に定めた解散事由の発生　❸目的たる事業の成功の**不能**
❹**合併**　❺**破産手続開始**の決定　❻所轄庁の解散命令

上記の解散の事由のうち、❶の場合には**所轄庁の認可**が、❸の場合には**所轄庁の認定**が必要です。また、❷及び❺の場合には、その旨を**所轄庁**へ届け出る必要があります。

◆残余財産の帰属

解散した社会福祉法人の残余財産は、**定款で定めた者**に帰属します。なお、定款に定めのない場合については、**国庫**に帰属することになります。

4 社会福祉法人の合併

社会福祉法人は、他の社会福祉法人と合併することができます。合併する場合には、理事の**3分の2**以上の同意（定款でさらに**評議員会**の議決を要するもの

と定められている場合には、その議決）を経たうえで、**所轄庁の認可**を受けなければなりません。

また、吸収合併する場合、吸収合併契約において、

●吸収合併後に**存続**する社会福祉法人＝**吸収合併存続社会福祉法人**と、

●吸収合併後に**消滅**する社会福祉法人＝**吸収合併消滅社会福祉法人**

の名称や住所など厚生労働省令で定める事項を定めなければなりません。

新設合併においては、新設合併契約をもって、規定の事項を定める必要があります。

新設合併消滅社会福祉法人の権利義務は、新法人の成立の日に新設合併設立社会福祉法人が一切を継承します。

5 社会福祉法人の税制上の優遇措置

社会福祉法人は、その公益性の高さから、**法人税**、**事業税**、**市町村民税**・**都道府県民税**などが**非課税**となっています。

ただし、**収益事業**から生じた所得は課税対象となります。

ひとこと

社会福祉法人に対して寄附を行った個人は、**所得控除**を受けることができます。

6 社会福祉法人制度の見直しについて

2016（平成28）年３月に『社会福祉法』が改正され、社会福祉法人の公益性・非営利性をさらに確保する観点から次のような内容で、社会福祉法人制度の改革が行われました。

●ここがポイント

社会福祉法人制度の改革

目的	◆国民に対する説明責任を果たし、地域社会に貢献する法人の在り方を徹底する
❶経営組織のガバナンスの強化	◆議決機関としての評議員会を必置とする ◆評議員は法人の理事、監事または職員を兼任することができない ◆一定規模以上の法人への会計監査人の導入 など 6 項目
❷事業運営の透明性の向上	◆財務諸表、現況報告書、役員報酬基準を新たに公表・閲覧対象とする ◆閲覧請求者を利害関係人から国民一般にする ◆公表にあたっては、国民が情報入手しやすいホームページを活用する など 4 項目
❸財務規律の強化	◆社会福祉充実残額※を明確化する ◆社会福祉充実残額が生じる場合には「社会福祉充実計画」を策定し、計画的に既存事業の充実や新規事業に活用する など 3 項目
❹地域における公益的な取組実施の責務	◆日常生活または社会生活上の支援を必要とする者に、無料または低額な料金で創意工夫をこらした多様な「地域における公益的な取組」を推進する など 2 項目
❺行政の関与の在り方についての見直しの措置	◆経営改善や法令遵守について、柔軟に指導・監督する仕組み（勧告等）を整備 など 2 項目

※社会福祉充実残額
全財産（貸借対照表上の純資産から基本金・国庫補助等積立金を除いたもの）から、事業継続に必要な最低限の財産（控除対象財産額）を引いたうえで、再投下可能な財産額。

◆社会福祉連携推進法人

2020（令和２）年６月に「地域共生社会の実現のための社会福祉法等の一部を改正する法律」が成立し、社会福祉事業に取り組む社会福祉法人やNPO法人等を社員として、相互の業務連携を推進する**社会福祉連携推進法人制度**が創設されました。社会福祉連携推進法人は、以下の**社会福祉連携推進業務を行う一般社団法人**を設立し、各種の基準に適合することで、所轄庁の認定を受けることができます。

社会福祉連携推進業務

❶**地域福祉の推進**に係る取組を社員が共同して行うための支援

❷災害が発生した場合における社員が提供する**福祉サービスの利用者の安全**を社員が共同して確保するための支援

❸社員が経営する社会福祉事業の**経営方法に関する知識の共有**を図るための支援

❹資金の貸付けその他の社員が社会福祉事業に係る業務を行うのに必要な**資金を調達**するための支援として厚生労働省令で定めるもの

❺社員が経営する社会福祉事業の**従事者の確保**のための支援及びその**資質の向上**を図るための研修

❻社員が経営する社会福祉事業に必要な**設備または物資の供給**

重要度B　NPO法人（特定非営利活動法人）

NPO法人（特定非営利活動法人）とは、『**特定非営利活動促進法**※』に基づいて創設された、**不特定**かつ**多数**の者の利益のために活動する法人です。

※特定非営利活動促進法

1998（平成10）年に制定された、ボランティア活動や市民活動の促進を目的とした法律。1995（平成７）年に発生した阪神・淡路大震災をきっかけに、ボランティア団体の法人化の必要性が高まったことを受けて制定された。

1 NPO法人の活動分野

NPO法人の活動分野は、次の**20分野**に限られます。NPO法人の半数以上が「保健、医療又は福祉の増進を図る活動」を行っています。

■NPO法人の20の活動分野（2023〈令和５〉年９月30日現在）

活動の種類	法人数
❶保健、医療又は福祉の増進を図る活動	29,637
❷社会教育の推進を図る活動	25,201
❸まちづくりの推進を図る活動	22,817
❹観光の振興を図る活動	3,553
❺農山漁村又は中山間地域の振興を図る活動	3,055
❻学術、文化、芸術又はスポーツの振興を図る活動	18,530
❼環境の保全を図る活動	13,245
❽災害救援活動	4,378
❾地域安全活動	6,439
❿人権の擁護又は平和の活動の推進を図る活動	9,168
⓫国際協力の活動	9,285
⓬男女共同参画社会の形成の促進を図る活動	4,953
⓭子どもの健全育成を図る活動	25,117
⓮情報化社会の発展を図る活動	5,622
⓯科学技術の振興を図る活動	2,829

⑯経済活動の活性化を図る活動	9,028
⑰職業能力の開発又は雇用機会の拡充を支援する活動	13,082
⑱消費者の保護を図る活動	2,886
⑲前各号に掲げる活動を行う団体の運営又は活動に関する連絡、助言又は援助の活動	24,120
⑳前各号で掲げる活動に準ずる活動として都道府県又は指定都市の条例で定める活動	335

出典：内閣府NPOホームページ「特定非営利活動法人の活動分野について」
ただし、１つの法人が複数の分野の活動を行う場合があるため、重複して数えられている場合がある

2 NPO法人の設立

NPO法人を設立するためには、法律に定められた認証要件を満たし、申請書を**所轄庁**に提出し、設立の**認証**を受け、法務局への**登記**、**所轄庁**への法人設立の届出をすることが必要です。

NPO法人設立の申請書類

- 定款
- 設立趣旨書
- 役員名簿（役員の氏名及び住所等、報酬の有無を記載）
- 役員の就任承諾書及び誓約書の謄本
- 役員の住所等を証する書面
- 社員のうち10人以上の氏名及び住所等を示した書面
- 認証要件に適合することを確認したことを示す書面
- 設立についての意思の決定を証する議事録の謄本
- 設立当初の事業年度及び翌事業年度の事業計画書と活動予算書

所轄庁は、申請が次に挙げる認証の要件に適合すると認めるときは、申請受理から**3**か月以内にNPO法人の設立を**認証**しなければなりません。

NPO法人の認証の要件

◆**特定非営利活動**を行うことを主たる目的とすること

◆**営利**を目的としないものであること（利益を社員で分配しないこと）

◆社員の資格の得喪に関して、**不当な条件**を付さないこと

◆役員のうち報酬を受ける者の数が、役員総数の**3分の1**以下であること

◆**宗教活動**や**政治活動**を主たる目的とするものでないこと

◆特定の**公職者**（候補者を含む）または**政党**を推薦、支持、反対することを目的とするものでないこと

◆**暴力団**でないこと、暴力団または暴力団の構成員などの統制の下にある団体でないこと

◆**10人**以上の社員を有するものであること

ひとこと

NPO法人は市民に開かれた団体であるべきという観点から、**法人への加入・脱退の自由を正当な理由なく制限することは禁止**されています。

例題

Q 特定非営利活動法人の全ての職員のうち、給与を受ける者の数は3分の１以下でなければならないと法に定められている。

〔第32回－問120〕

A × NPO法人の**役員**のうち、報酬を受ける者の数が、**役員総数の３分の１以下であることが、認証要件の１つとなっている。

◆NPO法人の所轄庁

NPO法人の所轄庁は、原則として**都道府県知事**となります。ただし、１つの指定都市の区域内のみに事務所をおく場合は、**指定都市の長**となります。

3 NPO法人の組織

NPO法人は、必置機関である**役員**（**理事及び監事**）と**社員総会**から成り立っています。

■役員、社員総会の概要

理事	●**3名**以上 ●法人の全ての業務の**代表権**をもつ（**定款**による制限あり） →定款に特別の定めのない場合には、理事の**過半数**をもって決定する ●任期は**2年**以内（再任可）
監事	●**1名**以上 ●任期は**2年**以内（再任可）
社員総会	●法人の最高の**議決機関** ●**通常社員総会**を毎年1回以上開催しなければならない（必要に応じて、**臨時社員総会**を開催する） ●社員の**表決権**は平等（ただし、**定款**で特別に定めることが可能）*

＊社員総会に出席できない社員は、定款の定める書面または電磁的方法によって表決を行うことができる

例題

Q 特定非営利活動法人における最高意思決定機関は、評議員会である。〔第35回-問120〕

A × 特定非営利活動法人における最高意思決定機関は、**社員総会**である。

4 NPO法人の解散

NPO法人は、次のいずれかの事由によって解散します。

NPO法人の解散の事由

- 社員総会において、定款に特別の定めのある場合のほか、社員総数の**4分の3**以上が解散の承諾をした場合
- **定款**で定めた解散事由の発生
- 目的とする特定非営利活動に係る事業の成功の**不能**
- 社員の欠亡
- **合併**
- **破産手続開始**の決定
- 所轄庁による設立の認証の取消し

ひとこと

「目的とする特定非営利活動に係る事業の成功の不能」により解散する場合には、**所轄庁の認定**を受けなければなりません。

◆残余財産の帰属

NPO法人が解散する場合、残余財産は**定款で定めた者**に帰属しますが、その定めがない場合は、**国**または**地方公共団体**に譲渡することができます。

なお、定款で定めた者に帰属しない場合及び国または地方公共団体に譲渡しない場合は、残余財産は**国庫**に帰属することになります。

例題

Q 特定非営利活動法人の解散時の残余財産は、定款で定めた他の特定非営利活動法人等に帰属する。〔第29回-問120〕

A ○ 定款で帰属先を規定する場合には、他のNPO法人、国または地方公共団体、公益社団法人または公益財団法人、**学校法人**などから選定する。

5 NPO法人の合併

NPO法人は、定款に特別の定めがない場合、**社員総会**において社員総数の**4分の3**以上の賛成をもって決議され、**所轄庁の認証**などの一定の手続きを経て、他のNPO法人と合併することができます。

6 NPO法人の収入財源と税制

NPO法人の収入財源には、会費、寄附金、補助金・助成金、事業収益があります。「令和２年度 特定非営利活動法人に関する実態調査」（内閣府）によれば、**事業収益**（**83.1％**）が最も多く、次いで、**補助金・助成金**（**10.9％**）、**寄附金**（**2.4％**）となっています。

NPO法人の税制に関しては、『**法人税法**』に規定されている収益事業を行っている場合に限り、**法人税**及び**事業税**が課税されます。

重要度C 認定NPO法人（認定特定非営利活動法人）

NPO法人のうち、一定の基準を満たし、**所轄庁**（**都道府県知事**または**指定都市の長**）**の認定**を受けた法人を、**認定NPO法人**（**認定特定非営利活動法人**）といいます。

1 認定NPO法人の認定基準

認定NPO法人は、次の認定基準を満たす必要があります。

認定NPO法人の認定基準

- **パブリック・サポート・テスト**（**PST**）※に適合すること
- 事業活動において、共益的な活動の占める割合が**50％**未満であること
- 運営組織及び経理が適切であること
- 事業活動の内容が適正であること
- **情報公開**を適切に行っていること
- **事業報告書**などを所轄庁に提出していること
- 法令違反、不正の行為、公益に反する事実などがないこと
- 設立の日から**１年**を超える期間が経過していること

※パブリック・サポート・テスト（PST）
法人が一般市民からどれだけ支持されているかを計測するためのテストのこと。❶相対値基準、❷絶対値基準、❸条例個別基準の３つのうち、いずれかの基準を選択できる。

ひとこと

認定NPO法人の認定の有効期間は、所轄庁による認定の日から起算して**５年間**です。

2 認定NPO法人の税制上の優遇措置

認定NPO法人の税制上の優遇措置には、寄附者に対するものと、認定NPO法人自身に対するものがあります。

●ここがポイント

認定NPO法人の税制上の優遇措置

寄附者に対する優遇措置	◆寄附者が個人の場合 → **確定申告** を行うことで、**所得控除** または **税額控除** を選択適用できる ◆寄附者が法人の場合 → 一般寄附金の損金算入限度額とは別に、**特別損金算入限度額** が設けられ、その範囲内で損金算入が認められる ◆相続人などが相続財産を寄附した場合 → 寄附した相続財産は **相続税** の課税対象とならない
認定NPO法人自身に対する優遇措置	収益事業から得た利益を、その収益事業以外の事業のために支出した場合、この支出は **寄附金** とみなされる（みなし寄附金）

重要度 B

その他の組織や団体

1 医療法人

医療法人とは、**病院**、医師もしくは歯科医師が常時勤務する**診療所**、**介護老人保健施設**または**介護医療院**の開設を目的として設立される非営利の法人です。**都道府県知事の認可**を受け、設立の**登記**をすることによって成立します。

医療法人は、附帯業務として、障害福祉サービス事業や保育所の経営などを行うことができます。

ひとこと

医療法人は、運営する医療機関などで生じた**剰余金（利益）を配当することは禁止**されています。

◆医療法人の区分

医療法人は、大きく**医療法人社団**と**医療法人財団**の２種類に区分されます。

医療法人の区分

□ **医療法人社団**

- 個人または法人が預金、不動産、備品などを**拠出**して設立される医療法人
- **特定医療法人**、**社会医療法人**、**基金拠出型医療法人**、**経過措置型医療法人**などがある

□ **医療法人財団**

- 個人または法人が無償で**寄附**した財産に基づいて設立される医療法人
- **特定医療法人**、**社会医療法人**などがある

●ここがポイント

医療法人の主な種類

特定医療法人	◆ 租税特別措置法 を根拠とする医療法人 ◆その事業について、 医療 の普及及び向上、 社会福祉 への貢献その他公益の増進に著しく寄与し、かつ、公的に運営されていることにつき、 国税庁長官 の承認を受けたもの ◆税制上の優遇措置あり →法人税において 軽減税率 が適用される
社会医療法人	◆小児救急医療や休日・夜間診療、感染症患者への医療、へき地医療などの 公益 性の高い事業を担保する条件を満たし、 都道府県知事 の認定を受けたもの ◆2007（平成19）年の第５次 医療法 改正により創設 ◆開設する病院、診療所、介護老人保健施設または介護医療院の業務に支障のない限り、収益 業務や 社会医療法人債 の発行を行うことができる ◆税制上の優遇措置あり →医療保健業については法人税が 非課税 となる
基金拠出型医療法人	◆法人の活動の原資となる資金の調達手段として、定款の定めるところにより、 基金 の制度を採用しているもの ◆2007（平成19）年の第５次 医療法 改正により創設
経過措置型医療法人	医療法人社団 であって、その定款に 出資持分 に関する定めを設けているもの 例 社員の退社に伴う出資持分の払戻しに関する規定、解散時の残余財産の分配に関する規定

ひとこと

常勤の医師または歯科医師が 1 名または 2 名勤務する診療所を開設する医療法人を、**一人医師医療法人**といいます。

例題

Q 社会医療法人は、収益業務を行うことが禁止されている。
〔第35回-問121〕

A × 社会医療法人は、開設する病院、診療所、**介護老人保健施設**または**介護医療院**の業務に支障のない限り、収益業務や**社会医療法人債**の発行を行うことができる。

2 公益法人

公益法人とは、公益を目的とした事業を行う非営利の法人です。公益法人には、**公益社団法人**と**公益財団法人**があります。

公益法人は税制上の優遇措置を受けることができます。

公益法人の種類

□ **公益社団法人**
一般社団法人（何かを行う目的で集まった**人**によって運営していく団体）のうち、公益性について一定の要件を満たしていると認められ、**行政庁**（**内閣総理大臣**または**都道府県知事**）**の認定**を受けたもの

□ **公益財団法人**
一般財団法人（何かを行う目的で集められた**財産**を管理し、運営するために作られる団体）のうち、公益性について一定の要件を満たしていると認められ、**行政庁**（**内閣総理大臣**または**都道府県知事**）**の認定**を受けたもの

3 営利法人

営利法人とは、営利を目的として設立された組織であり、したがって**余剰**（利潤）を出すことが組織として第一の使命となります。営利法人には、**株式会社**、**合資会社**、**合同会社**などがあります。

4 市民団体と協同組合

市民団体とは、市民が、その暮らしを向上させるために**団結**し、社会に対して訴求を行っていく団体で、住民の**ニーズ**によって生まれるものを指します。

協同組合とは、共通の目的をもった個人や事業者などが、**組合員**として共同で出資して設立する組織です。代表的なものに、**農業協同組合**（**農協**）※や**生活協同組合**（**生協**）※があり、**市民団体**の一類型として位置づけられています。

※農業協同組合（農協）／生活協同組合（生協）

農業協同組合（農協）とは、農業者が農業協同組合法（農協法）に基づいて、互助のために自主的に設立する協同組合のこと。

生活協同組合（生協）とは、消費者が出資金を出し合って組合員となり、生活を向上させるためのさまざまな事業を協同で運営・利用する協同組合のこと。

---

5 自治会

自治会とは、地域の住民が自主的に運営している**住民自治組織**です。

交通安全、防犯・防災、環境美化などに取り組むとともに、地域の身近な情報の提供やレクリエーション活動などを通じて、住民同士の親睦を深める活動や地域課題の解決に向けた取組を**自主的**・**組織的**に行っています。

ひとこと

不動産等を保有または保有を予定している町内会や自治会については、地方自治法に基づき、法人格を取得することができます。

CHAPTER 7

SECTION 2

福祉サービスの組織と経営に係る基礎理論

このSECTIONのポイント

◆組織運営に関する基礎理論…組織形態の種類、主な論者と理論をおさえましょう

◆集団力学に関する基礎理論…主な論者と理論をおさえておきましょう

◆リーダーシップに関する基礎理論…主な論者と理論をおさえましょう

重要度A 組織運営に関する基礎理論

19世紀以降、ドイツの社会学者、経済学者の**ヴェーバー**（Weber, M.）やアメリカの機械技師、経営学者の**テイラー**（Taylor, F. W.）ら多くの組織論者によって、組織論が提唱されてきました。

組織論のテーマの１つに**組織構造**があり、組織構造をうまく機能させるための手段として**組織形態**があります。

1 組織構造決定の５原則

組織構造の決定には、次の５つの原則があります。

組織構造決定の５原則

◆**専門化の原則**

→ 業務を分業化することで、全体の仕事の効率を上げる

◆**権限・責任一致の原則**

→ 自主性と判断の自由度を与え、与えられた権限ととるべき責任を同じレベルにする

◆**命令一元化の原則**

→ 命令・指揮系統は一元化する方が効率的である

◆**統制範囲適正化の原則**

→ １人の管理者が管理できる部下の数は適切でなければならない

◆**例外の原則**

→ 日常的な業務は部下に任せ、上司は例外的な業務に従事するべき

2 組織形態の種類

効率よく業務を遂行するために、業務内容などによって次のような**組織形態**がとられます。

■組織形態の種類

ライン組織	指揮命令系統がしっかりした、**ピラミッド型**の組織。いわゆる**トップダウン型**の組織	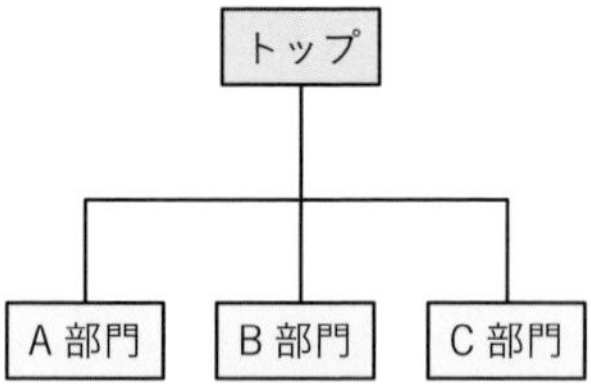
ライン・アンド・スタッフ組織	**ライン組織**の利点を活かしつつ、**専門的**な意思決定ができる**スタッフ**を追加した組織形態	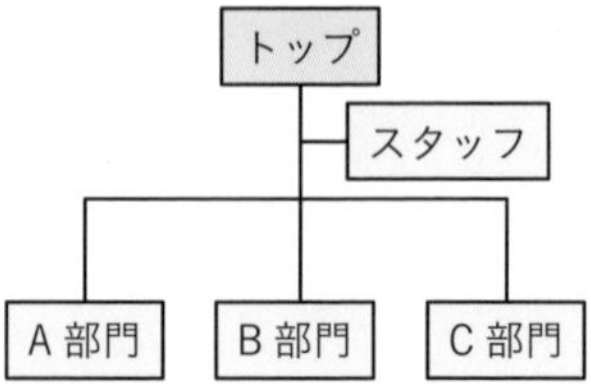

逆ピラミッド型組織	**顧客重視型**の組織形態で、現場に近い**担当者**が意思決定を行い、管理者側がそのような環境を支えたり、要望などに応えたりする組織	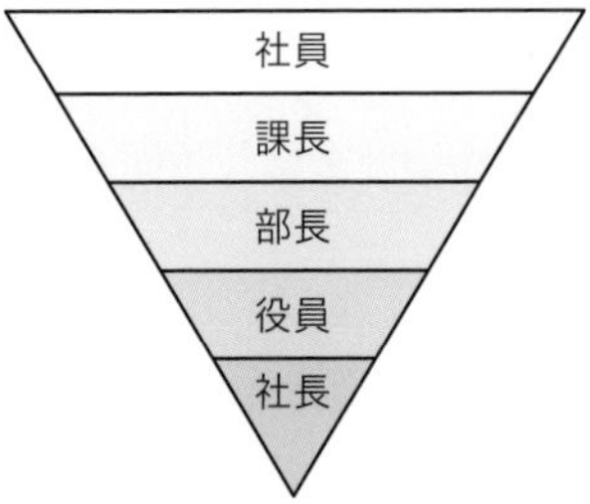
ファンクショナル組織（機能別組織）	生産、販売、研究開発の各機能を別々の**部門**に担当させ、**専門化**を目指す組織	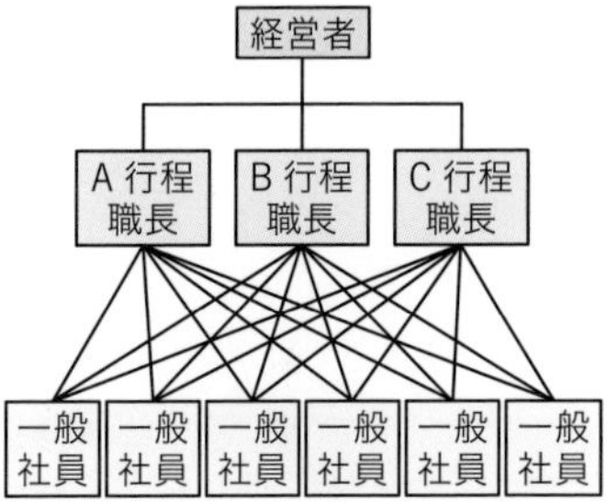
事業部制組織	複数の事業を営む事業体で、**事業部単位**に編成された組織。複数の事業部の中に各部門を設ける	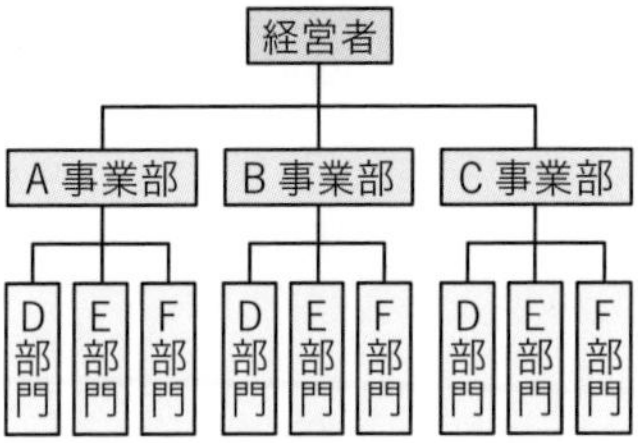
カンパニー制	1つの企業を、**事業分野**ごとに**独立性**を高めた複数の企業の**集合体**に見立てて組織する形態。「事業部制」から独立性を高めたもの	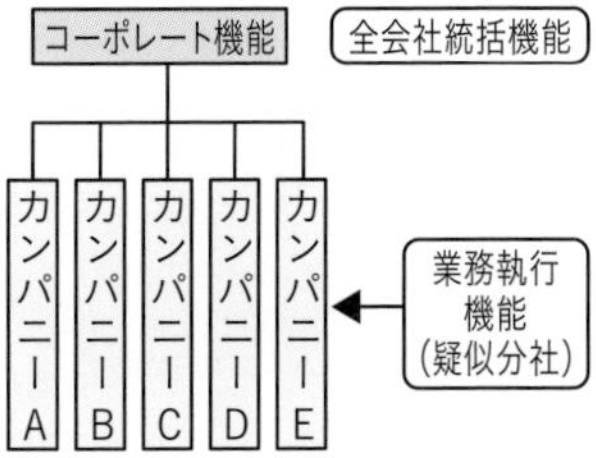
プロジェクト組織	**特定の目的**を遂行するために、**複数の部門**から選抜された人員で形成された組織。問題解決までの一時的・短期的なものと、部門間の連絡の役割を果たす委員会のような恒久的なものがある	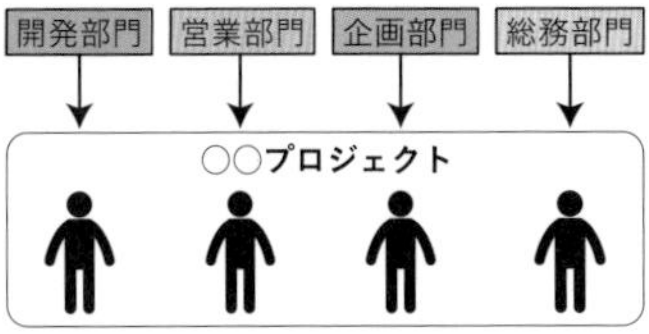

3 組織論の主な論者と理論

組織論は多様な角度から研究されています。主な論者と理論には次のようなものがあります。

■主な組織論の論者とその理論

ヴェーバー (Weber, M.)	合理的な組織構造として官僚制組織論を提唱 ●**官僚制組織論** 官僚**制**は、ルールや手続き、専門化と分業、権限の階層構造などの特徴をもち、組織を有効に機能させるうえで利点があるという主張
テイラー (Taylor, F. W.)	課業（1日の公平な作業量）の設定や差別的出来高払い**制度**、計画部**制度**などを取り入れた、科学的管理法を提唱 ●**差別的出来高払い制度** 課業の達成の有無によって賃金に差をつける制度 ●**計画部制度** 業務を分析し、課業の設定などを行う「計画**部門**」と、設定された課業を実際にこなしていく「執行**部門**」を分ける制度
メイヨー (Mayo, G. E.) レスリスバーガー (Roethlisberger, F. J.)	作業条件や能率について実験を行い（ホーソン**実験**※）、人間関係論を提唱 ●**人間関係論** 作業能率に重要な影響を与えるのは、作業環境や賃金などの作業条件ではなく、人間的側面から生まれる労働者の心理的な要因であると主張。意識的に形成された公式組織より、自然に発生した非公式組織としての人間関係が重要とした
バーナード (Barnard, C.)	組織は、個人が目的を達成できないときに協働することで生まれるとし、❶共通目的（共通の目的の達成を目指す）、❷貢献意欲（組織に貢献しようとする意欲をもつ）、❸伝達（コミュニケーション）の組織設立の3要素を提唱
サイモン (Simon, H. A.)	限定された合理性に基づく意思決定である経営人モデルを提唱し、1人の孤立した個人では、極めて合理性の程度の高い行動をとることは不可能であると主張

マーチ (March, J.) **オルセン** (Olsen, J.)	意思決定は合理的な過程を経てなされるものではなく、さまざまな状況が影響し合いながらなされるとする**ゴミ箱モデル**を提唱
バーンズ (Burns, T.) **ストーカー** (Stalker, G. M.)	**機械的組織**と**有機的組織**を研究 ●**機械的組織** 仕事内容が**専門的**に分かれていて、職務・権限が**明確**な組織。コミュニケーションは**垂直型**で、中央集権化されている。外部環境の不確実性が**低い**ときに有効 ●**有機的組織** 仕事内容は**個人**の知識や経験に基づいており、職務・権限がゆるやかな組織。コミュニケーションは**水平型**で、外部環境の不確実性が**高い**ときに有効
シャイン (Schein, E.)	**組織文化**は、集団によってつくられた価値であると主張し、構成要素を、❶**人工物**（建物や行事などのつくり出された物理的・社会的環境）、❷**価値**（標榜されている価値観）、❸**基本的仮定**（組織における暗黙のルール、組織において当たり前のこと）の３つのレベルで示した

※ホーソン実験

アメリカ・シカゴ郊外のホーソン工場において、さまざまなインセンティブ（報酬や休憩時間）が労働者の生産性にどのような影響を及ぼすかを実験したもの。

例題

Q メイヨー（Mayo, G.）らによって行われたホーソン実験では、生産性に影響を与える要因が、人間関係よりも労働条件や作業環境であることが確認された。　〔第33回-問121〕

A ×　ホーソン実験では、生産能率の向上のために、報酬や休憩などを変えたが、そこに因果関係がみられず、生産性に影響を与える要因が、労働条件や作業環境よりも**人間**関係であることが確認された。

4 モチベーション理論

モチベーションとは、**動機づけ**や**目的意識**ともいい、人がある行為をしようとする**意欲**や、それを**継続**しようとする心の働きをいいます。

モチベーション理論は、**内容理論**と**過程理論**に大きく分けられます。

内容理論と過程理論

□ **内容理論**
人がどのように動機づけられて行動するのか、その**欲求要因**を研究

□ **過程理論**
個人が動機づけられる**心理的なメカニズム**や**過程**を研究

■**主なモチベーション理論の論者とその理論**

マズロー (Maslow, A.)	**【内容理論】** 人間の欲求を、低次から順に、❶**生理的欲求**、❷**安全・安定の欲求**、❸**所属・愛情の欲求**、❹**承認・自尊の欲求**、❺**自己実現欲求**の5段階に分けた**欲求5段階説**を提唱 → 低次の欲求が満たされると、高次の欲求に移行していく
マグレガー (McGregor, D.)	**【内容理論】** **XY理論**を提唱 ● **X理論** 人間は本来怠け者であり、**強制・命令・処罰**がなければ、企業目標を達成するために十分な力を発揮しないとする理論 ● **Y理論** 人間は本来仕事が嫌いではなく、従業員の意欲が低いのは**管理者**側に原因があるとする理論  欲求が低い部下に対しては、リーダーは、**X理論**に基づく行動が魅力となり、逆に高次元の欲求の高い部下に対しては、**Y理論**に基づく行動が魅力となります。

ハーズバーグ (Herzberg, F.)	**【内容理論】** 仕事に対する満足・不満足の要因は異なるとする**2要因理論（動機づけ・衛生理論）**を提唱 ●**満足の要因（動機づけ要因）**…仕事の達成感、責任など ●**不満足の要因（衛生要因）**…人間関係、労働条件、給与など
マクレランド (McClelland, D.)	**【内容理論】** 仕事への動機づけは、❶**達成欲求**（高い目標）、❷**権力欲求**（指導的立場）、❸**親和欲求**（充実した人間関係）、❹**回避欲求**（困難な状況の回避）の４つからなるとする**欲求理論**を提唱
ブルーム (Vroom, V.)	**【過程理論】** 自分が仕事にかけた努力により**業績**が上がることを期待し、さらに業績が上がったことにより**報酬**が得られることを期待するものとする**期待理論**を提唱
ロック (Lock, E.)	❶**本人**が十分承諾している、❷**目標**が具体的で明瞭という２つの条件が揃ったとき、**高い**目標を設定するほどより成果を上げることができるという**目標設定理論**を提唱
デシ (Deci, E.)	人は、金銭などの与えられた報酬（**外発的報酬**）よりも、達成感や有能感などの**内発的報酬**によってこそ、モチベーションを高めることができるとする**内発的動機づけ**を提唱

例題

Q デシは、内発的動機によってではなく、むしろ金銭的報酬などの外的報酬によって人は動機づけられるとした。

〔第33回-問122〕

A × デシは、人は、金銭などの与えられた報酬（外発的報酬）よりも、達成感や有能感などの**内発的**報酬によってこそ、人は動機づけられるとしている。

5 組織学習論

組織学習論は組織論の1つで、組織が環境の変化に対応する永続的な取組のプロセスについて説明するための概念です。意思決定や行動の基盤としての人間の**思考の重要性**を強調しています。

組織学習は、組織の営利・非営利を問わず、その意義は高いとされています。

■主な組織学習論の論者とその理論

アージリス (Argyris, C.)	既存の枠組みに従って問題解決を図っていく**シングルループ学習**と、既存の枠組みを捨てて新しい考え方や行動の枠組みを導入する**ダブルループ学習**を提唱 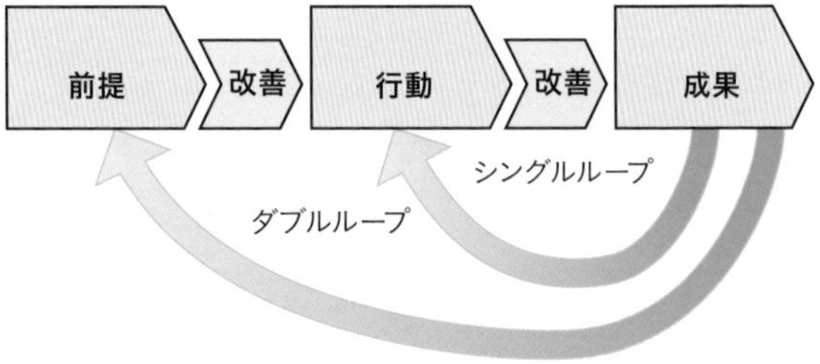 ・シングルループ学習…1つの輪（ループ）での学習 ・ダブルループ学習…シングルループ学習をもう1つ繰り返すような学習
ヘドバーグ (Hedberg, B.)	組織にとって時代遅れとなり、有効性が失われた知識を棄却するプロセスを**アンラーニング**と呼び、組織学習にとって望ましいとした

ひとこと

組織学習論では、他組織の**成功体験**などを積極的に取り入れ、それを組織に定着させるようにします。

例題

Q ダブルループ学習とは、既存の枠組みとは異なる新しい可能性を探る組織学習の形態である。　〔第26回-問121〕

A ○　記述のとおり。なお、既存の枠組みに従って問題解決を図っていく組織学習の形態を**シングル**ループ学習という。

重要度B　集団力学に関する基礎理論

集団力学とは、集団において人の行動や思考は集団からの影響を受け、また、集団に対しても影響を与えるといった**集団特性**を指します。影響を与え合う集団のなかでは**コンフリクト**（**葛藤・対立**）が生じることがあります。

1　集団力学の主な論者と理論

集団力学の主な論者と理論には、次のようなものがあります。

■主な集団力学の論者とその理論

レヴィン (Lewin, K.)	集団を構成するメンバーに対して、その集団に所属していたいという意思を働かせる性質を**集団凝集性**として提唱 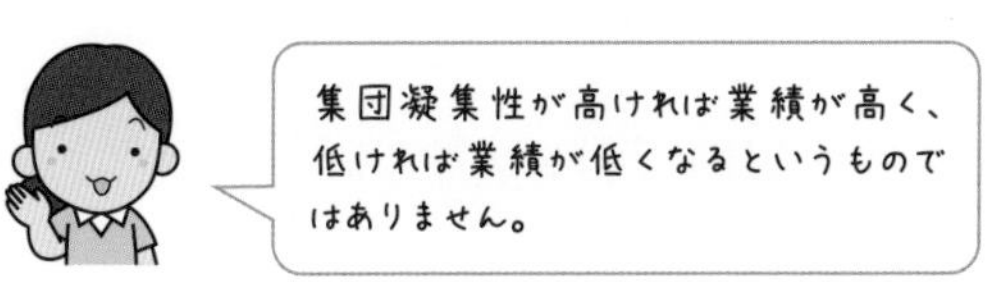
アッシュ (Asch, S.)	集団内の**多数派**の意見に影響され、個人ではできていた正確な判断が困難になる現象を**集団圧力**として提唱 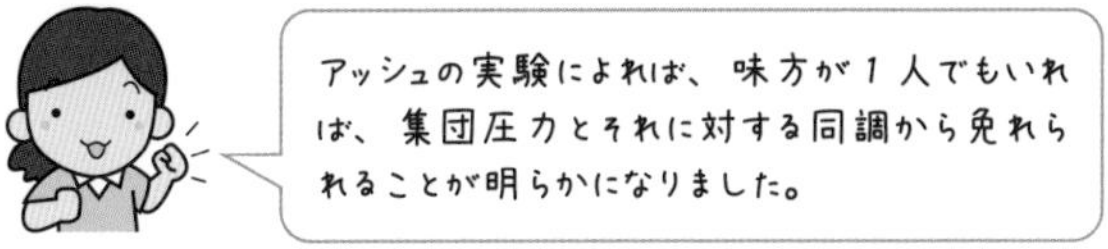

ジャニス (Janis, I. L.)	同質的な意見に偏ることで、不合理な誤った決定がなされやすい現象を**集団思考・集団浅慮**として提唱 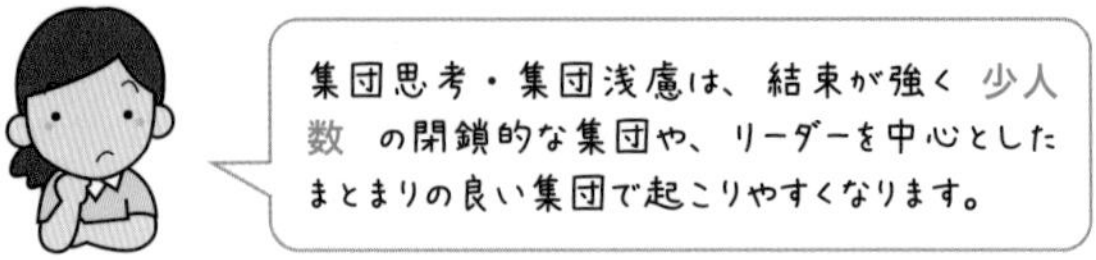
シェリフ (Sherif, M.)	2つの集団間の対立は、**目標**を立ててお互いが協力してそれを達成することで解消できるとした

例題

Q アッシュの実験によれば、集団の中で孤立無援の状態で異議を唱えるのと、一人でも同じ考えの仲間がいるのとでは、集団力学的に違いはない。〔第33回-問121〕

A × 味方が1人でもいれば、**集団圧力**とそれに対する**同調**から免れられることが明らかになった。

2 コンフリクト

コンフリクトとは、**葛藤**や**対立**のことをいいます。組織を構成するグループ間の**目標**が一致しない、ほかのグループに対して**優位**に立とうとするときなどに生じます。

相手の目標達成手段を妨害するコンフリクトや、集団業績に負の影響を与えるような過剰なコンフリクトは、組織にとってマイナスになります。逆に、「組織内のコンフリクトによって新しいアイデアが生まれる」などのプラスの面もあることから、**生産性**の観点では、コンフリクトが存在することが望ましい場合もあります。

例題

Q コンフリクトは、集団に肯定的な影響を与えることはなく、組織運営に非生産的な結果をもたらすので回避する必要がある。

〔第35回-問122〕

A ×　「組織内のコンフリクトによって新しいアイデアが生まれる」などのプラスの面もあることから、**生産性**の観点では、コンフリクトが存在することが望ましい場合もある。

3 社会的手抜きと社会的促進

集団で作業をすると、単独で作業するよりも１人当たりの作業量が減るという研究結果があります。これを**社会的手抜き**といいます。

一方、集団で作業をすることで作業が促進され**作業量**が増えることを、**社会的促進**といいます。社会的促進は単純で慣れた課題の遂行時に起こりやすくなります。

例題

Q 社会的促進は、複雑で不慣れな課題遂行時に起きる。

〔第29回-問122〕

A ×　社会的促進は、**単純で慣れた**課題の遂行時に起きる。

重要度A　リーダーシップに関する基礎理論

リーダーシップとは、アメリカの経営学者**ドラッカー**（Drucker, P.）の著書『プロフェッショナルの条件』によると、「組織の使命を考え抜き、それを目に見

える形で明確に確立することである。リーダーとは目標を定め、優先順位を決め、基準を定め、それを維持する者である」とされています。

1 リーダーシップ理論の研究の流れ

リーダーシップ理論は、リーダーに必要とされる資質を身体的・精神的資質の面などから研究した**特性理論**（**資質論**）、リーダーの効果的な**行動アプローチ**を研究した**行動理論**、状況や環境に応じてリーダーのスタイルや行動を変えるべきであるとする**コンティンジェンシー理論**の順に研究が展開されてきました。

また、**カリスマ型リーダーシップ**（支配者本人の資質や特質、魅力による支配であり、「リーダーはカリスマである」という考え）や**変革型リーダーシップ**に関する理論の研究も進められました。

ひとこと

変革型リーダーシップは、リーダー自らが明確な**ビジョン**を掲げることで、メンバー個々の動機づけや知的刺激を与えます。時代が変化するときや組織に変革が求められるときに効力を発揮します。

例題

Q 経営環境が変化する中では、定型的業務を遂行するためのリーダーシップだけではなく、変革型リーダーシップも求められる。
〔第33回-問123〕

A ○ 記述のとおり。変革型リーダーシップは、リーダー自らが**明確なビジョン**を掲げることで、メンバー個々の**動機づけ**や**知的**刺激を与える。

2 主なリーダーシップ理論

主なリーダーシップ理論には、次のようなものがあります。なお、近年では、

それぞれのメンバーが、必要に応じてリーダーのように振る舞って他のメンバーに影響を与える**シェアード・リーダーシップ**も注目されています。

■主なリーダーシップ理論の論者などとその理論

オハイオ州立大学	リーダーシップ行動は、「**構造づくり**」と「**配慮**」の2つに分けられ、どちらも次元の**高いリーダー**のもとで、メンバーの業績度と満足度が高まる可能性が高いとした ●**構造づくり** メンバーが**成果**を挙げられるように、体制を整えたり目標を設定したりすること ●**配慮** メンバーの**人間関係**を整えること
ハウス (House, R)	メンバーに明確な目標（**ゴール**）達成のための道筋（**パス**）を明示することがリーダーシップの本質であるとする**パス・ゴール理論**を提唱
ブレイク (Blake, R. R.) **ムートン** (Mouton, J. S.)	●「**人に対する関心**」と「**業績に対する関心**」の2軸でリーダーシップを類型化した。縦、横それぞれの軸を9段階に分けて格子（グリッド）を作り、どの程度関心をもっているかでリーダーを分類する**マネジリアル・グリッド論**を提唱 ●「1・1型」は無関心な放任型リーダー、「9・9型」は人にも業績にも最大の関心を示す理想型リーダー
フィードラー (Fiedler, F. E.)	●おかれた状況や環境によってリーダーの有効性は異なるという**コンティンジェンシー理論**(**条件適合理論**)を提唱 ●リーダーの行動には、❶業績追求に関する行動志向性を表す**タスク志向型**（**課題志向型**）と、❷集団の調和を重視する行動志向性を表す**人間関係志向型**の2つがあるとした  リーダーとメンバーの関係が良好で、仕事の内容や手順が明確な場合は、**タスク**志向型のリーダーの方が業績は良いとされています。

ハーシー (Hersey, P.) **ブランチャード** (Blanchard, K.)	仕事に対する部下の**能力**や**成熟度**によって、有効なリーダーのスタイルが異なるという**ＳＬ理論（状況的リーダーシップ理論）**を提唱
グリーンリーフ (R. K. Greenleaf)	リーダーは、まず部下に奉仕し、その後に導くという**サーバント・リーダーシップ**を提唱
レヴィン (Lewin, K.)	リーダーシップの類型を、リーダーの行動に基づき、❶**専制型リーダーシップ**、❷**放任型リーダーシップ**、❸**民主型リーダーシップ**の３つに分類 ●**専制型リーダーシップ** 意思決定から具体的な指示まで、組織の運営に関わる全体をリーダーが執り行う ●**放任型リーダーシップ** 組織の意思決定を**メンバー**に任せ、リーダーは組織に対して積極的に働きかけない ●**民主型リーダーシップ** リーダーの調整のもと、メンバー内での**討議**により組織としての意思決定を行う。人間関係を友好的に保つために配慮し、集団目標の達成に向けてメンバーを統合する
ケリー (Kelley, R.)	フォロワーシップとは、フォロワー（部下）がリーダーを支える力であり、リーダーシップに影響を与えるものであるとする**フォロワーシップ理論**を提唱 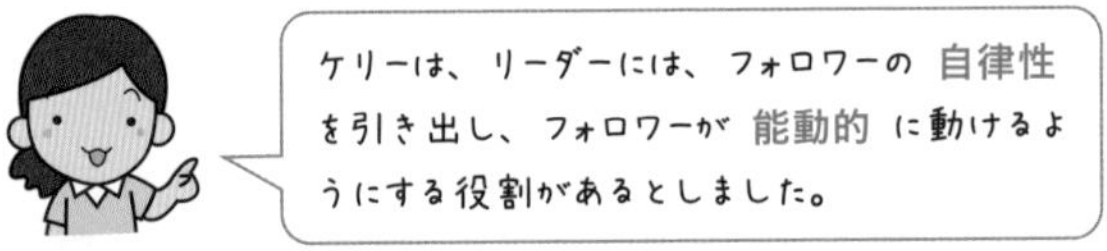
三隅二不二《みすみじゅうじ》	●**P機能**（Performance function：**目標達成**）と**M機能**（Maintenance function：**集団維持**）の２つの軸でリーダーの行動を分析する**PM理論**を提唱 ●リーダーの行動類型を、❶**PM型**、❷**Pm型**、❸**pM型**、❹**pm型**の４つに分類 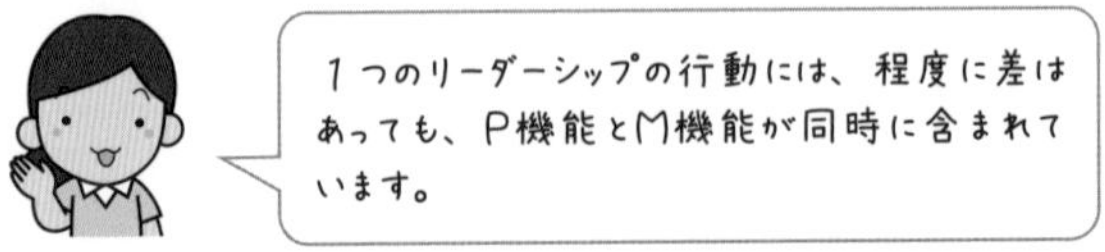

■三隅二不二のPM理論

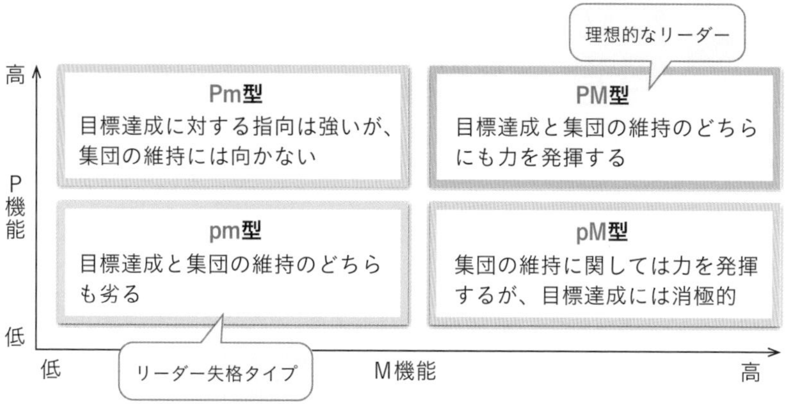

例題

Q ハーシー（Hersey, P.）とブランチャード（Blanchard, K.）は、部下の能力や成熟度の度合いが違っても、リーダーシップのスタイルを変えるべきではないと指摘している。

〔第34回－問121〕

A × ハーシーとブランチャードは、仕事に対する部下の**能力や成熟度**によって、有効なリーダーのスタイルが異なるという**ＳＬ**理論（状況的リーダーシップ理論）を提唱した。

CHAPTER 7

SECTION 3

福祉サービス提供組織の経営と実際

このSECTIONのポイント

◆経営体制…福祉サービス提供組織の経営体制、経営戦略について、理解しましょう

◆コンプライアンスとガバナンス…健全な経営のための取組として、意味やその内容をおさえておきましょう

◆適切な福祉サービスの管理…品質管理のシステムやサービスの質の評価などについておさえましょう

◆情報管理…個人情報保護法は、情報管理において個人情報を適切に取り扱い、保護するための法律です

◆会計管理と財務管理…財務諸表の作成・扱いについて理解しましょう

重要度 C　経営体制

社会福祉法人を経営するための重要な機関である**理事会**と**評議員会**の役割は、次のとおりです。

■理事会と評議員会の位置づけ

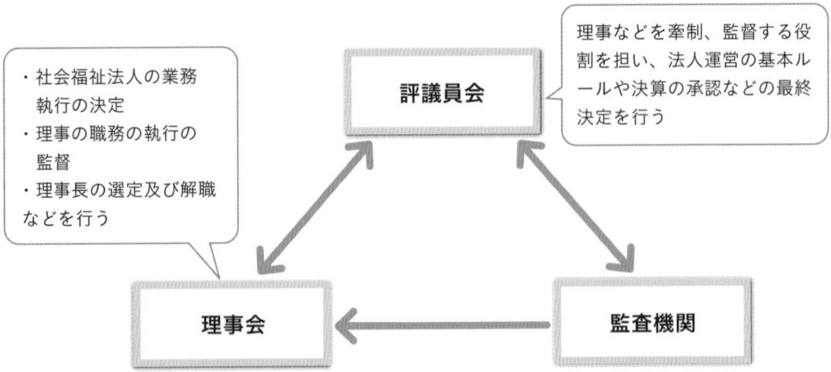

1 経営理念と経営目標

経営理念と**経営目標**は密接な関係にあります。経営理念は、日常の経営において考慮されるものであり、企業の全員が知っておく必要があります。

経営理念と経営目標

□ **経営理念**
社会に対して企業が何を果たすかを掲げたもの

□ **経営目標**
経営理念に沿ってどのように進めていくかを具体的に示したもの

2 経営戦略

経営戦略とは、企業が競争的環境のなかで生き抜くために立てる、組織の**中長期的**な方針や計画を指します。経営戦略を立てるためには、内部組織の強みや弱みだけでなく、**外部環境**も知ったうえで検討する必要があります。なお、事業単位に対して策定される戦略を**事業戦略**、事業戦略を具体的に展開するために必要となる**機能レベル**（マーケティング、生産、開発など）の戦略のことを**機能戦略**といいます。

■**主な経営戦略の論者とその理論**

チャンドラー (Chandler, A.)	●企業のビジョンや理念に基づいて策定された**戦略**に適合するように組織が組み立てられるとする「**組織は戦略に従う**」という考え方を提唱 ●経営戦略を、**長期**の基本目標を定めたうえで、その目標を実現するために行動を起こしたり、**経営資源**を配分したりすることとした
アンゾフ (Ansoff, I.)	●組織の実際を度外視した戦略では効果がなく、その組織がもつ**制約**を考慮したうえで戦略を立てる必要があるとした「**戦略は組織に従う**」という考え方を提唱 ●経営における意思決定を、❶**戦略的意思決定**、❷**管理的意思決定**、❸**日常業務的意思決定**の３つに区分

アンドルーズ (Andrews, K.)	企業がもつ❶強み（Strength）、❷弱み（Weakness）、❸機会（Opportunity）、❹脅威（Threat）の４つの軸から経営戦略を評価するとした**SWOT分析**を提唱
ミンツバーグ (Mintzberg, H.)	戦略を立てて実行したものの、**環境**の変化などによりそれが結果的に当初意図しなかったものとなったとしても、それは戦略であるとした
キャプラン (Kaplan, R. S.)	財務だけでなく、顧客、業務プロセス、従業員の学習・育成といった各視点から経営戦略、企業実績を評価する、**バランス・スコアカード**（Balanced Score Card）を提唱
ユヌス (Yunus, M.)	ソーシャルビジネスの利益は、投資家などに還元するのではなく、ソーシャルビジネスの**拡大**のために活用されるべきと主張した
大前研一	マーケティング戦略や事業計画を立てる際の分析ツールとして、顧客 (Customer)、競合 (Competitor)、自社 (Company) の３つを挙げた**３C分析**を提唱

例題

Q 経営戦略を立てる際には、内部組織の強みや弱みを検討する必要はない。　〔第28回-問120〕

A ×　SWOT分析に代表されるように、経営戦略を立てる際には、内部組織の強みや弱みについても検討する。

重要度B　コンプライアンスとガバナンス

企業は、利益を確保し、事業を発展させながら社会に貢献する役割を担っていますが、法令などのルールや社会の規範を破ってでも、利益を確保しようという意思が働く可能性もあります。

そこで、**コンプライアンス**と**ガバナンス**が重要となります。

●ここがポイント

コンプライアンスとガバナンス

コンプライアンス	経営者や従業員が法律や規則などを守ること。**法令遵守**ともいわれる
ガバナンス	健全かつ効率的な企業経営を目指すための仕組みのこと。**統治**（皆をまとめて治める）ともいわれる

◆アカウンタビリティとディスクロージャー

アカウンタビリティとは、アカウンティング（会計）とレスポンシビリティー（責任）を合わせた造語で、**ステークホルダー**（株主・経営者・従業員・顧客・取引先等の利害関係者）に対する**会計説明責任**のことをいいます。**ディスクロージャー**とは、組織の経営や会計の状況の**情報開示**のことをいいます。

◆CSRとCSV

CSR（Corporate Social Responsibility：**企業の社会的責任**）とは、企業が収益をあげるだけではなく、従業員や顧客の人権への配慮、環境への配慮、地域社会への貢献など、企業が果たすべき責任のことをいいます。CSV（Creating Shared Value：**共有価値の創造**）とは、CSRより一歩進んだ概念で、本業それ自体で利益と**社会的課題の解決**を両立させようという企業理念をいいます。

例題

Q CSV（Creating Shared Value）とは、社会的な課題を解決するところから生まれる社会価値を、事業者の経済価値に優先する考え方である。〔第35回-問123〕

A ×　CSV（**共有価値の創造**）とは、本業それ自体で利益と社会的課題の解決を**両立**させようという企業理念をいう。

1 監査

実際の業務内容が、法令や社内規程などの遵守すべきルールや規範にのっとっているかどうかを**検証**し、**是正点を指摘**することを**監査**といいます。

監査には、**内部監査**、**監査役等監査**、**外部監査**の３つがあります。

■監査の種類

内部監査	組織内部で行う監査
監査役等監査	監事・監査役が行う監査
外部監査	公認会計士などの組織外部の第三者が行う監査

2 公益通報者保護法

組織の法令違反行為を労働者が通報（いわゆる**内部告発**）した場合に、解雇などの不利益な取扱いを受けないよう保護し、組織のコンプライアンス機能を強化するために、2004（平成16）年に『**公益通報者保護法**』が制定されました。

重要度B 適切な福祉サービスの管理

1 品質マネジメントシステム

品質マネジメントシステム（Quality Management System, **QMS**）は、組織が製品やサービスの品質を確保し、改善するために採用する組織的なアプローチです。**PDCA**（Plan-Do-Check-Act）**サイクル**と**SDCA**（Standardize-Do-Check-Act）**サイクル**は、品質マネジメントシステムにおいて重要な概念です。

◆PDCAサイクル

PDCAサイクルとは、❶**Plan**（**計画**）、❷**Do**（**実行**）、❸**Check**（**評価**）、❹**Act**（**改善**）の４つの各工程で得られた**知見**を次の計画の**立案**に用いて、**品質管理・向上**、**方針管理**を進めていくための手法です。

Plan（計画）	問題や目標を特定し、解決策を立てる段階。組織は品質**目標**を**設定**し、プロセスや手順を計画する
Do（実施）	計画を実施し、新しいプロセスや手順を実際に適用する。この段階では計画通りに実施されるかどうかを**確認**する
Check（評価）	実施したプロセスや手順の**効果**を評価し、目標が達成されているかどうかを確認する。データの**収集**や**モニタリング**が行われる
Act（改善）	評価の結果を元に、**プロセス**や**手順**を改善するためのアクションを実施する。新たな計画を立て、PDCAサイクルが再度始まる

■**PDCAサイクル**

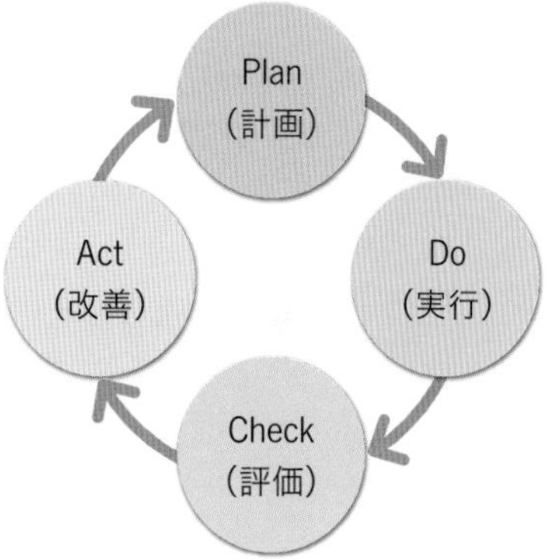

ひとこと

PDCAサイクルは、アメリカの統計学者**デミング**（Deming, W. E.）が提唱した手法で、デミングサイクルとも呼ばれます。さまざまな業種での**業務改善**に利用することができます。

◆SDCAサイクル

SDCAサイクルとは、PDCAサイクルで得られた知見を標準化することで、誰もが同じ方法で同じ品質の業務を行えるようにする、**日常管理**を進めていくための手法です。

Standardize（標準化）	PDCAサイクルの実施に基づいて、成功したプロセスや手順を標準化する。標準化により、品質の一貫性が確保され、予測可能性が向上する
Do（実施）	標準化されたプロセスや手順を実際に実施する。標準に基づいて作業が行われ、品質が維持される
Check（評価）	実施されたプロセスや手順の効果を評価し、品質の遵守を確認する。データの収集や監視が行われる
Act（改善）	問題や改善点があれば、アクションを実施してプロセスや手順を改善する。SDCAサイクルもPDCAサイクルと同様に、継続的な改善を促進する

■SDCAサイクル

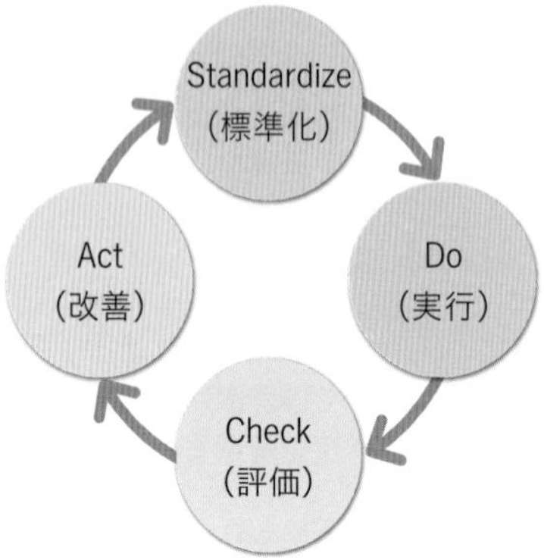

PDCAサイクルは特に**変更**や**革新**を取り入れる際に有効であり、SDCAサイクルは**既存のプロセスや手順**の**効果的な実施**と**維持**に焦点を当てています。これらのサイクルを組み合わせて継続的な品質向上を実現し、組織全体が品質を管理し続けることが重要です。

例題

Q PDCAのA（Act：改善）の段階は、策定された計画に沿って業務を実行する段階を指す。　〔第27回-問120〕

A × 策定された計画に沿って業務を実行する段階は、PDCAのD（Do：実行）の段階である。

2 サービスマネジメント

サービスマネジメントとは、顧客の**ニーズ**に合致したサービスを提供し、**品質**や**価値**を確保するための管理・取組をいいます。

サービスは、「ニーズの把握 → アセスメント → 個別支援計画の作成・実施 → 中間評価と修正 → 終了時評価」のプロセスを経て提供されます。提供して得られる**プロセス**や**成果**が重視されます。

◆マーケティング

顧客の支持を獲得し、**市場**を拡大するための取組を**マーケティング**といいます。

マーケティングは「**4つのP**」を軸として展開されますが、必要に応じて、サービスの品質を規定する要素である「**3つのP**」を加えて展開させることもあります。

4つのPと3つのP

◆「4つのP」

→ Product（製品）、Price（価格）、Promotion（プロモーション）、Place（流通）

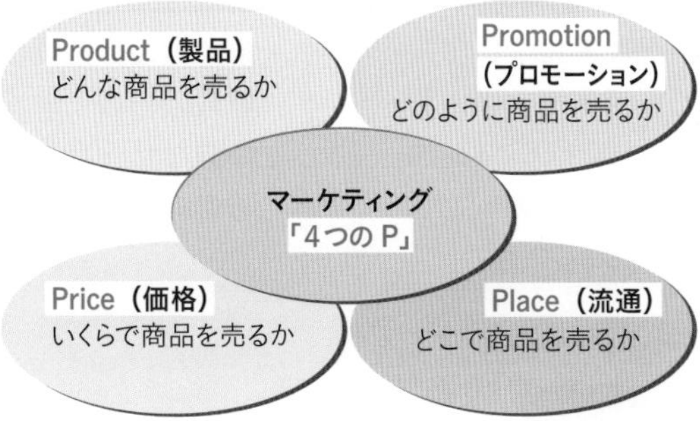

◆「3つのP」

→ People（従事者）、Physical evidence（物的環境要素）、Process（サービス提供過程）

3 サービスの質の評価

社会福祉法人などの事業者の提供するサービスの質を、当事者（事業者・利用者）以外の公正・中立な**第三者機関**が、専門的かつ客観的な立場から評価することを、**福祉サービス第三者評価**といいます。

福祉サービス第三者評価は、

- **サービスの質の向上**…個々の事業者が事業運営における**問題点**を把握し、サービスの質の向上に結びつける
- **利用者への情報提供**…評価の結果を**公表**することにより、利用者がニーズに合った適切なサービスを選択できるよう必要な情報を提供する

を目的としています。

◆行政監査と福祉サービス第三者評価の違い

事業者が実施する**サービスの質**に着目して行うという点で、行政監査と福祉サービス第三者評価とは根本的に異なります。

行政監査と福祉サービス第三者評価

□行政監査	□福祉サービス第三者評価
施設の**運営状況**などについて、法令が求める最低基準を満たしているか否かについて、定期的に**所轄庁**が確認するもの	事業者の経営理念、基本方針、職員の育成、地域交流などの具体的な**サービス**について評価するもの

ひとこと

福祉サービス第三者評価は、法律で規定されたものではありませんが、社会的養護関係施設（児童養護施設・乳児院・児童心理治療施設・児童自立支援施設・母子生活支援施設）については、「福祉サービス第三者評価事業に関する指針」によって**3年に1度の受審**が義務づけられています。

◆ドナベディアンモデル

医療サービスの質を評価するための枠組みとして、ドナベディアン（Donabedian, A.）が提唱した**ドナベディアンモデル**があります。これは、「**構造**（ストラクチャー）」「**過程**（プロセス）」「**結果**（アウトカム）」の3つのアプローチで評価するもので、それぞれの要素は次のようなものになります。

■ドナベディアンモデル

構造（ストラクチャー）	物的資源、人的資源、組織的資源
過程（プロセス）	予防活動、医療行為、リハビリテーション
結果（アウトカム）	医療やリハビリテーションの結果としての患者の健康状態

例題

Q リハビリテーションや予防活動は、ドナベディアンによるヘルスケアの質を評価するための3つのアプローチの1つである「構造（ストラクチャー）」の要素に該当する。

〔第31回-問123〕

A × リハビリテーションや予防活動は、ドナベディアンモデルの「**過程（プロセス）**」の要素に含まれる。

4 苦情対応

◆運営適正化委員会による苦情の対応

『社会福祉法』に基づき、福祉サービス利用者の**苦情解決**や利用者の**権利擁護**を目的として、**運営適正化委員会**が設置されています。

運営適正化委員会は、**都道府県社会福祉協議会**におかれ、苦情解決に必要な**調査、助言、あっせん**や**日常生活自立支援事業**※の運営監視を行います。

※日常生活自立支援事業

認知症高齢者、知的障害者、精神障害者等のうち判断能力が不十分な者が地域において自立した生活が送れるよう、利用者との契約に基づき、福祉サービスの利用援助などを行う事業のこと。社会福祉法上の名称は、「福祉サービス利用援助事業」。

◆社会福祉事業の経営者による苦情の対応

『社会福祉法』では、社会福祉事業の**経営者**に利用者からの苦情の適切な解決に努めるよう**努力義務**を課しています。なお、経営者との話し合いで解決できなかった場合などは、**運営適正化委員会**などが対応します。

5 リスクマネジメント

リスクとは、ある行動に伴って、あるいは行動しないことによって生じる危険や損失をいいます。そのようなリスクを予見・予測し、効果的、効率的に**予防策**を講じたり、問題などが発生した後の被害を最小限に食い止めるために危機管理体制を確立することを**リスクマネジメント**といいます。

厚生労働省が取りまとめた「福祉サービスにおける危機管理（リスクマネジメント）に関する取り組み指針～利用者の笑顔と満足を求めて～」では、より質の高いサービスを提供することによって多くの事故が未然に回避できる、という考え方を示しています。また、個別性に配慮し、各施設での十分な検討と創意工夫が必要です。

◆ヒヤリ・ハット

事故につながるおそれのあった出来事を**インシデント**や**ヒヤリ・ハット**（「ヒヤリ」としたことや、「ハッ」としたこと）といいます。ハインリッヒ（Heinrich, H. W.）は、重大事故が発生した際には、その前に**29**の軽微な事故があり、その前には**300**のヒヤリ・ハットが潜んでいるという、**ハインリッヒの法則**（**1：29：300の法則**）を提唱しました。ヒヤリ・ハットなどの事例を分析して、インシデントレポートや、ヒヤリ・ハット報告書としてまとめることが、リスクマネジメントにつながります。

例題

Q ハインリッヒは、軽微な事故への対策を実施しても、重大な事故を未然に防ぐことはできないことを明らかにした。

〔第36回-問120〕

A ×

ハインリッヒは、ハインリッヒの法則（1：29：300の法則）を提唱し、**ヒヤリ・ハット**事例を分析し、事前に対策をすることで重大な事故を防げる可能性を示した。

重要度 B

情報管理

福祉サービスを提供する組織では、情報を適切に管理することで、組織の健全かつ安定的な運営が図られ、利用者・家族に対して質の高いサービスを提供することが可能となります。ここでは、組織が適切な情報管理を行い、個人のプライバシーを保護するための基盤となる『**個人情報保護法**』についてみていきます。

1 個人情報保護法の概要

個人情報保護に関する基本的な枠組みを示した法律として、2003（平成15）年に『**個人情報の保護に関する法律**』（**個人情報保護法**）が制定されました（2005〈平成17〉年４月全面施行）。この法律の目的は、個人情報の不正な流用やずさんなデータ管理を防ぎ、個人情報を保護することにあります。

第３条に掲げられている法の基本理念は次のとおりです。

個人情報保護法の基本理念

- 個人情報は、個人の**人格尊重**の理念の下に慎重に取り扱われるべきものであることにかんがみ、その適正な取扱いが図られなければならない。

また、第４条および第５条には国・地方公共団体の責務が規定されています。

国・地方公共団体の責務

- 国は、この法律の趣旨にのっとり、個人情報の適正な取扱いを確保するために必要な施策を総合的に**策定**し、及びこれを**実施**する責務を有する。
- 地方公共団体は、この法律の趣旨にのっとり、その地方公共団体の区域の**特性**に応じて、個人情報の適正な取扱いを確保するために必要な施策を策定し、及びこれを実施する責務を有する。

2 個人情報の定義等

同法の定義する「個人情報」とは、次のようなものです。

「個人情報保護法」における「個人情報」の定義（概要）

生存する個人に関する情報で、その情報に含まれる氏名、生年月日などの記述により、**特定の個人を識別できるもの、または個人識別符号が含まれるもの。**

この定義に基づいて、**文書・映像・音声**などの形式に限らず、その情報が誰のものであるのか識別できるものは、個人情報として保護の対象になります。

ひとこと

例えば氏名のみでも「個人情報」に含まれます。

「**個人識別符号**」とは、

- 特定の個人の身体的特徴を、コンピュータによる処理のために変換した符号（例：顔、声紋、**指紋**、歩行の際の姿勢など）
- サービスの利用や商品を購入するとき、または個人に発行されるカードなどの書類に記載される、対象者ごとに異なる符号（例：**マイナンバー**、**基礎年金**番号、**旅券**番号、運転免許証番号など）

をいいます。また、本人の人種、信条、社会的身分、病歴、犯罪の経歴などによる不当な差別や偏見が生じないように、特に配慮すべき個人情報が、**要配慮個人情報**として定められています。ここには、**身体**障害、**知的**障害、**精神**障害、**発達**障害などの心身の機能の障害が含まれます。

そのほか、ほかの情報と照合しない限り特定の個人を識別することができないように個人情報を加工したものを**仮名加工情報**、特定の個人を識別できないように個人情報を加工し、当該個人情報を復元できないようにしたものを**匿名加工情報**としています。

また、個人情報を管理する**個人情報取扱事業者**※には、**本人**の同意を得ずに、利用目的の達成に必要な範囲を超えて個人情報を取り扱うことが、原則として禁じられています。

この原則の例外となるのは、虐待の疑いがあるときなど、人の生命や身体、財産の保護のために必要な場合などに限られます。

※個人情報取扱事業者
個人情報データベース（個人に関する情報などが集まったもので、検索可能なもの）等を事業の用に供している者（ただし、国の機関や地方公共団体などは除く）。

3 個人情報取扱事業者の義務

個人情報保護法に規定される、個人情報取扱事業者の義務は次のとおりです。

■個人情報取扱事業者の義務

利用目的の特定	●個人情報を取り扱う際は、**利用目的**をできる限り特定しなければならない ●利用目的を変更する場合には、変更前の利用目的と**関連性**を有すると合理的に認められる範囲を超えて行ってはならない
利用目的による制限	**本人**の同意を得ずに、必要な範囲を超えて個人情報を取り扱ってはならない

適正な取得	偽りその他不正の手段により個人情報を取得してはならない
取得に際しての利用目的の通知等	個人情報取得の際、利用目的を公表している場合を除き、速やかに、それを本人に通知、公表しなければならない
データ内容の正確性の確保等	利用目的の達成に必要な範囲内において、個人データを正確かつ最新の内容に保つとともに、利用する必要がなくなったときは、当該個人データを遅滞なく消去するよう努めなければならない
第三者提供の制限	生命・身体・財産保護が必要かつ本人の同意を得ることが困難な場合を除き、あらかじめ本人の同意を得ないで、個人データを第三者に提供してはならない
安全管理措置	●個人データの漏えい、滅失等の防止その他の個人データの安全管理のために必要かつ適切な措置を講じなければならない ●従業者に個人データを取り扱わせるに当たっては、当該個人データの安全管理が図られるよう、当該従業者に対する必要かつ適切な監督を行わなければならない ●個人データの取扱いの全部または一部を委託する場合は、その取扱いを委託された個人データの安全管理が図られるよう、委託を受けた者に対する必要かつ適切な監督を行わなければならない ●個人データの漏えい等が発生し、個人の権利利益を害するおそれがある場合には、個人情報保護委員会への報告および本人へ通知しなければならない
開示	●本人から保有個人データの開示を求められたときは、本人に対し、遅滞なく開示しなければならない →本人や第三者の生命、身体、財産その他の権利を害するおそれがある場合などは、開示しないことができる（開示制限）
訂正等	本人が識別される保有個人データの内容が事実でないときは、本人は、当該保有個人データの内容の訂正、追加または削除を請求することができる

利用停止等	●本人は、当該本人が識別される保有個人データが**利用目的による制限**に違反して取り扱われているとき、または**適正な取得**に違反して取得されたものであるときは、当該保有個人データの利用の**停止**または**消去**を請求することができる ●保有個人データを事業者が**利用**する必要がなくなった場合、**漏えい**等が生じた場合、本人の権利利益が害されるおそれがある場合、当該保有個人データの利用の停止・消去、**第三者**への提供の停止を請求することができる

上記の、個人情報取扱事業者の義務を監視・監督する機関として、**個人情報保護委員会**が内閣府の外局に設置されています。個人情報取扱事業者に対して、必要に応じて報告を求めたり立入検査を行うことができます。また、実態に応じて、指導・助言、勧告・命令を行うことができ、それらに従わない場合は、1年以下の懲役または100万円以下の罰金等の罰則が適用される可能性があります。

また、『個人情報保護法』を基礎とした、医療・介護関係向けガイドライン等として、**厚生労働省**より、

・「**医療・介護関係事業者における個人情報の適切な取扱いのためのガイダンス**」

が示されています。ほかにも、各地方公共団体では、個人情報保護に関する条例が施行されています。

今日のような情報通信社会では、個人情報を慎重かつ厳正に取り扱わなければなりません。

ひとこと

「医療・介護関係事業者における個人情報の適切な取扱いのためのガイダンス」では、個人情報保護法の対象外となっている事業者についても、**ガイドライン等遵守の努力**を求めています。

重要度 A

会計管理と財務管理

1 財務諸表の理解

企業の会計は**管理会計**と**財務会計**に大きく分けられます。管理会計は、企業内で経営に生かすための製品や人事をマネジメントする会計で、資料として事業計画書、中長期経営計画書などがあります。財務会計は、外部に報告するための会計で、資料には貸借対照表、損益計算書などの財務諸表などがあります。

社会福祉法人は、**財務諸表**（**資金収支計算書**、**事業活動計算書**、**貸借対照表**〈**バランスシート**〉）及び**附属明細書**並びに**財産目録**を作成し、毎会計年度（4月1日～翌年3月31日）終了後**2か月**以内に**理事会**（評議員会を含む）の承認を受けなければなりません。このうち、**財務諸表**と**財産目録**については、毎会計年度終了後**3か月**以内に**所轄庁**に提出しなければなりません。

●ここがポイント

社会福祉法人に関する財務諸表

資金収支計算書	当該会計年度における **支払資金** の増加及び減少の状況を表示するもの
事業活動計算書	当該会計年度における **純資産** の増減内容を表示するもの。減価償却費、固定資産の売却損益・除却損、資産の評価損などを含む ✔CHECK!
貸借対照表	当該会計年度末現在における **資産** や **負債** 、**純資産** の状態を表示するもの

✔CHECK! 減価償却

長期間にわたって使用されるパソコンや自動車など、年数の経過により価値が低下する固定資産（ **土地** と **建設仮勘定** を除く）の取得に要した金額を、 **耐用年数**（法的に定められた固定資産が使用できる期間）に応じて少しずつ費用として処理していく会計上の手続き。

貸借対照表は**借方**（左）と**貸方**（右）から成るものです。借方は資産の部で、現金などの流動資産※と建物・土地などの固定資産を示します。貸方は負債の部と純資産※の部に分かれます。負債の部は、資金をどのように調達したのかを表すもので、資産の部は、資金を何に投下したかを表します。事業活動計算書は、**当該会計年度**における純資産の増減内容を表すものです。

■貸借対照表

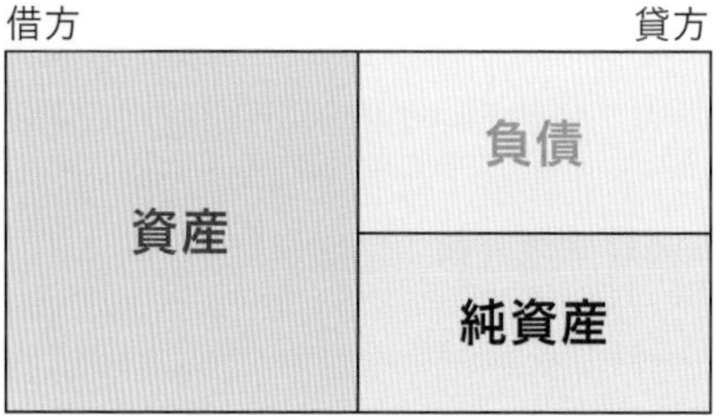

※流動資産／純資産

流動資産は、通常１年以内に現金化、費用化ができるもの、純資産は、企業においては営業するための元手となる資本金、社会福祉法人においては基本金（使途を指定された寄附金）、国庫補助金等特別積立金などを指す。

例題

Q 社会福祉法人の財務において、土地は、減価償却の対象となる資産である。〔第30回-問122〕

A ×　土地は**非減価償却資産**であり、減価償却の対象にはならない。

2 財源

◆社会福祉法人の事業運営に伴う経常的な財源

社会福祉法人の事業運営に伴う経常的な財源には、公費からの収入分と利用者からの収入分があります。

事業運営に伴う経常的な財源

□ **公費からの収入分**
介護報酬、自立支援給付費、保育所運営費、措置費など

□ **利用者からの収入分**
利用料、利用者負担金

◆社会福祉法人が設置する施設の整備のための財源

社会福祉法人が設置する施設の整備のための財源には、次のものがあります。

社会福祉法人が設置する施設の整備のための財源

- 法人の保有する**自主財源**（現預金、有価証券、各種積立金）
- 寄附者からの**贈与金**
- 国・地方公共団体、助成団体からの**補助金・交付金**
- 銀行などからの**借入金**

ひとこと

銀行などの金融機関から資金を借り入れることを、**間接金融**といいます。

◆社会福祉施設等施設整備費国庫補助金の活用

社会福祉法人などが施設を整備する場合、**社会福祉施設等施設整備費国庫補助金**を活用して、原則として、その整備費の**2分の1を国**が、**4分の1を都道府県**（政令指定都市、中核市を含む）が補助します。

CHAPTER 7

SECTION 4 福祉人材のマネジメント

このSECTIONのポイント

- ◆福祉人材の育成…OJTなどの職場研修やスーパービジョンについておさえましょう
- ◆福祉人材マネジメント…人事考課について理解しましょう
- ◆働きやすい労働環境の整備…育児休業・介護休業やハラスメント対策についてみていきます

重要度B 福祉人材の育成

1 人材の養成と確保

介護分野の有効求人倍率は、近年は3～4倍で、全産業平均より高い水準で推移しています。福祉サービス事業者は、多様化・高度化する福祉・介護ニーズに対応していくため、福祉サービス人材の確保のみならず、質の向上を含めた人材育成が急務となっています。

◆新福祉人材確保指針

厚生労働省は、2007（平成19）年に**社会福祉事業に従事する者の確保を図るための措置に関する基本的な指針**（**新福祉人材確保指針**）を告示し、質の高い福祉サービス人材の確保のために、次の視点に立った措置が必要であるとしました。

新福祉人材確保指針の人材確保のために講ずべき５つの視点

◆就職期の若年層から魅力ある仕事として**評価**・**選択**されるようにし、従事者の**定着**の促進を図るための「**労働環境の整備の推進**」

◆増大する福祉・介護ニーズに的確に対応し、質の高いサービスを確保する観点から、従事者の資質の向上を図るための「**キャリアアップの仕組みの構築**」

◆国民が、福祉・介護サービスの仕事が今後の少子高齢社会を支える働きがいのある仕事であることなどについて理解し、福祉・介護サービス分野への国民の積極的な参入・参画が促進されるための「**福祉・介護サービスの周知・理解**」

◆介護福祉士や社会福祉士などの有資格者などを有効に活用するため、潜在的有資格者などの掘り起こしを行うなどの「**潜在的有資格者等の参入の促進**」

◆福祉・介護サービス分野において、新たな人材として期待される、**他分野**で活躍している人材や**高齢者**などの「**多様な人材の参入・参画の促進**」

◆介護に関する入門的研修

厚生労働省は、2018（平成30）年、介護に関心を持つ介護未経験者を対象に、業務に対する不安を払拭するため、介護の業務の基本的知識を学ぶ「**介護に関する入門的研修**」を創設しました。研修を実施するのは、都道府県及び市区町村で、民間団体に委託して実施する場合もあります。主な対象者は、定年退職者、中高年齢者、学生などです。

2 職場研修

職務上必要な能力を習得する研修を、**職場研修**といいます。

●ここがポイント

職場研修の種類

OJT (On-the-Job Training)	**職場内**で、**具体的な仕事**を通じて、仕事に必要な知識・技術・技能・態度などを指導教育するもの。エルダー制度の呼称
OFF-JT (Off-the-Job Training)	**職場**を離れて、業務の遂行の過程外で行われる研修のこと
SDS (Self Development System)	**職場内外**での職員の自主的な**自己啓発活動**を職場として認知し、時間面・経済面での援助や施設の提供などを行うもの。自己啓発援助制度の略

◆ジョブ・ローテーション

ジョブ・ローテーションとは、幅広い能力の開発や自己の適性の発見ができるようにさまざまな分野の業務を経験させる、**人材育成**を念頭に置いた**計画的な人事異動**をいいます。

ひとこと

同じ仕事に長く従事することによって生じる**マンネリズムを防止**することも、ジョブ・ローテーションの目的の1つです。

例題

Q 計画的な人事異動であるジョブ・ローテーションは、人材育成を目的としたものではない。〔第27回-問123〕

A × ジョブ・ローテーションは、**人材育成**や**マンネリズムの防止**を目的としたものである。

3 スーパービジョン体制

スーパービジョンとは、熟練した援助者（**スーパーバイザー**）から、経験が少なく未熟な援助者（**スーパーバイジー**）に対し、3つの機能（**管理的機能**、**教育的機能**、**支持的機能**）を提供する過程をいいます。

◆スーパービジョンの意義と目的

スーパービジョンの目的は、**スーパーバイジー**に対する支持的な関わりや教育・訓練などを行うことで、クライエントに対するより良い援助を提供することにあります。スーパーバイザーはスーパーバイジーの成長に責任を負っています。また、スーパービジョンが行われることで、仕事に対する満足度を高め、**バーンアウト**（**燃え尽き症候群**）※や離職を軽減させる効果もあります。

※バーンアウト（燃え尽き症候群）
継続する強いストレスなどに対処できず、一気にやる気や意欲が乏しくなる心身の状態のこと。対人援助職などに多くみられる傾向にある。

カデューシンはスーパービジョンの機能として、次の3つを示しました。

■スーパービジョンの3つの機能

管理的機能	●職場や組織の業務に関する**管理**的な機能 ●**人員配置**や**職場環境の整備**、**組織改革**も含まれる ●職場の上司としての働きと類似する
教育的機能	●実践に必要な知識や技術を教育し、**専門職**として成長させる機能 ●「スーパーバイザーの援助場面に同席させる」「事例を一緒に振り返る」などにより、専門職としての成長を促す
支持的機能	●スーパーバイジーを心理的、情緒的に支える機能 ●受容、共感、傾聴など支持的に関わることで、スーパーバイジーが抱えるさまざまな**葛藤**や**ストレス**などを軽減させる ●**自己覚知**を促すことで、**バーンアウト**を防ぐ機能も期待できる

ひとこと

スーパービジョンは全ての援助者に実施されるべきですが、現状としては十分ではありません。なお、**認定社会福祉士**になるには、認定社会福祉士認証・認定機構が定めるスーパービジョンの実績が必要です。

◆スーパービジョンの形態

スーパービジョンには、次の５つの形態があります。

■スーパービジョンの５つの形態

個人スーパービジョン	スーパーバイザーとスーパーバイジーが**１対１**で行うもので、最も基本的な形態 ●長所　**個別的**で丁寧な関わりが可能。短時間で双方の信頼関係が構築されやすい ●短所　一定の時間を要するため日常的な実施が難しい
グループ・スーパービジョン	**１人**のスーパーバイザーが**複数**のスーパーバイジーに対して行うもの ●長所　**相互作用**を通して、共感や気づきを得ることができる。議論や検討によって、学習効果の高まりが期待できる ●短所　グループで話し合えない個別的なことは取り上げられない。メンバー間の**関係**性に影響されやすい。信頼関係を築くのに時間がかかる
ピア・スーパービジョン	**ピア**（仲間）や**同僚**同士で実施するもの。スーパーバイザーが不在の場合など、代替的に行う ●長所　仲間・同僚同士のため、比較的すぐに実施することができる ●短所　スーパーバイザーとスーパーバイジーの２つの役割を担うことになるので、お互いの成長を目的としているという意識づけが難しい
セルフ・スーパービジョン	**自分自身**で行うもの。直面した困難な援助事例などについて、自らが客観的に振り返る ●長所　**他者**との時間設定や場所の調整が不要 ●短所　自らがスーパーバイザー、スーパーバイジー両方の役割を担うため、高度なスキルが必要

ライブ・スーパービジョン	実際の援助を目の前で展開する（ライブで実施している）ことを通して行われるもの ● 長所　リアルな援助場面から学びを得ることができるため、教育的機能が高まる ● 短所　クライエントに対する支援と**同時並行**でスーパービジョンを実施するため、高度なスキルが必要

◆コンサルテーション

スーパービジョンが援助者同士による機能であることに対し、援助を展開するうえで特定の領域に関する知識や技術が必要になった際に、**他職種**から**助言**や**指導**を受けることを**コンサルテーション**といいます。

コンサルテーションは他職種によるものであるため、「**管理的機能**」は有しません。また、助言を行う者を**コンサルタント**、助言を求める援助者を**コンサルティ**といい、両者の関係は**対等**です。

福祉サービスの事業所においては、対人援助職の人数が少なく、経験の浅い者も多くなりがちなので、スーパービジョンは欠かせません。また、クライエントの生活課題は**複雑多様化**しており、対人援助職のみでは解決できない問題が多く、コンサルテーションも重要となっています。

一方で、職務上の問題であれば、スーパーバイザーやコンサルタントに相談することができますが、個人的な問題の場合は難しいことがあります。そうした際に、気軽に相談できる**メンター**※がいると、スーパーバイザーとはまた違った立場からの助言・指導を受けることが可能となります。

※メンター

職務上の相談のみならず、人生相談などのプライベートに関わる相談も含め、幅広く相談に乗り、助言を与える（メンタリング）立場の人のこと。メンタリングは、メンティー（メンタリングの受け手）のキャリア形成の促進を目的とする。

---

4 キャリアパス

キャリアパスとは、仕事上の経験やスキルを積み上げながら自らの**能力**を高めていくための順序を系統立てて示した道筋をいいます。

■キャリアの形成に関する用語

キャリアプラン	仕事を中心とした自分の生き方について**計画**を立てること
キャリアアンカー	自分のキャリアパスやキャリアプランを考えるにあたって、最も価値をおく**基準**や**価値観**のこと
キャリアプラトー	昇進や昇格といったキャリアの向上が停滞し、キャリア向上に対する**意欲**や**機会**の喪失を招くこと

例題

Q キャリアアンカーとは、組織が個人にふさわしいキャリア展開を前もって計画することをいう。〔第29回-問125〕

A × キャリアアンカーとは、個人が自分のキャリア選択の際に最も価値をおく**基準**や**価値観**のことをいう。

重要度B 福祉人材マネジメント

1 目標管理制度

職員個人の能力に応じた目標と組織目標を関連づけ、組織の業績向上と職員の自己実現を目指すことをいいます。個人目標を設定させ、その**達成度**を評価基準に取り入れるものです。

ドラッカーの目標管理制度では、**最初に全体目標を設定**し、決定した目標を**各所属員に知らせ**、下位の各**個人が設定すべき目標を組織の全体目標につなげる**とされています。

2 人事考課

人事考課とは、職員の職務についての実績や能力を、一定の方式に従って評価する制度です。評価の結果は、教育訓練や能力開発、昇給・賞与などの給与管理、

適正配置などの人事管理に利用されます。

人事考課では、**個々の法人が求める人材像**を評価基準とします。

ひとこと

人事考課の結果を、被評価者に**フィードバック**することで、評価の納得性を高め、職員の育成や能力開発に役立てることができます。

◆コンピテンシー

ある職務や役割において効果的もしくは優れた業績を発揮する行動特性をいいます。近年、評価基準に取り入れられることが多くなっています。

◆360度評価（多面評価制度）

360度評価（多面評価制度）とは、上司だけでなく、同僚や先輩、後輩、顧客などの**複数の関係者の視点**で評価するものです。近年、人事考課を補う目的で注目されています。

◆人事考課の注意点

「人が人を評価する」ことは難しく、高度な力量が求められるため、**考課者訓練**※が必要となります。偏った評価は職場の人間関係の悪化や職員のモチベーションの低下につながる可能性があるため、次のことに留意し、主観を排除し、具体的・客観的視点に立って人事考課を行うことが大切です。

また、評価者自身の**傾向**を認識したうえで評価することも必要です。

※考課者訓練

考課者の考課能力や指導育成能力の向上などを目的とした訓練のこと。

■人事考課で主に留意すべき点

寛大化傾向	**甘い**評価をしてしまう傾向
中心化傾向	大部分について「普通」や「平均的」と評価し、**優劣の差**をつけることを避ける傾向
厳格化傾向	評価が一般に基準以上に**厳しくなる**傾向
ハロー効果	被評価者に対する全体的な印象または何か１つの印象から、個々の特性を**同じ**ように評価する傾向
対比誤差	**自分の能力**を基準にして評価する傾向
論理誤差	評価する段階で**自分の論理**をもち込み、関連がありそうな評価要素に同一または類似した評価をしてしまう傾向
逆算化傾向	**全体評価**から逆算して評価をつくり上げる傾向

例題

Q 360度評価（多面評価）とは、評価者である上司が、職員の能力や業績だけでなく、性格、志向、特技などを多面的に評価する手法を指す。〔第35回-問47〕

A × 360度評価（多面評価）とは、上司だけでなく、同僚や先輩、後輩、顧客などの**複数の関係者の視点**で評価するものである。

重要度A 働きやすい労働環境の整備

1 労使関係の規定遵守の優先順位

労務管理は、各種法律の規制の下に行われ、次のような優先順位で規定の遵守が必要となります。

●ここがポイント

規定遵守の優先順位

❶法令　労働三法（労働基準法、労働組合法、労働関係調整法）など

↓

❷労働協約　労働条件などについて、**労働組合**と**使用者**との間で合意し、書面にしたもの

↓

❸就業規則　労働時間、休憩時間、休日、休暇、賃金などの、働くうえで必要となる事項を**使用者**が定めたもの

✔CHECK!

↓

❹労働契約　**使用者**と**個々の労働者**との間で結ぶもの

✔CHECK!　就業規則の作成・変更

常時**10**人以上の労働者を使用する使用者は、就業規則を作成・変更した場合には、労働基準監督署に届け出なければならない。

ひとこと

就業規則について、使用者は労働者に**周知**する必要があります。また、労働者に不利益な内容に変更することは原則認められていませんが、一定の事情に照らして**合理的であると認められる場合には変更が可能**です。

例題

Q 労働契約とは、労働組合と使用者との間の集団的な労働条件の取決めである。 〔第28回－問125〕

A × 労働契約とは、**労働者**と使用者との間での**個別的**な労働条件の取決めのことを指します。記述は、労働**協約**の説明。

2 育児・介護休業

育児・介護休業については、『**育児休業、介護休業等育児又は家族介護を行う労働者の福祉に関する法律**』（**育児・介護休業法**）で規定されています。

●ここがポイント

育児・介護休業法で規定する休業、休暇

育児**休業**	子どもを養育するための休業
介護**休業**	負傷、疾病または身体上もしくは精神上の障害により、**2週間**以上の期間にわたり要介護状態にある家族を介護するための休業
子の看護**休暇**	小学校就学前の子の病気やケガの看護、または予防接種や健康診断を受けさせるために与えられる休暇
介護**休暇**	**要介護状態**にある対象家族を介護するための休暇

ひとこと

介護休業・介護休暇の対象となる家族は、**配偶者**、**父母**、**子**、**配偶者の父母**、**祖父母**、**兄弟姉妹**及び**孫**です。

■育児・介護休業法改正の主なポイント

改正年	改正の主なポイント
2004（平成16）年改正	●子どもが1歳6か月になるまで育児休業が取得可能 ●子の看病のために、年5日までの子の看護休暇を新設 ●パートタイム労働者であっても、同一事業主に引き続き1年以上雇用されており、子が1歳になった以降も雇用の継続が見込まれる場合は支給対象とする
2009（平成21）年改正	●3歳までの子を養育する労働者について、短時間勤務制度（1日6時間）を設けることを事業主の義務とし、労働者からの請求があったときの所定外労働の免除を制度化 ●子の看護休暇制度の拡充策として、子の人数により休暇日数を増加（小学校就学前の子が2人以上であれば年10日まで取得可能） ●父母が共に育児休業を取得する場合、1歳2か月までの間に1年間育児休業を取得することが可能（パパ・ママ育休プラス）
2016（平成28）年改正	●介護休業について、対象家族1人につき通算93日まで3回を上限とした分割取得が可能 ●介護休暇と子の看護休暇について、半日（所定労働時間の2分の1）単位で取得可能 ●育児休業などの対象となる子の範囲について、特別養子縁組の監護期間中の子、養子縁組里親に委託されている子などを追加
2017（平成29）年改正	●1歳6か月に達した時点で、保育所に入れない等の場合に再度申出することにより、育児休業期間を最長2歳まで延長 ●労働者から労働者またはその配偶者が妊娠・出産したこと、家族を介護していることを知らされた事業主に、当該労働者に対して、個別に育児休業・介護休業等に関する定めを周知する努力義務を規定 ●事業主に対し、小学校就学前までの子を養育する労働者が、育児に関する目的で利用できる休暇制度の措置を設ける努力義務を規定
2019（令和元）年改正	●子の看護休暇・介護休暇について、すべての労働者が時間単位（1時間の整数倍）で取得可能 ●時間単位で利用できる有給の子の看護休暇制度や介護休暇制度を導入し、休暇を取得した労働者が生じたなど要件を満たした事業主に両立支援等助成金を支給

2021（令和3）年改正	●男性労働者が事業主に原則2週間前までに申請することで、子の出生から8週間を経過する日の翌日までに、4週間まで取得できる**出生時育児休業（産後パパ育休）**を創設（2回まで分割して取得可能）。また、出生時育児休業期間中に、労働者と事業主の合意した範囲内で、休業中に就業することが可能＊1 ●出生時育児休業を除く、1歳の誕生日に達するまでの間に、取得することができる育児休業について、2回まで分割して取得可能＊1 ●事業主に対し、雇用する労働者に対する育児休業に係る**研修**の実施や**相談体制**の整備などの措置を講ずる義務、また、本人または配偶者が妊娠、または出産したことを申し出た労働者に対して、個別の制度周知及び休業の**取得意向**の確認のための措置を講ずる義務を規定 ●常時雇用する労働者数が1000人超の事業主に対し、育児休業の取得の状況について公表義務を規定＊2 ●有期雇用労働者の育児休業及び介護休業の取得要件のうち「事業主に引き続き雇用された期間が1年以上である者」であることという要件を廃止

＊1　2022（令和4）年10月1日施行
＊2　2023（令和5）年4月1日施行

ひとこと

2021（令和3）年の改正で従来、有期雇用労働者の育児休業・介護休業の取得要件の「事業主に引き続き雇用された期間が1年以上である者」が廃止されましたが、労使協定を締結した場合には、無期雇用労働者と同様に、事業主に引き続き雇用された期間が1年未満である労働者を対象から除外することが可能となっています。

例題

Q 対象家族一人について、介護休業を分割して取得することはできない。〔第36回-問125〕

A ×　対象家族1人につき通算93日まで3回を上限とした介護休業の分割取得が可能である。

3 ハラスメント対策

ハラスメントとは、相手に不利益や損害を与えたり、個人の人権を侵害したりする行為をいいます。職場におけるハラスメントには、**セクシュアルハラスメント**、**パワーハラスメント**、**マタニティハラスメント**などがあります。

●ここがポイント

主なハラスメントの種類

セクシュアルハラスメント	◆事業所内・外を問わず、労働者の意に反する**性的な言動**が行われ、仕事を遂行するうえで、一定の不利益を受けたり、就業環境を悪化させたりすること ◆男性から女性、女性から男性、同性に対するものも含む
パワーハラスメント	◆同じ職場で働く者に対して、職務上の**地位**や人間関係などの職場内の**優位性**を背景に、業務の適正な範囲を超えて、**精神的**・**身体的苦痛**を与えるまたは職場環境を悪化させる行為 ◆上司が部下に行うものだけでなく、**先輩**・**後輩**間や**同僚**間、さらには、部下から上司に対してなども含む
マタニティハラスメント	**妊娠**・**出産**したこと、**育児**のための制度を利用したことなどを理由とする、上司や同僚などによる就業環境を害する行為

◆セクシュアルハラスメント、マタニティハラスメントへの対策

『雇用の分野における男女の均等な機会及び待遇の確保等に関する法律』（**男女雇用機会均等法**）において、**事業主**に対して、職場におけるセクシュアルハラスメント、マタニティハラスメントの防止が義務づけられています。

事業主が防止対策を講ずべき対象は、正規労働者のみならず、**非正規労働者**

（パートタイム労働者、契約社員など）を含む**事業主が雇用する労働者の全て**です。

ひとこと

セクシュアルハラスメントの相談対応では、相談者と行為者の主張の不一致や、事実関係の確認が十分にできない場合には、**第三者**からも事実関係を聴取するなどの措置を講じます。

◆パワーハラスメントへの対策

厚生労働省の**職場のいじめ・嫌がらせ問題に関する円卓会議**においてとりまとめられた「**職場のパワーハラスメントの予防・解決に向けた提言**」では、予防や解決に向けた提言がまとめられています。

この提言では、職場におけるパワーハラスメントの予防や解決にあっては、組織のトップマネジメントの立場にある者自らが範を示し、その姿勢を明確に提示するなどの取組を行うべきであるとしています。

例題

Q 事業主がセクシュアルハラスメント防止対策を講ずべき対象の労働者には、受け入れている派遣労働者は含まれない。

〔第26回-問125〕

A ×　**非正規労働者**（パートタイム労働者、契約社員、派遣労働者など）を含む、事業主が雇用する全ての労働者が対象となる。

4 労働安全衛生管理

職場における労働者の安全と健康を確保すると同時に、職場環境の形成を促進するために、『**労働安全衛生法**』において、**健康診断**や**メンタルヘルスケア**の実施などが規定されています。

ひとこと

常時50人以上の労働者を使用する事業場は、労働安全衛生の確保のため、統括安全衛生管理者、衛生管理者、産業医、衛生に関する知識を有する労働者で構成する**衛生委員会**を設置しなければなりません。

◆健康診断

事業者は、労働者に対して、**医師による健康診断**を行わなければならないとされています。

労働安全衛生法における健康診断に関する規定

- 事業者は、健康診断の結果に基づき**健康診断個人票**を作成し、それぞれの健康診断によって定められた期間、保存しておかなくてはならない
- 常時**50人**以上の労働者を使用する事業者は、**定期健康診断結果報告書**を、**所轄労働基準監督署**に報告しなければならない

◆面接指導

事業者は、時間外・休日労働が一定時間以上で、疲労の蓄積が認められる労働者が申し出た場合には、**医師による面接指導**を行わなければなりません。

◆メンタルヘルスケア

メンタルヘルスケアとは、事業場において**事業者**が講ずるように努めるべき、労働者の心の健康の保持増進のための措置です。

厚生労働省は「**労働者の心の健康の保持増進のための指針**」を策定し、メンタルヘルスケアについて、次の取組を積極的に推進することが効果的であるとしています。

ひとこと

心理的負荷による精神障害は、業務上災害を補償する**労働者災害補償保険の支給対象**となります。

メンタルヘルスケアの具体的な進め方

◆**メンタルヘルスケアを推進するための教育研修・情報提供**

→ 管理監督者を含む**全ての労働者**に対して、それぞれの職務に応じた教育研修・情報提供を実施する

◆**職場環境などの把握と改善**

→ **ストレスチェック制度**※を活用し、メンタルヘルス不調の未然防止を図る観点から職場環境などの改善に積極的に取り組む

◆**メンタルヘルス不調への気づきと対応**

→ メンタルヘルス不調に陥る労働者が発生した場合には、その早期発見と適切な対応を図る

◆**職場復帰における支援**

→ **衛生委員会**などで調査審議し、産業医などの助言を受けながら、**職場復帰支援プログラム**を策定するとともに、その実施に関する体制整備やプログラムの組織的かつ継続的な実施により、労働者に対する支援を実施する

※ストレスチェック制度

ストレスチェック制度は、定期的に労働者のストレス状況について検査を行うもの。本人にその結果を通知、自分のストレスの状況について気付きを促し、メンタルヘルス不調の低減と職場環境の改善につなげることによって、労働者がメンタルヘルス不調になることを未然に防止することを主な目的とした制度で、2015（平成27）年12月に施行された。常時50人以上の労働者を使用する事業者に義務付けられ、50人未満の事業者は努力義務としている。

例題

Q 全ての事業場には、産業医を置かなければならない。

〔第34回－問125〕

A × 産業医の設置義務があるのは、常時**50**人以上の労働者を使用する事業場である。

索引 Index

お

か

き

さ

し

す

せ

そ

た

ち

ら

り

る

れ

ろ

— MEMO —

— MEMO —

— MEMO —

2025年版《ねんばん》
みんなが欲《ほ》しかった！ 社会福祉士《しゃかいふくしし》の教科書《きょうかしょ》 専門科目編《せんもんかもくへん》

（2018年版　2017年７月20日　初版　第１刷発行）

2024年５月27日　初　版　第１刷発行

編　著　者　TAC社会福祉士受験対策研究会
発　行　者　多　田　敏　男
発　行　所　TAC株式会社　出版事業部
（TAC出版）

〒101-8383 東京都千代田区神田三崎町3-2-18
電 話 03(5276)9492（営業）
FAX 03(5276)9674
https://shuppan.tac-school.co.jp/

組　　版　朝日メディアインターナショナル株式会社
印　　刷　株式会社　光　　邦
製　　本　株式会社　常　川　製　本

ISBN 978-4-300-11079-9
N.D.C. 369

TAC出版 書籍のご案内

TAC出版では、資格の学校TAC各講座の定評ある執筆陣による資格試験の参考書をはじめ、資格取得者の開業法や仕事術、実務書、ビジネス書、一般書などを発行しています！

TAC出版の書籍

＊一部書籍は、早稲田経営出版のブランドにて刊行しております。

資格・検定試験の受験対策書籍

- 日商簿記検定
- 建設業経理士
- 全経簿記上級
- 税　理　士
- 公認会計士
- 社会保険労務士
- 中小企業診断士
- 証券アナリスト
- ファイナンシャルプランナー(FP)
- 証券外務員
- 貸金業務取扱主任者
- 不動産鑑定士
- 宅地建物取引士
- 賃貸不動産経営管理士
- マンション管理士
- 管理業務主任者
- 司法書士
- 行政書士
- 司法試験
- 弁理士
- 公務員試験(大卒程度・高卒者)
- 情報処理試験
- 介護福祉士
- ケアマネジャー
- 電験三種　ほか

実務書・ビジネス書

- 会計実務、税法、税務、経理
- 総務、労務、人事
- ビジネススキル、マナー、就職、自己啓発
- 資格取得者の開業法、仕事術、営業術

一般書・エンタメ書

- ファッション
- エッセイ、レシピ
- スポーツ
- 旅行ガイド（おとな旅プレミアム/旅コン）

(2024年2月現在)

書籍のご購入は

1 全国の書店、大学生協、ネット書店で

2 TAC各校の書籍コーナーで

資格の学校TACの校舎は全国に展開!
校舎のご確認はホームページにて

資格の学校TAC ホームページ
https://www.tac-school.co.jp

3 TAC出版書籍販売サイトで

CYBER BOOK STORE TAC出版書籍販売サイト

TAC 出版 で 検索

24時間
ご注文
受付中

https://bookstore.tac-school.co.jp/

新刊情報をいち早くチェック!

たっぷり読める立ち読み機能

学習お役立ちの特設ページも充実!

TAC出版書籍販売サイト「サイバーブックストア」では、TAC出版および早稲田経営出版から刊行されている、すべての最新書籍をお取り扱いしています。
また、会員登録(無料)をしていただくことで、会員様限定キャンペーンのほか、送料無料サービス、メールマガジン配信サービス、マイページのご利用など、うれしい特典がたくさん受けられます。

サイバーブックストア会員は、特典がいっぱい!(一部抜粋)

通常、1万円(税込)未満のご注文につきましては、送料・手数料として500円(全国一律・税込)頂戴しておりますが、1冊から無料となります。

専用の「マイページ」は、「購入履歴・配送状況の確認」のほか、「ほしいものリスト」や「マイフォルダ」など、便利な機能が満載です。

メールマガジンでは、キャンペーンやおすすめ書籍、新刊情報のほか、「電子ブック版TACNEWS(ダイジェスト版)」をお届けします。

書籍の発売を、販売開始当日にメールにてお知らせします。これなら買い忘れの心配もありません。

書籍の正誤に関するご確認とお問合せについて

書籍の記載内容に誤りではないかと思われる箇所がございましたら、以下の手順にてご確認とお問合せをしてくださいますよう、お願い申し上げます。
なお、正誤のお問合せ以外の**書籍内容に関する解説および受験指導などは、一切行っておりません。**
そのようなお問合せにつきましては、お答えいたしかねますので、あらかじめご了承ください。

1 「Cyber Book Store」にて正誤表を確認する

TAC出版書籍販売サイト「Cyber Book Store」の
トップページ内「正誤表」コーナーにて、正誤表をご確認ください。

CYBER BOOK STORE TAC出版書籍販売サイト

URL:https://bookstore.tac-school.co.jp/

2 1の正誤表がない、あるいは正誤表に該当箇所の記載がない ⇒ 下記①、②のどちらかの方法で文書にて問合せをする

★ご注意ください★

お電話でのお問合せは、お受けいたしません。
①、②のどちらの方法でも、お問合せの際には、「お名前」とともに、
「対象の書籍名(○級・第○回対策も含む)およびその版数(第○版・○○年度版など)」
「お問合せ該当箇所の頁数と行数」
「誤りと思われる記載」
「正しいとお考えになる記載とその根拠」
を明記してください。
なお、回答までに1週間前後を要する場合もございます。あらかじめご了承ください。

① ウェブページ「Cyber Book Store」内の「お問合せフォーム」より問合せをする

【お問合せフォームアドレス】

https://bookstore.tac-school.co.jp/inquiry/

② メールにより問合せをする

【メール宛先 TAC出版】

syuppan-h@tac-school.co.jp

※土日祝日はお問合せ対応をおこなっておりません。
※正誤のお問合せ対応は、該当書籍の改訂版刊行月末日までといたします。

乱丁・落丁による交換は、該当書籍の改訂版刊行月末日までといたします。なお、書籍の在庫状況等により、お受けできない場合もございます。
また、各種本試験の実施の延期、中止を理由とした本書の返品はお受けいたしません。返金もいたしかねますので、あらかじめご了承くださいますようお願い申し上げます。

TACにおける個人情報の取り扱いについて
■お預かりした個人情報は、TAC(株)で管理させていただき、お問合せへの対応、当社の記録保管にのみ利用いたします。お客様の同意なしに業務委託先以外の第三者に開示、提供することはございません(法令等により開示を求められた場合を除く)。その他、個人情報保護管理者、お預かりした個人情報の開示等及びTAC(株)への個人情報の提供の任意性については、当社ホームページ(https://www.tac-school.co.jp)をご覧いただくか、個人情報に関するお問い合わせ窓口(E-mail:privacy@tac-school.co.jp)までお問合せください。

(2022年7月現在)